U0874189

新编21世纪思想政治教育专业系列教材
总主编　张耀灿

行政管理学

第二版

主编　徐双敏　李明强

中国人民大学出版社
· 北京 ·

新编21世纪思想政治教育专业系列教材

编写委员会

内容简介

行政管理学是研究国家权力机关的执行机关依法对国家事务、社会事务和机关内部事务进行管理的活动及其一般规律的科学。作为学科专业的“行政管理”是管理学领域公共管理一级学科下属的二级学科之一，作为课程的“行政管理学”是行政管理专业的核心课程。

本教材在充分参考国内外相关研究成果的基础上，系统研究了行政管理的基本概念、政府职能、行政组织、人事行政、行政领导、公共财政、行政决策、行政执行、行政监督、行政法治、行政文化、政府绩效管理、电子政务和行政改革与发展等问题。教材的每一章内容都特别注意研究中国的现状与改革实际。

本教材主要供高等院校非行政管理专业的本科生、专科生使用，也可以作为MPA学员及社会各界实际工作人员的学习参考用书。

作者简介

徐双敏 管理学博士，中南财经政法大学公共管理学院教授，博士生导师。主要从事政治学、公共管理学领域的教学研究。国家一流专业、省级特色专业“行政管理”专业负责人；首批国家精品在线开放课程、国家一流课程（线上）“行政管理学”负责人，省级资源精品共享课“行政管理学”课程负责人；“十二五”国家级规划教材《电子政务概论》主编。从教40多年间，主持多个省级教学研究项目，并获得省级高等学校教学成果奖，主编出版《公共管理学》《行政管理学》《电子政务概论》《公共事业管理概论》等多部教材。曾主要担任过的学术兼职有中国行政体制改革研究会理事、中国行政管理学会理事、中国政治学会理事、湖北省行政管理学会副会长、湖北省政治学会副会长等。

李明强 中南财经政法大学公共管理学院教授。主要从事行政制度史、地方政府发展等领域的教学研究。主要著作有《地方政府治理新论》《海峡两岸关系史》《辛亥革命与中国政治发展》等，在《中国行政管理》《财政研究》《江汉论坛》等杂志发表论文20余篇，主持和参与各类课题10余项。主持多项教学课题，主持的“行政管理学”课程获得国家级“线上一流课程”和“线上线下混合式一流课程”认证。主要学术兼职有湖北省行政管理学会常务理事、湖北省公共管理研究会常务理事。

总序

“新编 21 世纪思想政治教育专业系列教材”出版了，它是高等教育质量工程的产物。高等教育质量工程是新世纪高等教育发展的生命工程。我国要在新时代建设学习型社会，跻身创新型国家行列，在实现全面小康的基础上，进而基本实现社会主义现代化，并朝着中华民族伟大复兴的目标迈进，作为基础和支撑、作为培育各领域专门人才的摇篮的高等教育便一定要注重质量。高等教育注重质量，就要坚持以本科为本，如果没有本科教育的质量保障，便不可能为社会主义现代化事业提供合格的人才，也不可能为研究生教育提供优质的生源。目前，全国高校设思想政治教育本科专业的有 200 多所，由于该专业的重要性及特殊性，又由于它是文科专业中招生人数最多的专业之一，注重和提高思想政治教育专业建设质量便有着特殊的意义。

本系列教材的组织编写和出版发行，其背景和意义是多方面的。除了是响应教育部提出和推动的高等教育质量工程的实际行动外，还应当从以下几个方面来认识：一是 2005 年底，国务院学位委员会、教育部发文增设了马克思主义理论一级学科，思想政治教育学科调整为它的一个二级学科，从此，思想政治教育学科定位更加明确、更加科学。在此背景下，如何更好地坚持以马克思主义为指导，特别是加强习近平新时代中国特色社会主义思想的指导，以伟大建党精神和社会主义核心价值观引领教材建设，进一步搞好思想政治教育学科建设？二是中等学校政治课改革力度加大，全国的初中“道德与法治”课、高中“思想政治”课均在实施新的课程标准，中等职业学校也在实施新的德育课教学大纲，而为中等学校政治课培养、培训师资的高校思想政治教育专业的教改（包括教材改革）却相对滞后。如何改变这一状况，开展新一轮的课程改革、教材改革，以便更好地为中等学校政治课提供理论支撑、人才支撑？三是本系列教材各位主编所在的高校专业点是国家重点马克思主义学院和一流学科或省（市）重点学科，基本上都有马克思主义理论一级学科博士点和博士后科研流动站。有的高校思想政治教育专业是教育部、财政部批准的特色专业建设点。这些博士点、重点马克思主义学院、一流学科以及特色专业，如何在学科专业建设上发挥带头、示范作用？教材建设无疑是重要方面，它是体现质量和特色的必要条件与基础。质量和特色就是生命。

本书在编写中，加强从整体上学习、研究、把握马克思主义理论的科学体系，并运用其研究成果来指导思想政治教育学科建设；坚持以人为本，以学生的成人成才发展为本，为中国特色社会主义事业培育高素质的思想政治教育专门人才服务；从抓好思想政治教育专业主干课程的教材建设做起，逐步拓展、深化，努力探索马克思主义理论体系、思想政治教育理论体系转化为课程体系、教材体系的规律；探索研究性学习的教材特点，关注思想政治教育实践的时代课题，吸取思想政治教育学科理论发展的新成果，在教材内容、编写体例、呈现方式上改革创新；打通思想政治教育专业师范性与非师范性的界限，增强教材的专业适应性。

为了体现上述指导思想，本系列教材纳入编写出版计划、分批逐步推出的有：从整体上学习、研究马克思主义的课程教材，思想政治教育学科课程教材，相关学科课程教材，以及培养应用能力的课程教材等。

本系列教材是在 2009 年起陆续出版的“21 世纪思想政治教育专业系列教材”的基础上，吸纳学科发展的最新成果，吸收更多具有长期教学经验、丰富研究成果的专家担纲，重新修订升级换版而成的新的系列教材。教材建设是一个与时俱进的长期的过程，相信“新编 21 世纪思想政治教育专业系列教材”的面世，一定能够为推进这一过程做出宝贵的贡献，为今后深化改革、发展完善思想政治教育专业教材体系积累经验。在本系列教材即将陆续推出、接受教学实践检验之时，写了上面一些话共勉之，是为序。

张耀灿

2021 年 12 月

目录

第一章
绪　论

本章学习目的

作为一门应用学科，行政管理学已经有百余年的发展历史。本章将从介绍行政和行政管理的基本含义入手，讨论作为社会科学内容之一的行政管理学的理论框架、学科特点等最基本的问题，行政管理学的产生与发展历史，尤其是在中国的传播和发展概况，以及行政管理学的研究意义与方法。

第一节　行政与行政管理学

一、几种不同的行政观

“行政”在《现代汉语词典》里被解释为“机关、企业、团体等内部的管理工作”①。其实在中国，“行政”两个字古已有之。“行”是动词，“政”是名词，二者结合就是执掌政务、处理政事的意思。在《左传》里就有“行其政令”“行其政事”的记载。在《史记·周本纪》里更是直接出现了“召公、周公二相行政”的记载。“行政”的英文为“administration”，它来源于拉丁文“adminatrarc”，主要含义是执行事务。现在非学术领域“行政”的含义已经被引申到更广的范围了。但是，学者们在进行学术研究时，出于各自不同的视域，对“行政”有不同的理解，影响比较大的有三种行政观。

（一）基于“分权”学说的行政观

这种观点认为“行政”就是指立法、行政、司法并立“三权”中的行政权，或行政权的行使。这种观点也被称为狭义行政观。在西方，分权学说始于古希腊学者亚里士多德。亚里士多德在他的代表作《政治学》中，将政权分为讨论权、行政权和司法权。但是，真正成为西方现代学者们理论基础的行政观，是法国启蒙思想家孟德斯鸠（Montes-

① 中国社会科学院语言研究所词典编辑室．现代汉语词典．7版．北京：商务印书馆，2016：1466.

quieu）的“三权分立”思想。孟德斯鸠集前人分权思想之大成，将国家权力划分为立法、行政、司法“三权”，同时提出并论证了以权力约束权力的可能和必要。这个分权制衡学说影响深远，一些西方学者正是以此为依据提出对“行政”的理解，即行政就是指这“三权”之一的“行政权”，或行使行政权的国家机构“内阁政府”所从事的政务活动。

基于分权学说理解“行政”，比较清楚地从理论上界定了“行政”的边界，确定了行政的主体和客体，从而区分了行政权力与其他权力行使的活动。但其局限也是明显的，主要是不符合现实社会的实际状况。20 世纪以来，各个资产阶级国家的行政权力都表现出扩大的趋势，而行政权力扩大的主要形式就是“三权”的互相渗透。在“三权”边界实际上日益模糊的今天，用狭义的行政观解释现实已经变得十分困难，还要它担负理论指导的重任，显然是难以办到的。

（二）基于“政治-行政二分”的行政观

这种观点认为政治与行政应该分离，因为政治是国家意志和利益的表达过程，而行政则是国家意志和利益的执行过程。最早提出这个观点的德国学者斯坦因指出：“国家的宪政不能包有行政。”[①] 行政学的奠基人、美国学者威尔逊极大地发展了这个观点。不过现在行政学界都公认美国学者古德诺是这个观点的代表人物。古德诺在 1900 年发表的《政治与行政》中首次系统地阐述了“政治-行政二分”（polities-administration dichotomy）的观点。不过，古德诺区分政治与行政的最终目的，是为了研究二者的协调，而不是相反。以古德诺为代表的“政治-行政二分”的行政观，不同于基于“分权”学说的行政观，前者将研究的视角投向了有效行政所必需的外部环境方面，即政治与行政的关系，因而是比较宏观的一种行政观。

基于“政治-行政二分”的行政观，促成了行政学从政治学中独立为一门新学科，还为当时政府的行政管理活动提供了理论依据，推动了行政管理的科学化。但在现实中，它的局限也是明显的，一方面，这个行政观没有提供合理的行政组织结构模式，也没有说明行政系统应该如何有效运转；另一方面，这个行政观产生于多党政治的政治环境，所以只有在同样的政治条件下才有意义。

（三）基于管理功能的行政观

这种观点认为行政是指所有公共部门和私人部门，也包括非政府组织的行政事务的管理和处理活动。这种观点又被称为广义行政观。持这种观点的代表人物是系统论述行政学科的第一人——美国学者怀特。这样的观点在行为主义行政学家西蒙那里得到发挥。这种观点基于一般的管理，对行政活动的性质、工作范围没有做任何的限定，所以，实际是把行政的外延扩大到了所有组织的内部管理，也就是通常所谓的部门行政。基于管理功能的广义行政观的出现有深刻的理论和现实依据，管理大师泰勒、法约尔的管理理论都对行政学的形成产生过重大影响，行政学者们将科学管理的成果运用于行政学领域

---

① 蜡山正道．行政学总论．上海：中华书局，1934：5.

后，很容易形成广义行政观。

基于管理功能的行政观在提升行政管理的科学性、专业性方面起了极大的促进作用，同时极大地拓展了行政学的研究领域，是行政学走出政治学的藩篱后研究领域的扩展。但负面的影响也会随之产生，这就是，如果将行政混同于一般的管理，那就无法体现行政组织特有的政治性、权威性、公共性、公益性，当然也就不能真实反映行政管理的规律。

二、行政与行政管理的含义

关于如何定义“行政”，学界至今并未形成完全一致的认识。

（一）行政的定义

行政就是国家权力机关的执行机关依法对国家和社会事务以及机关内部事务进行管理的活动。在这个定义里，我们强调行政应该包括对外和对内两类管理活动，对外就是对国家和社会事务的管理，对内就是对行政部门自身的组织和人员的管理。

“行政”概念被提出后，在现实中又引申出“公共行政”“行政管理”“公共行政管理”，以及近些年出现的“公共管理”等近似的概念。说它们近似是因为这些不同概念各有不同的内涵和外延，不能简单画等号。比如“公共行政”就突出了行政目的的“公共性”，以区别于一般组织的内部事务管理。而“公共管理”（public administration）则是突出公共事务管理主体和手段的“公共性”，以区别于传统意义上广义的行政管理。行政管理的概念也是这样继行政概念之后出现的。

（二）行政管理的内涵

“行政管理”的概念在英文里和“行政”相同，也是“administration”，但有时也与“public administration”通用。由此也可以判断，“行政”与“行政管理”没有实质的区别。只是因为“行政”概念可以适用于定义所有类型组织内部事务的管理活动，而“公共行政”（public administration）这个概念是强调政府为主体的管理活动，以便与私人行政（private administration）或其他组织的“行政管理”区分。由于原本“行政”中的“行”就是管理的意思，所以再加“管理”当然就是特别突出行政机关管理的内涵。

为此，本教材同意这样理解行政管理的内涵，即行政管理是指行政机关及其行政人员对国家事务、社会事务和机关内部事务的计划、组织、指挥、协调、控制等管理活动。这一概念侧重于技术的问题，追求行政行为的效率。

（三）行政管理的构成要素

从管理学的角度研究行政管理，可以认为行政管理与一般管理一样，主要由管理目标、管理主体、管理对象、管理工具等构成。但是从行政管理是国家行政权力这一性质的角度看，行政管理的构成要素应该不同于一般的组织。行政管理的主要构成要素应该是行政权力、行政职能、行政组织、行政体制和行政方法等。

行政权力是国家政治权力的重要组成部分，是行政管理活动赖以展开的强制性依据。现代国家的行政权力主要来自国家的宪法和其他法律规定，其中包括法定权力和法律授权。有的国家的行政权力也会来源于行政惯例。

行政职能是政府的职责和任务，也是行政机关设置的依据。行政管理的内容由具体的行政职能所反映，所以不同历史时期由于国家工作重心不同，行政职能的侧重点不同，具体行政职能也不同。

行政组织是各类行政机构的总称。行政组织是行政职能的载体，所有行政职能都是通过行政组织而得到行使和最终实现的。所以行政组织也是国家机器的重要组成部分。

行政体制也称行政管理体制，是行政权力的外在物化形式，具体表现为行政机构内部的领导组合方式。行政体制由行政组织、行政制度和行政关系共同构成，它既包括不同行政层级之间行政组织的隶属关系，也包括同级行政组织之间的相互组合关系。行政体制直接关系行政权力的实现程度，同时也关系到行政组织功能的发挥和行政职能的实现。

行政方法是实现管理目标的“工具”。一般的行政方法包括法制和财政，这两类依据都源于国家权力。其中，财政提供物质性的行政管理依据和手段，法制提供非物质性的依据和手段。

行政管理的内涵都集中于这些基本要素，行政管理活动就是由这些要素的运动构成的。

三、行政管理学的研究对象

行政管理学是研究行政机关及其行政人员对国家事务、社会事务和机关内部事务的计划、组织、指挥、协调、控制等管理活动及其一般规律的科学。这个定义与对行政管理概念的界定是一致的。

（一）行政管理学的主要研究内容

行政管理学的主要研究内容与行政管理的主要构成要素是一致的，即行政管理的主要研究内容可以分为行政管理主体研究、行政管理流程研究、行政管理约束条件研究和行政管理技术方法研究四部分。

（1）行政管理主体研究。具体包括政府职能、行政组织、人事行政。这些内容之间存在清晰的逻辑联系，即作为国家职能组成部分的政府职能，是全部行政管理活动的逻辑起点，政府职能是以行政组织为载体的，而行政组织组建的同时就形成了行政体制。行政组织的真正运动主体是组织内的人，所以要专门研究行政人员的管理。行政管理主体研究是行政管理学的核心部分。

（2）行政管理流程研究。具体包括行政决策、行政领导、行政执行、行政监督、行政改革与发展，这些内容构成了行政管理的主要流程。行政管理作为专门领域的管理活动，其管理流程与一般管理活动相同，所以行政管理流程研究是行政管理学的重要部分。

（3）行政管理约束条件研究。具体包括公共财政、行政法制、行政文化等。财政和法制对政府管理能力形成硬约束，而行政文化则对政府管理形成软约束，这些约束条件是区分行政管理与一般企业管理的主要内容。

（4）行政管理技术方法研究。具体包括行政绩效和电子政务，这是当前各国政府都在重点运用的管理方法，而且专业技术性明显。实际上这方面值得研究的内容很多，除了本书涉及的这两方面内容以外，还有形象管理、危机管理、机关管理、战略管理、后勤管理等等。但是限于篇幅，各版本的教材都会有所取舍。

（二）行政管理学与其他学科的关系

作为管理学门类中的一个二级学科，行政管理应该突出它的管理性，但行政管理主体的管理权力来自国家权力，所以与政治学、管理学、法学有密切的关系，但又明显不同于这些学科。

1. 行政管理学与政治学的关系

行政管理学与政治学联系紧密。由于行政管理主体的管理权力来自国家权力，行政权也是国家权力的组成部分。而且国家的国体和政体直接决定行政管理的性质和体制。行政管理的管理客体就是国家事务和社会事务，而行政管理的范围、形式、方法，又是受到法律、资源、国家目标、经济体制等各种因素制约的。但是行政管理学又毕竟不是政治学，它从政治学中分离出来，就是因为它属于管理活动。现在的行政管理学已经是比较成熟的、有别于政治学这个基础理论学科的应用性学科。

2. 行政管理学与管理学的关系

行政管理学属于管理学门类，当然与管理学联系密切。当年泰勒的科学管理理论的创立，直接推动了行政管理理论的发展和完善。在行政管理学的发展过程中，始终离不开对管理学——企业管理理念、方法、手段的直接运用。但是，行政管理主体的公共性又使得它不能完全照搬管理学。因为以企业管理为主要内容的管理学，是以追求企业利益的最大化为目的的，而行政管理必须以追求国家利益的实现、追求公共利益的最大化为目的。

3. 行政管理学与法学的关系

行政管理学与法律、法学的联系十分密切。政府的职能、权限和所有的活动都受到法律约束，政府必须在法律规定的范围内行使职权。同时，政府也参与立法，授权立法。但是行政管理学与法律和法学的区别又是明显的。法律是国家意志的体现，法学作为一个研究一切法律现象的学科，以法律意识、法律关系、法律行为等作为自己的研究对象。这显然与行政管理学不同。

总之，行政管理学是一门应用学科，同时也是一门综合性很强的独立学科。

第二节 行政管理学的产生与发展

一、行政管理学的产生背景

一般认为，1887 年美国学者威尔逊发表的《行政学研究》是行政学领域的开山之作，因为这篇论文第一次提出并论述了行政学独立于政治学成为专门学科的必要性。1900 年美国学者古德诺的著作《政治与行政》出版，使威尔逊提出的观点得到极大的充实和普及。1926 年美国学者怀特的著作《行政学导论》出版，标志着行政学学科体系的完整建立。

行政管理学产生于 19 世纪末 20 世纪初，有其特定的社会条件和理论基础。

（一）行政管理学产生的社会条件

自由资本主义时期的经济特征就是“自由”发展，政府以“守夜人”的角色为自己定位，在国家权力结构中，政府只是议会的“仆人”，行政权力从属于立法权，各国的权力重心都在议会，也就是在立法权。19 世纪末 20 世纪初，是世界资本主义从自由主义向垄断发展的时期，政府行政职能扩张，国家的权力重心逐步向行政权转移，政府也日益上升到支配地位。由于需要管理的国家和社会事务急速增加，政府必须改变“守夜人”的角色定位。而政府管理事务的增加，又使政府机构急速扩大，政府内部的管理事务也日趋复杂，在这样的现实中，原有的行政管理方法无法适应，现实呼唤行政管理科学理论的指导。

（二）行政管理学产生的理论基础

政治学的长足发展和科学管理（scientific management）理论的诞生，为行政学从政治学中分离做了充分的理论准备。政治学是行政学的母体，经过法国 18 世纪启蒙运动思想家们的推进，古老的政治学说得到了极大的充实和完善，尤其是“三权分立”的思想为西方社会普遍接受，成为后来行政学独立于政治学的一个主要理论依据。

科学管理理论的诞生为行政学提供了直接的理论借鉴。进入 19 世纪，在工业革命后迅速发达起来的欧美国家，相继出现了一些大型和超大型的工业组织和商业组织，为科学管理理论的产生提供了基本条件。1911 年，被称为“科学管理之父”的泰勒出版著作《科学管理原理》，创立了科学管理理论，也被称为“泰勒制”。科学管理理论主张将管理职能独立，并认为只有用科学化、标准化的管理替代传统的经验管理，才能提高工作效率。泰勒的科学管理思想在当时风靡一时，政府管理也直接借鉴了科学管理的思想和方法。

二、行政管理学的形成与发展

行政学即行政管理学的产生和发展至今有一个多世纪了，一个多世纪以来，行政管理学经过了形成、成长和现代化这样三个阶段的发展。

（一）行政管理学的形成阶段

这个阶段是指 1887 年至 1929 年前后这段时期。1887 年威尔逊在《行政学研究》中首次提出要建立一门独立的行政科学。他指出了建立行政学的必要性，并厘清了行政学与政治学的关系，提出了行政学的目标和任务。1900 年古德诺的著作《政治与行政》出版，进一步阐发了威尔逊的“政治-行政二分”的观点，从而使行政学独立学科的地位更加凸显，对行政学的形成和发展产生了深远的影响。古德诺完善和充实了威尔逊创立的行政学理论，在创立行政学的过程中立起了一块丰碑。

20世纪初期也是管理学理论发展活跃的时期，1911年泰勒的《科学管理原理》出版，1916年法约尔的《工业管理与一般管理》出版，标志着科学管理理论的诞生。科学管理理论对管理的机制、原则、方法进行了全面而深入的研究。法约尔提出了计划、组织、指挥、协调和控制这五个管理要素①，建立了适用于一般管理，即包括企业管理和政府、公共事业管理的理论。他开创了组织研究的领域，提出了14个管理原则，其中的一些核心内容，比如金字塔形的组织层次结构、层次原理、统一命令、例外原则、授权、管理幅度、分部门管理等内容，至今还被管理学普遍使用。德国学者马克斯·韦伯也是在这个时期，对行政组织理论进行深入、细致、全面的研究，他提出的官僚制理论（bureaucratic theory），成为行政组织的经典理论。这些管理学的理论极大地启发了行政管理的研究者。

行政学学科体系完整建立的标志是1926年怀特《行政学导论》的出版。这部著作被公认为世界上第一本行政学教科书。怀特与威尔逊、古德诺最明显的不同在于，他的研究重点不再是行政学的外部关系，而是行政内部管理，是行政管理的技术性细节，所以就极大地丰富了行政学研究的内容，同时也使行政学真正成为一门独立、完整的学科。1927年美国学者威洛比的《公共行政原理》出版。这两部教材的出版完成了行政管理学的创立。

总体看，处在创立时期的行政管理学，因为深受政治与行政二分及科学管理思想的影响，所以研究是从政府机构的静态结构、固定程序入手，比较注重研究行政管理的原则、制度等过程管理的内容。

（二）行政管理学的成长阶段

这个阶段是指1930年至1960年前后这段时期。1930年国际行政科学学会在西班牙首都马德里成立，标志着行政管理学的发展进入了一个新阶段。与行政管理学创立初期注重科学管理、个人管理不同，这阶段行政管理学的理论充分借鉴了管理学中行为主义（behaviorism）管理理论，重视行政过程中人的行为和心理因素的管理。行为主义理论后来也被称为行为科学（behavior sciences），是在20世纪30年代前后出现的。与此前的各种管理理论主要强调管理的科学性和严密性，轻视人的作用，把工人看作机器的附属品不同，早期的行为主义在综合运用心理学、社会学、人类学等相关学科研究成果的基础上，注重组织中人的因素，研究人的个体行为和群体行为，强调满足工人的社会需求。

西蒙在行政学领域最重要的贡献，就是1947年出版的《行政行为——行政组织决策过程的研究》（又译作《管理行为——管理组织决策过程的研究》）。这部著作被后人评价为传统行政学派与行为主义学派分野的重要里程碑。“西蒙的贡献主要在于他的中心思

---

① 法约尔．工业管理与一般管理．北京：中国社会科学出版社，1982：5.

想，即为了对组织进行研究，就必须对影响人的行为的全部决策过程的复杂网络进行研究。”[①] 西蒙的重大贡献是提出了“管理就是决策”，以及有限理性决策理论，主张在合理决策结构的基础上设计组织结构，从而使自韦伯以来传统的组织结构优先的行政管理学研究，转为决策结构优先的研究。西蒙不仅把决策的概念引入了行政管理学，建立了一个比较完整的决策理论体系，并在决策理论的基础上，对组织的层级结构、组织的专业分工、组织的集权与分权等方面，提出了关于组织设计的理论。他对决策的研究开创了以政策研究为主导的行政管理学研究的新领域。

（三）行政管理学的现代化阶段

这个阶段是指 1960 年以来的时期，也被称为科学化阶段。这个阶段行政管理学发展的最显著特点就是研究方法的多学科交叉、渗透。20 世纪 60 年代以来，自然科学、技术科学、现代社会科学及管理科学的最新理论化方法都被引入行政管理学领域，使行政管理学的发展进入了百家争鸣、百花齐放的新阶段。

另一个特点是学科发展方面的。由于不同学术背景的学者加入，以及多种理论和方法的引入，行政管理学科中出现了多种学派并存的局面，如科学管理学派、决策理论学派、组织行为学派、经验主义管理学派、人际关系学派、系统管理学派、权变理论学派等，它们之间互相借鉴，也互相争辩，共同推进了行政管理学的发展。

20 世纪 60 年代以来，政策科学［policy sciences，或称公共政策学、政策学（public policy)］和新公共管理（new public management）理论先后兴起。这一时期政策科学的发展特点是：(1) 改变了单一的行为主义方法的研究局面，实现了研究方法多样化。60 年代初期，广泛采用了自然科学的研究方法，在政策分析中运用系统分析、运筹学、线性规划，以及成本收益分析等定量方法和技术，取得了显著的成就。60 年代后期以后，公共选择（public choice）方法、博弈论（game theory）方法、个案分析方法等都相继成为政策科学的重要研究方法。(2) 研究的重点有所转变。60 年代初期，政策科学的研究重点在政策制定。60 年代后期以后，对政策研究的重心转到政策的执行、评估，以及政策的终结和政策周期方面。(3) 对政策过程中的价值因素和伦理因素的作用给予了重视。政策科学的发展极大地影响了行政管理学的整体进程，以至于行政管理学中出现了公共政策学派，一些学者甚至主张用公共政策取代行政管理学的地位。

新公共管理理论也被称为“公共管理学”。1991 年在美国雪城大学召开第一次美国公共管理学术研讨会（The National Public Management Research Conference），会议论文集《公共管理：学科的现状》在 1993 年正式出版，是公共管理学派正式形成的标志。新公共管理理论的研究重心从政府内部转到政府外部，即注重研究政府的公共责任、政府管理的对象、管理绩效评价、公共管理的环境、战略管理等内容。研究所使用的理论和方法更综合、更具跨学科的特点。一方面，研究公共管理问题的学者来自各个不同的学科；另一方面，行政管理学界的学者们的理念也更开放，整合了经济学、管理学、社会学和政治学等多个学科的研究方法。比如在从经济学和管理学等领域吸收了公共选择

---

① 丹尼尔．管理思想的演变．北京：中国社会科学出版社，1986：158.

理论（public choice theory）、委托代理理论（principal-agent theory）、生产成本理论（production cost theory）、平衡计分卡理论（balanced score card theory）及社会治理理论（social governance theory）的同时，也将公共物品、成本核算、绩效管理、重塑政府、流程再造、制度安排、公私伙伴、民营化、政府形象、管理工具等过去从来没有涉及的关键词变成了自己的研究主题。近20年来，新公共管理理论能够得到迅速的发展和广泛的传播，与其能够直接而有效地指导实践有密切关系。

行政管理学现代化的发展趋势表明，时代和社会的发展，已经清楚地显示出民众和社会对行政管理所提出的新要求，这就是兼顾公平与效率，变管理行政为服务行政。作为一门应用型学科，行政管理学的发展必须以回应这些新要求为基本方向，所以公共管理学派的发展特点就代表了行政管理学的发展方向。

三、行政管理学在中国的传播和发展

（一）行政管理学在中国的早期传播

中国古代关于国家管理的思想和学说非常丰富，2 000多年前的《论语》就专门有“为政”篇。“四书五经”、《资治通鉴》、“二十四史”所载的实际都是有关国家管理的经验和理论，有关“修齐治平”已经成为我们民族文化的一个重要组成部分。如果就行政管理学所研究的主要内容来说，中国作为一个文明古国，在漫长的封建统治时期，积累了相当丰富的国家管理经验，比如集中统一的行政组织体制、科举制度、监察制度等等。不过在中国古代，行政思想与政治思想不分，政治思想与伦理思想不分，所以虽然有关行政管理的思想和实践经验都非常丰富，但是没有能够产生独立的行政管理学。行政管理学作为一门独立学科，是从西方传入中国的。

早在19世纪末，行政管理学刚刚在西方出现，就有学者把它介绍到中国。梁启超曾在1897年发表的《论译书》里呼吁“我国公卿要学习行政学”①。不过，当时中国内忧外患的实际国情，是不可能真正形成“学习行政学”的动力的。20世纪三四十年代以后，一些国内学者比较系统地介绍、传播行政管理学。1935年商务印书馆出版了我国第一部行政管理学专著《行政学之理论与实际》。这部书的作者张金鉴在1944年与唐振楚等人一起发起成立了行政学会，刊印《行政学季刊》。此后，行政管理学在中国的传播和研究进入了兴盛时期，一些大学开设了行政学专业，为了适应教学需要，一些学者编写了相关的教材，如《行政管理学》《行政学概要》《行政学提要》《行政学典范》等等，此外还翻译了一批国外行政管理学的著述。

不过总体看，这时行政管理学在中国还仅限于传播的层面，还没有学者真正深入研究行政管理理论，更没有结合中国的行政管理实际取得独创性的研究成果。

（二）行政管理学在中国的恢复

新中国成立之初，国内一部分高等学校继续设置行政学专业，开设相关课程。但是

---

① 荣仕星．实用行政管理学．北京：人民出版社，2004：19.

在 1952 年，国家对高校进行院系调整时却由于种种原因取消了全国各个高校设置的行政学专业，相关的行政管理学等专业课程也同时被取消，这使得我国行政管理学的教学和研究工作中断。

1978 年底，中国走上了改革之路。1979 年 3 月 30 日，邓小平在理论工作务虚会上明确指出，“政治学、法学、社会学以及世界政治的研究，我们过去多年忽视了，现在也需要赶快补课”，要“下定决心，急起直追，一定要深入专业，深入实际，调查研究，知彼知己，力戒空谈”①。就这样，在邓小平的直接关心下，1980 年，中国政治学会成立。同时，随着全党和全国工作重点转到经济建设上，对政府及其工作的研究问题摆到了理论工作者和实际工作者的面前。1981 年，中国政治学会年会对行政体制改革的有关问题进行了专题讨论。1982 年 1 月 29 日，夏书章教授在《人民日报》上发表署名文章《把行政学的研究提上日程是时候了》，极大地激发了理论工作者和实际工作者投入行政学研究的热情。1982 年，中国政治学会在复旦大学举办了全国行政学讲习班，为行政学发展培训了一批骨干力量。1983 年的政治行政体制改革研讨会对行政学的主要问题进行了讨论，行政学越来越引起理论界和政府行政人员的关心和重视。同年，联合国文官制度改革国际研讨会在北京召开，对促进中国行政体制改革和推进公务员制度的实施产生了积极的影响。1984 年召开的行政科学研讨会是我国的行政学研究发展到行政管理学的转折点。在这次会议上，与会的国务院和各省、市地方政府代表以及各地学者专家，共同对开展行政科学的有关问题进行了深入的讨论。他们论证了在中国开展行政管理学研究的必要性和重要性，探讨了发展行政管理学的指导思想和指导原则，提出建立具有中国特点的行政管理学，要为促进中国实现行政管理的科学化、法制化、现代化服务，同时初步明确了行政管理学和行政改革要研究的主要课题，建议成立中国行政管理学会和筹建国家行政学院。这次会议为在全国恢复和重建行政管理学起了极大推进作用。正是在这次会议的基础上，1986 年，部分高校首批开设“行政管理”本科专业；1988 年，中国行政管理学会经国务院批准正式成立。从此，行政管理学科在中国的发展进入“快车道”。

（三）行政管理学在中国的蓬勃发展

行政管理学在中国恢复和重新建设以来，在国家改革实践的推动下，不论是学科建设、人才培养，还是理论研究、成果发表，各个方面都取得了显著的成就。

在学科建设方面，继 1986 年部分院校开设行政管理本科专业以后，1990 年、1994 年国务院学位办又先后批准行政管理专业的硕士、博士学位授予权。1998 年教育部重新修订本科专业目录时，第一次在管理学门类下增加设置了公共管理一级学科。公共管理一级学科下设行政管理、公共事业管理、公共事业管理（师范类）、劳动与社会保障、土地资源管理等 5 个二级学科。2002 年国务院学位办又正式开设了公共管理专业硕士（MPA），至 2023 年全国已经有 286 所高校获得了 MPA 学位授予权。

在专门人才培养方面，现在已经建成多个层次的、比较完备的人才培养机制。除了有普通高校可以培养相关的专门人才外，还有各地的党校（行政学院）承担行政管理的

① 邓小平．邓小平文选：第 2 卷．2 版．北京：人民出版社，1994：180－181.

在职教育和短期培训。

在学术队伍和理论研究方面，现在从事行政管理学理论研究的人员，主要是来自高校、研究院所、党校的学者专家，以及在政府部门工作的各级行政管理学会的会员。在研究的内容方面，20 世纪 80 年代至 90 年代初，主要是对西方相关理论和改革实践的介绍，所以翻译的著作比较多，还有就是基本课程相关教材的编写。进入 21 世纪以来，行政管理学理论研究有了突破性的发展：一方面，随着行政管理学科建设的推进，包括行政管理学、政策学、行政思想史（行政学说史）、地方政府学、行政组织学、国家公务员制度、领导科学、电子政务、行政监察、公共事业管理、非政府组织、行政制度史、行政案例、公共管理等相关理论，以系列丛书或系列教材的形式出版，充分显示了行政管理学的理论研究正在向深度和广度两个方向迅速发展。另一方面，一大批记载着各地行政改革实践经验和体会的著作相继出版，这些著述是行政管理学的理论与各部门各地方的行政改革实践相结合的产物。我国行政管理学的理论研究正越来越关注改革实践，而改革实践也越来越主动地寻找理论的指导和支持。

作为一门应用型的学科，更紧密地与行政改革和工作实践结合，将是行政管理学保持勃勃生机的最简单和最有效的途径。

第三节 行政管理学的研究意义与方法

一、行政管理学的研究意义

100 多年前，行政学从政治学中分离出来时，它的创始人就充分论述了行政管理学成为一门独立的专门学科的重要意义。总体说，这些意义仍然存在，只是时代的发展赋予了它新的内涵。

（一）是国家行政机关科学工作、科学发展的需要

研究行政管理是为了了解和掌握行政管理的基本规律，科学履行政府职能，促进国家经济和社会发展。一方面，行政管理活动事关民生、事关稳定、事关发展，非常重要，国家行政机关必须科学工作，才能取得国家和社会科学发展的成绩。新中国 70 多年建设发展史，以及其他国家兴衰史，都有力地证明了这一点。国家行政机关是上层建筑的重要组成部分，其基本的行政管理活动是有科学规律的，尽管各个国家的国体、政体不同，所处历史和社会的环境不同，但其核心部分是相同的，是有规律可循的。了解和掌握这个规律，有利于促进国家行政机关的科学工作、科学管理。另外，还可以通过研究，学习、借鉴各国的相关经验，使行政管理博采众长、科学发展。

（二）是促进行政管理体制改革平稳有序推进的需要

行政管理学在我国的恢复和发展是改革事业提供的机遇，行政管理学的研究与我国正在进行的行政管理体制改革已经形成了良性互动，取得了行政管理学研究和行政管理

体制改革的双赢成果。一方面，行政管理体制改革迫切需要得到理论指导，从而不断推动行政管理学向广度和深度发展；另一方面，行政管理学从改革实践中获得新的研究动力，也获得新鲜的研究课题和研究素材，研究成果直接服务于改革实践，充分体现了行政管理学的学科价值。现在我国的行政管理体制改革正处在攻坚阶段，尤其需要得到理论研究工作的支持。改革是理论发展最好的推动力，同时，理论也是改革平稳有序推进的基本保证。但这个双赢效用不会自行产生，实现它既要求行政管理学界的理论工作者主动关注改革、深入改革一线，用理论为改革实践服务，也要求实际工作者增强理论意识，少一些经验主义、主观主义，多一些科学意识和理论素养。只有这样，才能实现用理论研究促进行政管理体制改革平稳有序推进的目的。

（三）是提高行政管理人员素质的需要

行政管理人员是行政管理的真正主体，行政管理人员的素质状况直接关系行政管理的质量。在高校学习的学生学习和掌握行政管理学的基本理论，从近期看，是专业学习的需要，但是从将来要充当的社会角色看，则是提高自身整体素质的需要。将来不论是成为国家公务员，还是进入各企事业单位成为行政人员，所学行政管理的理论都可以直接成为做好工作的指导工具。而对于将来从事非行政工作的人员而言，了解和学习行政管理学也是必需的。这是因为，行政管理活动是遍及整个社会的、最经常的管理活动，也是与全社会每一个成员的衣食住行息息相关的管理活动，掌握行政管理的一般规律，就可以提高自身素质，可以对行政管理机关的管理政策、措施理解和掌握得更及时、更准确，当然也就可以更从容地应对工作，取得更出色的工作业绩。

二、行政管理学的研究方法

马克思主义认识论，即辩证唯物主义和历史唯物主义的认识方法，是我们认识和研究客观事物最基本和最基础的方法，行政管理学的研究也离不开马克思主义认识论。马克思主义认识论告诉我们，任何理论都来自实践，都是对实践的高度概括；同时，任何理论又都必须回到实践，接受实践的检验，并通过实践不断完善自身，行政管理学的理论也不例外。

当然，从事行政管理学的研究，除了坚持一般的、基本的认识和研究方法外，它还有体现本学科特色的具体的研究方法。

（一）理论与实践相结合的研究方法

理论与实践相结合，就是把行政管理的基本理论与行政管理的实践相结合。坚持这个研究方法，既是遵循马克思主义认识论的需要，也是行政管理学自身特点的需要。

行政管理学是一门应用型的学科，其基本理论来自实践，在实践的需要中产生，在与实践的结合中发展，我们研究它当然也必须运用理论与实践相结合的方法。一方面，要从行政管理活动一般规律的层面，注意将行政管理的基本知识、基本理论与国家行政机关活动的基本规律相结合，通过实践加深对理论的认识，同时也通过实践发展和丰富理论；另一方面，则要立足中国的实践，尤其是中国改革开放的实践，结合中国当前改革的重点、难点，深入研究理论，发挥理论的指导作用，让理论服务于实践，同时也保持理论的活力。

（二）比较研究方法

比较研究就是将不同国家的行政管理实践进行比较，将同一国家的不同历史和社会条件下的行政管理实践进行比较。这种研究方法也是许多学科都经常采用的研究方法。对不同国家的行政管理实践的比较研究，就是横向比较研究，它既可以开拓我们的思维，也可以使我们迅速掌握世界范围的研究前沿，并充分借鉴其他国家行政管理的经验。对同一国家不同历史和社会条件下的行政管理实践的比较研究，就是纵向比较研究，它可以保证我们更好地掌握行政管理的规律。

（三）综合研究方法

综合研究就是综合运用各种学科的理论和方法进行研究。行政管理学本身就具有多学科交叉的特点，研究它，当然不能只用单一学科的理论和方法。行政管理活动涉及社会几乎所有的领域，行政管理的规律必须建立在对各个领域客观规律的认识基础之上，所以行政管理学充分运用了经济学、管理学、社会学、政治学、组织行为学，甚至数学、统计学、运筹学等学科的理论和方法，研究行政管理当然也必须运用综合的方法，以避免局限和片面。

（四）案例分析方法

案例分析方法也是实证研究的方法，是从对现状进行分析或归纳的基础上得出理性认识的研究方法。行政管理的一般规律本来就存在于形形色色的行政管理实践活动之中，每一项具体的行政管理活动，也就是所谓的“案例”。不研究具体的行政管理案例，不可能了解一般规律的表现形式，当然也就不可能真正掌握一般规律。同样，用对行政管理规律性的认识指导实践，实际也是对具体工作、具体案例的指导。

研究的方法还有很多，比如实地调查的研究方法、行为科学的研究方法等等，只要是适用的都是可以的。每一个研究者都可以结合自己的学术背景，针对所要研究的问题，选择运用适当的方法进行研究。

本章学习要点

行政是国家权力机关的执行机关依法对国家和社会事务以及机关内部事务进行管理的活动。行政管理学是研究行政机关及其行政人员对国家事务、社会事务和机关内部事务的计划、组织、指挥、协调、控制等管理活动及其一般规律的科学。行政管理学的主要研究内容可以分为行政管理主体研究、行政管理流程研究、行政管理约束条件研究和行政管理技术方法研究四部分。

19 世纪末 20 世纪初，行政学诞生于特定的社会条件和理论基础中。美国学者威尔逊和古德诺为行政学的创立做出了开拓性的贡献。1926 年怀特《行政学导论》的出版标志着行政学学科体系的完整建立。初创时期的行政管理学，主要是从政府机构的静态结构、固定程序入手，侧重研究行政管理的原则、制度等过程管理的内容。20 世纪 30 年代至 60 年代行政管理学借鉴行为主义理论，重视行政过程中人的行为和心理因素的研究，这期间西蒙对决策的研究开创了政策科学的研究新领域。20 世纪 70 年代以来，行政管理学整合了经济学、管理学、社会学和政治学等多个学科的理论和研究方法，回应民众和社会对行政管理提出的新要求，变管理行政为服务行政。作为一门应用型的学科，公共管理学派的发展特点就代表了行政管理学的发展方向。

行政管理学的研究方法主要包括理论与实践相结合的研究方法、比较研究方法、综合研究方法、案例分析方法，以及其他社会科学的研究方法。

本章思考题

1. 什么是行政？什么是行政管理学？
2. 如何理解行政管理学产生的社会条件和理论基础？
3. 科学管理理论对行政管理学的产生有什么影响？
4. 为什么 20 世纪 70 年代以后行政管理学理论会繁荣发展？
5. 如何理解新公共管理理论与行政管理学的关系？
6. 研究行政管理学有什么意义？

第二章
政府职能

本章学习目的

政府职能是政府存在的依据，行政管理的所有内容都是围绕政府职能的实现展开的。政府职能决定了组织机构设置、行政资源配置和行政行为方式。本章不仅从静态的角度讲解政府应该管什么的问题，而且从动态的角度讲解政府怎么管的问题；不仅讲政府职能的基本理论，而且讲中国政府职能转变的历史过程。通过本章的学习，可以形成对政府职能的全面认识，为后续章节的学习奠定基础。

第一节　政府职能概述

一、政府职能的含义

职能是指人、事物、机构应有的作用、功能。就国家现象而言，职能是一个与公共权力、公共责任紧密相关的概念。国内学界关于政府职能并没有形成统一的看法，本书认同夏书章教授的观点，即政府职能是行政机关在管理活动中的基本职责和功能作用，主要涉及政府管什么、怎么管、发挥什么作用的问题①。

政府职能是一个历史的范畴，也是一个社会的范畴。也就是说，不仅在不同制度形态的国家政府职能的性质、内容和作用方式等都会有所不同，就是在同一国家的不同历史时期，政府职能的性质、内容和作用方式也会随社会客观现实的变化而变化，比如中国的九年义务教育就不是从 1949 年确定、实现的。另外，在同一历史时期，同一国家内的不同地方，政府职能的内容和作用方式也会有所不同，比如中国现在各个省、市的“社保卡”的“含金量”就不同，造成了社保缴费异地转移接续的困难。总之，提供公共物品和公共服务是政府的固有职能，从古到今不曾改变，改变的只是政府提供的公共物

① 夏书章．行政管理学．6 版．北京：高等教育出版社，2018：50.

品和公共服务的范围和数量。

二、政府职能的特性

尽管政府职能的具体形式是多样且变动的，但是其所具有的执行性、公共性、法定性、多样性、变动性的特性是不变的。

（一）执行性

行政管理的主体是国家行政机关，国家行政机关是国家权力机关的执行机关，政府的所有职能都是为了执行国家权力机关的决定，所以执行性是政府职能第一位的特性。尽管因为各国的政体不同，国家结构形式不同，国家行政机关的工作方式会有所不同，但是政府职能的执行本质是不变的。

（二）公共性

行政管理是行政机关进行社会公共事务管理、提供公共物品和公共服务的活动，目的是为了弥补“市场失灵”，维护、增进公共利益。从管理主体、管理对象、管理目的等方面来看，公共性是其与私人部门的管理行为的首要区别。

（三）法定性

行政管理在公权力行使中必须“坚持法无授权不可为”。具体来讲，就是政府管理什么、如何管理，都是由法律、法规明确规定的。各级政府必须在法定的职权范围内，依据法定程序管理各类社会公共事务，不得越位、错位和缺位，否则将被追究法律责任或行政责任。

（四）多样性

公共管理活动覆盖了社会生活的各个角落，涵盖了政治、经济、社会等所有领域，而且每个领域都有从中央到地方不同的级次，职能的运行过程又有决策、组织、协调、控制等一系列环节。这些复杂的内容和程序，使得政府职能具有多样化的特性。

（五）变动性

市场经济条件下，政府职能取决于政府与市场、社会关系的调整，也取决于国家经济、社会发展程度等外部因素，还受政府自身观念和价值取向的影响。所以，政府职能不是一成不变的，而是发展变化的。

三、政府职能体系

政府职能是多样的但不是杂乱的，政府职能是变动的但是其最基本的部分是确定的，所以我们可以将政府职能分为基本职能和运行职能两类，每一类包括几种具体职能，由此构成一个政府职能体系。

（一）政府的基本职能

政府的基本职能是提供公共物品和公共服务。按职能所涉及的不同领域，可以分为政治职能、经济职能、社会职能等几项职能。

1. 政治职能

政治职能是政府应该承担的维护和巩固国家统治的基本职能，包括军事保卫职能、镇压与治安职能和民主建设职能等。军事保卫、镇压与治安职能表现为政府运用军事、外交、公安等职能机关，防御外来敌人的侵略和颠覆，保卫国家的独立和主权；打击和惩治各种违法犯罪分子，维护正常的政治秩序、经济秩序，保卫公民的合法权益和生命安全，保障国家的安全、稳定与发展。民主建设职能则表现为政府进一步完善各种民主制度，建立健全民主监督程序，提高政府活动的公开性、民主性，不断扩大政府同群众联系的渠道，提高公民的参政意识，完善公民参政议政的机制等，以保障公民的民主权利。

2. 经济职能

经济职能是指政府在促进社会经济发展和进步、提高社会生产力和人民生活水平过程中依法履行的职责、发挥的功能，主要包括对国民经济进行全局性的调控、监督、管理、服务的职责和功能。在现实生活中，它具有科学地组织社会生产力以及维护既有生产关系的双重意义。

3. 社会职能

社会职能是指为社会生产、生活提供各种服务和搞好社会保障，改善人民生活方面的功能。现实生活中，除了政治、经济职能之外所有为社会生产、生活提供各种服务和搞好社会保障的工作都属于社会职能，如搞好教育、文化、医疗卫生、城市规划、环境保护、旅游娱乐以及建立健全各类社会救助制度等。社会职能的内容异常丰富，变化显著的也主要是这个领域的职能。

需要指出的是，不同学者对政府职能的划分有所不同，有的提出“四职能说”或“五职能说”，就是在政治、经济职能之外，将职能再细分为文化职能、社会职能，或再加上环境保护职能等。鉴于职能本来就是变化的，本书采用了最为简洁的“三职能说”。不论如何划分职能，各领域的职能都是互相联系密不可分的有机整体。

（二）政府的运行职能

政府的上述政治、经济和社会职能，必须通过各个管理环节才能实现，因此，从管理过程来分，政府职能又可分为决策、组织、协调、控制等几个运行职能。

1. 决策职能

决策是根据客观实际，确定政府的目标和任务，并具体设计出实现目标的方案、步骤、方法的工作。决策职能是政府管理过程的首要职能，它贯穿于管理过程的始终。政府进行管理活动，不论是确定组织的目标，还是制定各种战略计划和战术计划等，都需要进行方案抉择，这便是计划工作中的决策问题；组织结构的设置、部门划分方式的选择、集权分权关系的处理，以及各职位人员的选配等，这些则是组织工作中的决策问题；在控制过程中，控制标准的制定、活动执行情况的检查以及所采取的纠正措施的选择等，这些方面也需要决策。

2. 组织职能

组织职能是指为了有效地实现既定的政府管理目标和任务，通过建立行政组织机构，确定职位、职责和职权，协调相互关系，从而将组织内部的各个要素联结成一个有机的整体，使人、财、物得到最合理的使用。任何管理目标和任务都要通过一定的组织机构和具体的指挥活动才能完成，所以组织职能是一项重要的运行职能。组织职能具体表现为：对机构的设置、调整和有效运用，搞好编制管理；对组织内部的职权划分和人员的选拔、调配、培训和考核；对具体行政工作的指挥、监督等。

3. 协调职能

协调就是设计和保持一种良好的行政环境，使身处其中的人们能够在组织内协调地开展管理工作，从而有效地完成行政目标。可以说，每一项政府职能的开展，都是为了更好地促进协调。协调职能的具体内容为：协调公共组织之间、组织与个人之间、人员之间的关系，协调公共组织各部门之间的关系，协调公共组织与其他组织以及公民之间的关系。通过公共组织协调，可以理顺、沟通各方面的关系，减少、消除不必要的冲突和能量损耗，从而建立和谐的分工合作、相互促进的联系，实现公共管理目标。因此，公共管理过程必须重视公共关系协调功能的发挥。

4. 控制职能

控制职能是指依据公共组织计划标准，来衡量计划完成情况并纠正计划执行中的偏差，以确保公共组织目标和计划目标实现的管理活动。实现控制职能，基本前提就是要有计划和标准，要有健全的组织机构和得力的控制手段。控制职能的发挥，包括下述几个相互关联的环节，即确立控制标准、获取偏差信息、采取措施进行调节和实行有效监督等。控制职能具体表现为前馈控制、现场控制和反馈控制。控制职能贯穿于公共管理活动的全过程，为了有效地发挥控制职能，必须进一步建立健全监督控制的组织系统，采取配套的、有效的控制手段，以保证公共管理目标和任务的顺利完成。

上述基本职能和运行职能之间，相互渗透、相互交叉、相互作用，在彼此的联系与制约中发挥作用。我们只有以系统的观点来看待政府职能体系，正确认识和把握各个职能之间的有机联系，充分发挥各个职能环节及有关职能部门的作用，才能更有效地实施公共管理活动。

第二节　政府职能的确定

不同历史阶段政府职能的确定受到多重因素的影响，确定政府职能有其基本的原则，还会受到国内、国际各种因素的直接影响。

一、政府职能确定的原则

政府职能确定是一项系统、复杂而艰巨的工作，需要遵循系统完备、科学规范、运行高效的原则。

（一）系统完备原则

系统完备就是机构健全、职能配套、机制完善。政府职能涵盖政治、经济、社会各个方面，这只是就整体而言。现实中，政府职能是具体的、开放的概念，即不同历史时期政府职能的重心会有所不同，但是不应该有所偏废。应全面领导、宏观规划、整体思考，着力构建紧密相连、相互协调的政府职能体系。

（二）科学规范原则

科学是指政府职能设置合理，这主要是要解决政府体制问题。第一要做到权责与职能一致。政府职能的确定应当使权责相符，拥有一定权力，就要承担一定的责任，承担了一定责任就应拥有履行责任的权力。第二要做到机构设置优化。机构是政府职能的载体，合理确定政府职能就必须合理调整政府机构，优化机构的配置和组合。第三要新旧职能及时转换。随着行政环境的变化，政府职能也在发生变化，这就要求及时进行新旧职能转换。规范指政府职能设置要合法化。确定政府职能要程序严密、于法周延，不断提高政府职能的规范化、程序化水平。

（三）运行高效原则

运行高效指职能行使顺畅、运转协调、监督有力，这主要是要解决政府机制问题。运行高效要求推进职能优化，改革机构设置，坚持一类事项原则上由一个部门统筹，一件事情原则上由一个部门负责，加强相关机构配合联动，避免政出多门、责任不明、推诿扯皮问题发生。另外要有统有分、有主有次，既强调中央部门集中精力抓大事、谋全局，又充分调动地方积极性，因地制宜做好工作。还要能履职到位、流程通畅，加强相关机构配合联动，强化事中事后监管。

系统完备、科学规范、运行高效三者彼此联系、相互贯通，但各有侧重、内涵不同，是一个全方位、立体化的有机整体。系统完备是基础，科学规范是保障，运行高效是关键，再完备的系统、再规范的制度，最终要体现为机构职能的高效运转。三者相互作用、环环相扣、缺一不可。

二、政府职能确定的影响因素

政府职能的确定受多方面因素的影响。这些因素构成了政府职能的主要依据，一般来说，影响政府职能确定的因素来自以下几个方面：

（一）国家的国体、政体

国体指国家的性质，亦称国家的阶级本质。具体而言，就是社会各阶级在国家中所处的地位。政体即统治阶级采取什么形式组织自己的政权。政体由国体决定，与国体相适应。国体和政体是政府职能确定或转变的最根本依据。它决定、影响或制约政府职能的目标、内容及其履行方式。国家的阶级性质决定国家的职能，也决定政府的职能状态。

（二）经济发展水平

经济发展水平与政府职能紧密相联，主要反映在两个方面：一是经济发展水平直接关系政府的财政能力，即经济发展为政府职能行使提供必要的物质条件，包括提供财政支持和科学技术支持；二是经济发展促进了社会分化，不仅社会事务总量增加，社会事务的复杂程度也大大增加，客观上要求拓展政府职能、转变政府职能。

（三）社会发育状态

决定政府责任范围大小的基本因素是社会发育状态。对社会事务进行管理并对社会提供服务的政府组织是一个开放系统，它与社会环境之间相互联系、相互作用。在社会历史发展过程中，总是会出现一些新情况和问题要求政府予以解决，这些问题往往表现为种种要求、支持和反对等各种信息。社会环境的这些要求、支持和反对信息进入行政系统后，就会引起政府组织包括政府职能的变化。随着现代社会生活日益复杂化，政府职能也日益分化和专业化。专业化手段和专门知识的应用，不仅提高了行政管理效率，也促进了政府职能的转变。社会发育状态的变化就要求转变政府的经济职能。

（四）国际环境变化

国际环境的稳定与否，也影响着政府职能的确定。在一些发展中国家，政局复杂，政权多变，这种状况导致了政府的软弱性，即使政府制定了社会发展的远景规划，或者试图根据其施政纲领扩大政府的职能范围，也会由于国际局势的不稳定以及官员腐败等而使其规划和设想难以实施、无力执行。因此，国际环境的稳定是政府职能稳定的保障。

第三节　政府职能的履行

确定政府职能不等于政府职能的实现，实现政府职能还需要解决一系列与之相关的重要问题。这些问题包括选择合适的履职方式、确定承载政府职能的组织机构、优化政府运行流程、健全政府职能的监督反馈机制。

一、选择合适的履职方式

如果说确定政府职能是解决政府该做什么的问题，那么政府职能的履行方式就是解决政府职能如何实现、政府该如何做的问题。在 20 世纪 80 年代西方国家兴起的新公共管理运动中，西方学者提出了“政府工具”（governmental tool）的概念。政府工具又称政府治理工具、政策工具，或者政府管理方法和技术研究，它既是当代行政管理学理论研究的一个新的主题领域、学科分支，又是当代行政管理实践的一个新的重大课题。美国政治学家罗威、达尔、林德布洛姆等人及经济学、管理学、社会学、政治学及政策学等多个领域的学者提出，如同所有权和使用权可以分离、分别行使一样，政府职能的所有者和政府职能的实现者也是可以分离的，即政府具有的职能，不等于政府必须亲力亲为地去实现这些职能。

政府职能的履行方式可以简单分为传统方式和创新方式两类：

传统方式是自古以来各国政府经常使用的履职方式，这些方式包括建立法律规章和制裁手段、管制或放松管制、补助、颁发许可证、税收政策、贷款、进行监督和调查、拨款等。传统方式的实质是利用公共权力的权威性和强制性实现政府职能。

创新方式是指西方国家在新公共管理运动中创新出来的履职方式，这些方式包括特许经营、政府与私人部门建立伙伴关系、公共部门之间建立伙伴关系、政府采购、提供信息或技术支持、使用者付费等。创新方式的实质就是利用市场机制和社会力量共同实现政府职能。

二、合理设置机构

合理地设置机构是政府实现职能的必要前提和基础之一。机构是职能的载体，一级政府或一个政府职能部门设置哪些机构、设置多少机构，是由其职能决定的。合理的机构设置应该有以下要求：一是实现任务和机构的平衡。即在一级政府或一个政府职能部门里，能够实现事事有人做、人人有事做，既不会有人事情做不完，也不会有人无事可做，而且还不会机构之间忙闲不均。二是实现机构和人员的分工明确、默契合作。现代化生产管理的基本原理告诉我们，专业分工可以实现高效化，政府管理也一样。在政府内部以工作的内容为依据进行职能明确的分工，便于单位和个人都能在分工的基础上精通业务，同时互相密切配合，这样会有利于提高工作效率。

在现实中，政府机构是与管理体制联系在一起的。因为政府机构不可能孤立地存在，它们之间实际都是有十分明确的隶属关系的，这些纵向和横向的关系就是我们所说的管理体制。理想的行政管理体制是均权式的，也就是权力既不过于集中，也不过于分散。政府的权力能够根据事权的性质，在中央和地方之间进行合理的划分，权力实现上下协调、配合一致。

三、政府流程再造

政府流程再造理论借鉴于企业业务流程再造理论，是在对政府职能及其根本目的重新思考的基础上，对包括公共服务流程和政府内部流程在内的政府流程，从根本上进行重新设计和整合，从而提高政府有效履行自身职能的效率，改善公共服务提供治理的质量，满足公民对于公共服务不断变化的需求。因此，概括来讲，政府职能的有效履行需要进行政府流程再造，其中公共服务是核心，权力分配是实质，效率和服务对象的满意是目标，公平是底线，跨部门再造是重点，法律和制度是约束，信息技术是基础。政府职能和公民需求都将随着社会、经济、政治等方面的变化而发生改变，因此流程再造是一个持续的过程，是随着客观环境及公民要求的变化不断调整的。

四、强化问责监督

问责是一种监督形式。制度性的问责就是问责制。问责制是指上一级政府对现任该级政府负责人、该级政府所属各工作部门和下级政府主要负责人在所管辖的部门和工作范围内由于故意或过失，不履行或未正确履行法定职责，以致影响行政秩序和行政效率，贻误行政工作，或者损害行政管理相对人的合法权益，给行政机关造成不良影响和后果的行为，进行内部监督和责任追究的制度。严格意义上的问责制度的前提，是拥有清晰的权责，合理地配置和划分管理权力，以及设有合理的进退制度。问责制对政府职能履行既有督促作用，对不履行职责的行政官员也具有惩治和警示效果。完整的问责制包括两个方面的规定：一是责任内容需要事先明示和规定；二是必须使其承担相应的不利后果，即对之进行问责。建立有效的行政问责监督机制，是防止行政权力违规和被滥用的有效形式。

第四节　政府职能转变及其实践

一、政府职能转变的含义

政府职能转变是指由于政府价值取向及行政环境改变而发生的政府职能重心转变、履职方式转变，以及职能关系转变等。

（一）职能重心转变

职能重心转变即在政府由政治、经济、社会等职能构成的体系中，将政府职能重心从政治职能转向经济职能、社会职能，或将职能重心从经济职能转向政治职能等。政府职能重心是由当时的国家发展战略决定的。由于生产力发展状况的不同、社会公共事务内容的差异，不同国家在同一历史时期或同一国家在不同历史时期，行政管理主体会选择政治统治、经济发展、社会管理中的某一职能作为工作的重点。而当国家战略进行调整时，政府的工作重心也会相应调整。

（二）履职方式转变

履职方式转变即在实现政府职能时由传统履职方式转为创新履职方式。现代社会，国际环境的快速变化，尤其是全球化、信息化程度的深化都会对政府职能提出新的要求。另外，随着国家经济社会的发展，不仅社会不断分化，民众对政府的提供公共物品和公共服务的诉求也会不断增加。这些内外环境的变化都会在客观上促进政府履职方式转变。传统的、单一的依靠行政命令的强制性的履职方式已经不合时宜，需要综合运用行政的、经济的、法律的、市场的和社会的等多种方式，尤其是运用市场经济的成本意识、竞争机制实现职能，也需要利用社会力量共同实现政府职能。

（三）职能关系转变

职能关系转变是指由行政管理体制形成的中央政府与地方政府之间的职能关系、上级政府与下级政府之间的职能关系，以及政府内部各部门之间的职能关系，还有政府与其他公立机构，如国企、公办服务机构等关系的转变。职能关系的转变形式包括上级向下级放权，组建或撤销政府职能部门，政府部门之间、政府与其他组织之间重新划分职权范围，允许或限制社会其他主体承担公共物品或公共服务供给职能等。一般来说，政府职能关系的转变是与政府履职方式的转变紧密联系、互为依存的。也就是说政府履职方式的转变往往就是通过职能关系的转变实现的，或者说政府职能关系转变总会引起履职方式的转变。

二、西方国家政府职能的转变

（一）西方国家的政府职能沿革

近现代西方国家政府职能实质上是西方国家在市场经济条件下对政府与市场、政府与社会关系不断调整的过程。“在以往两个世纪的不同时间里，政府的介入程度总是像钟摆一样在两极之间反复振荡。总的来说，西方社会在这段时期中经历了政府干预的三个阶段。”①

1. 自由资本主义时期的政府职能

在欧洲，16 世纪以后至 19 世纪后期，是资本主义生产方式处于上升的时期，由于政府将自己定位于“守夜人”，所以这个时期也被称为自由资本主义时期。18 世纪后半叶，第一次工业革命的完成，使工场手工业转变为机器大工业，与之相适应的是资本主义的市场经济在配置资源中表现出巨大的优势，正是在这样的条件下，自由竞争、限制国家干预的观点成为主流思想。这个思想的主要代表人物是英国古典经济学家亚当·斯密。亚当·斯密等人以理性“经济人”假设为基础，推崇由市场机制这只“看不见的手”

① 休斯．公共管理学．北京：中国人民大学出版社，2001：107.

引导经济活动，奉行“管得越少的政府，就是最好的政府”的信条，提出政府的适当角色就是远离经济生活，只起“守夜人”的作用。当时政府的职能仅限于提供国防，保护社会免受外敌侵扰；建立法律制度，保护每个社会成员免受其他成员的胁迫，实现社会公正；建设和保护公共设施；等等。政府成为市场经济的推进者，而且职能重心倾向于政治领域。

2. 垄断资本主义时期的政府职能

19 世纪末至 20 世纪中叶，自由资本主义完成向垄断资本主义的过渡，这个时期以美国总统罗斯福“新政”为代表的“国家干预主义”盛行，这段时期也被称为垄断资本主义时期。

19 世纪末以后，发达资本主义国家出现了贫富分化、经济危机等严重的经济和社会问题，20 世纪二三十年代世界性的经济危机的出现，更是表明单纯靠市场配置资源会出现“市场失灵”。“守夜人”的理论已经不适应经济社会发展的现实。这时，以凯恩斯主义为代表的国家干预经济的思想成为西方经济学的主流思想。凯恩斯主张放弃自由放任主义，实行政府对经济生活的全面干预，特别是通过财政和货币政策来调控市场经济的运行。他主张，政府不仅要履行传统的职能，而且要对充分就业、物价稳定、经济增长、国际收支平衡等负责。政府介入市场的主要目的是矫正市场失灵，起先主要领域在反垄断和反经济危机，第二次世界大战以后扩大到社会福利保障领域。

罗斯福新政（The Roosevelt New Deal）是凯恩斯主义最为著名的实践，1929—1933 年席卷资本主义世界的经济大危机，将整个资本主义世界推到了崩溃的边缘。在美国，经济持续衰退，失业人口剧增，金融体系接近崩溃，生产相对过剩，社会危机重重。传统的“守夜人”政府，面对这场大危机束手无策，而罗斯福运用增加政府对经济直接或间接干预的“新政”，极大缓解了大萧条带来的经济危机与社会矛盾。在罗斯福主持两个“百日新政”期间，美国政府出台了啤酒法案、农业法案、失业救济法案、工业复兴法案、社会保障法案、税制改革法案、银行法案等诸多法案，对社会各个领域进行调控。当时的舆论甚至评论说，美国国会似乎成了行政部门的表决机器；总统领导着白宫办公厅、各种各样的总统辅助机构以及预算局、经济顾问委员会、国家安全委员会等众多而重要的机构，用对华尔街进行管制、设立田纳西河流域管理局、承担巨大的公共工程开支并进行工程监管等措施，强化政府经济职能，彻底结束了自由资本主义时代。由于美国政府干预经济成效显著，其他资本主义国家也纷纷效仿。接踵而至的第二次世界大战期间，所有参战国，不论是战胜国还是战败国都是靠加强国家控制保证战争进行。二战结束以后，同盟国靠延续战时合作完成了战后恢复，在客观上巩固了国家干预主义在西方各主要国家的地位。西方国家推行国家干预主义政策，表明政府职能重心已经普遍转到经济、社会领域。

3. 当代资本主义的政府职能

20 世纪 70 年代，西方各国先后遇到了严重的经济“滞胀”困境，即西方国家普遍出现以经济停滞、通货膨胀、财政赤字、高失业率为特征的“滞胀”现象。这使人们发现，如同市场有缺陷、市场会失灵一样，政府的干预也是有缺陷的，政府同样也会失灵。市场解决不好的问题，政府也不一定能解决得好，而且政府干预的代价可能更高昂。在此背景下，主张回到以亚当·斯密的理论为基础，让市场发挥主导作用的新古典经济学（Neoclassical Economics）开始在经济学领域占据统治地位。所以，这个时期也被称为新古典经济学时期。这一时期对政府自身的改革肇始于英国，随后是美国，进而扩大至西方主要发达国家，最后又波及许多发展中国家。这场对政府自身深刻且持久的改革后来被称为新公共管理运动，基于这个改革运动形成的理论总结被称为新公共管理理论。

尽管各国新公共管理运动的规模、深度存在着差异，但作为一场世界范围的改革潮流，其主要做法是一致的。（1）调整政府职能。主要措施有：减少对企业和社会的直接干预；通过打破垄断，引入竞争机制，实行公共服务社会化；推行国有企业民营化，从而减轻政府负担，缩小政府规模。（2）创新履职方式。主要做法包括：充分借鉴企业管理手段，如项目招投标、质量管理、使用者付费、合同外包、人力资源开发等，实现政府管理创新；运用现代信息技术，推进电子政务，再造政府管理流程；开展政府绩效评估，如英国推行政府公共服务承诺制，美国实行联邦政府绩效管理，都取得积极成效。（3）调整职能关系。即围绕决策权与执行权的分离，一些国家将政府部门分解成决策部门和具有特定服务功能的执行机构，通过签订责任书等方式，明确执行机构的责任范围、工作目标及考核标准。英国、澳大利亚、瑞典等国都采取了类似做法①。

这一时期，政府的基本职能仍然定位在为社会提供公共物品和公共服务上，但在政府履职方式、职能关系上进行了重大变革，即尽可能用市场的方式承担公共服务的职能，同时，尽可能与社会组织共同承担提供公共物品和公共服务的职能。

（二）西方国家政府职能的转变趋势

经过 30 多年新公共管理运动的发展，西方国家政府职能转变的趋势已经逐步清晰。

1. 职能重心持续转变

二战后出现的新科技革命，极大地促进了社会生产力的发展，也在很大程度上改变了人们的生活方式、交往方式。现代科学技术的发展，则为全球化的发展提供了技术可能。但是在人们享受这些物质文明成果的同时，也出现了一系列前所未有的社会问题，诸如环境污染、生态失衡、人口剧增、交通拥堵，甚至吸毒、跨国犯罪、突发事件，等等。而且，随着社会生产力的发展，人们对生活质量也有了越来越多的要求，需要政府提供数量更多、质量更优的有关教育、文化、娱乐、信息、交通、能源等方面的服务，这些都是对政府的新挑战，政府必须认真研究这些问题，必须创造性地发挥职能，处理和解决这些问题。另外，由于西方国家吸取历史的教训，二战后制定各种社会福利政策，极大地缓和国内阶级矛盾，同时，也由于法制的健全和全体社会成员法治意识的增强，国内直接对抗性阶级矛盾的发生率已经降到低点。这样的社会现实，促使政府在将政治职能重心由国内转为国外，由单一的军事安全转为多元防范的同时，也不断将职能重心转向经济社会。

2. 履职方式转变

履职方式转变是指政府在坚持传统的行政、法律等强制方式实现职能的同时，更多

① 高小平，沈荣华．推进行政管理体制改革：回顾总结与前瞻思路．中国行政管理，2006（1）．

地运用市场的方式、社会的方式履行职能，实现了履职方式的转变。二战结束后至今，各国政府宏观调控的职能不仅没有减弱，而且还从经济领域扩大到了社会各个领域。人们所谓“政府失灵”“后凯恩斯主义”，实际上，在更大程度上是希望政府改变对经济的干预方式，而不是真的要政府退出经济社会领域。

国家垄断资本主义的实质就是政府干预经济。近些年来，在新公共管理运动的影响下，西方国家不再简单地坚持最好的政府就是规模最小的政府，而把政府看作一个重要的、强有力的机构，它可以扮演扶助私营部门的角色，而不是作为私营部门的竞争对手而存在。在政府与市场的关系上，人们也逐渐认识到，无论是政府还是市场都不是完善的，它们都有缺陷，都会失灵。因此，在市场经济的条件下，考虑到市场失灵，必须重视政府的作用，让政府在弥补市场缺陷和纠正市场失灵上，在自己的能力范围之内起到应有的作用，即让政府在保持经济总量平衡、提供公共物品、消除外在效应、进行收入和财富的再分配等方面发挥应有的作用。考虑到政府干预行为的局限性及“政府失灵”，必须让市场在资源配置和私人物品的生产和供给上起到基础作用，政府只能是补充市场机制，而不是取代这种机制；政府应根据市场经济发展的不同阶段以及现实经济运行情况，确定好干预的内容、范围及手段。政府职能的社会化，就是政府改变干预经济形式的产物。

3. 职能关系转变

职能关系转变是指中央政府或联邦政府下放权力，让下级政府分担责任，同时政府与企业（私人部门）、非政府组织合作，让政府之外的其他社会主体与政府合作，用以弥补政府的缺陷。其中与非政府组织的合作特别引人注意。非政府组织最早出现在 17 世纪的英国，当时的组织特点以自愿、互益为主。19 世纪末以后，非政府组织致力于社会公益事业的特征更为显著，极大地推动了社会进步。战后非政府组织在社区自治、扶贫济困等慈善领域得到广泛而全面的发展。现在世界上几乎所有国家都存在着非政府组织，而且还出现了被纳入联合国体系的国际非政府组织。20 世纪 80 年代以来，在政府与市场都失效的困境中，发达国家非政府组织在主动参与公共治理中表现出特殊的作用。它有效促进了社会沟通，增加了社会公共物品和公共服务的供给，促进了政府职能的转变，还在促进就业方面发挥了重要作用。非政府组织以自己的业绩为自己“证明”，使自己在社会政治经济中的地位显著提高。非政府组织与政府合作，或者说，政府充分发挥非政府组织的作用成为基本趋势。

三、新中国政府职能的转变

新中国成立后，由于国内外环境的变化，政府职能在不同历史时期表现出不同的特点。

（一）新中国的政府职能沿革

1. 1949 年至 1978 年的政府职能

新中国成立之后至 1978 年底党的十一届三中全会召开前，这个时期是计划经济体制时期，政府是国家公共事务的唯一管理主体。当时由于国际上存在美苏两极格局，我国的外部生存环境恶劣，从 50 年代到 70 年代，中国周边地区发生的朝鲜战争、印度支那战争，以及日本和美国的军事同盟、中国台湾和美国的军事同盟、亲美的东南亚国家联盟，还有苏联与中国两国关系的恶化、苏联在中国的邻国的军事存在，一直将中国置于战争和准战争的威胁之下，加之国内政治形势也不稳定，所以中国在初步建成社会主义工业体系的同时，将更多的财力和物力放到了维护国家安全、巩固国家政权方面。也就是说，这个阶段的政府职能重心在政治方面，而且由于是计划经济体制，所以职能关系是高度集权，职能方式是直接的微观管理。当时的政府职能状况是特殊历史条件下的特殊产物，为新中国的经济恢复和建设发挥了积极的作用。

2. 1978 年底至 1992 年的政府职能

1978 年底党的十一届三中全会做出了把党和国家的工作重点转移到经济建设上来的重大决定，在开启中国的改革开放进程的同时，开始了政府职能重心从政治向经济的转变。1987 年党的十三大报告第一次明确提出了“转变政府职能”的改革命题。在转变职能方式和职能关系方面，至 1992 年党的十四大召开前，中国在计划经济体制下承认商品和市场在促进经济发展中的作用，允许非公经济体制作为计划经济体制的补充而发展。在教育、医疗、文化等领域，允许社会资本进入，民办的教育机构、医疗机构、文化演出机构纷纷成立。同时，在农村实行家庭联产承包责任制发展经济取得显著成效的示范带动下，1984 年以后将经济体制改革推向全国，政府下放权力，精简机构，不断改变职能关系。

这个阶段的政府职能转变取得极大的成效。人们的温饱问题初步解决，国民经济十年翻了一番，城乡经济日益活跃。但是在 20 世纪 80 年代末 90 年代初，也遇到了国内经济过热、国际上美苏两极格局终结造成国际环境极大震荡等各种不利因素交织的困难。

3. 1993 年至 2001 年的政府职能

1992 年党的十四大召开，确立了建立社会主义市场经济体制的改革目标，同时提出要使市场在社会主义国家宏观调控下对资源配置起基础性作用，标志着中国的政府职能转变进入了一个新的阶段。这个阶段里，为适应政府职能重心转变，更多地开展了探索政府与市场关系的改革，以及探索政府职能关系和职能方式转变的改革。1993 年的政府工作报告明确提出，转变职能，坚持政企分开；理顺政府部门间的关系、理顺中央和地方政府间的关系；精简机构编制。1997 年党的十五大报告明确提出，公有制为主体、多种所有制经济共同发展是我国社会主义初级阶段的一项基本经济制度，这就明确了非公经济组织在社会生活中的地位，为政府职能社会化奠定了法理基础。1998 年的政府机构改革，有利于进一步规范政府与市场关系。同年颁布《事业单位登记管理暂行条例》《社会团体登记管理条例》《民办非企业单位登记管理暂行条例》等一系列规章，重新定位事业单位和有关社会组织的地位作用，提出理顺政事关系、政社关系的改革目标。

这个阶段公有制经济与多种所有制经济共同发展，经受住了亚洲金融危机的考验，加入了世界贸易组织，这些成就无不体现以经济建设为中心的政府职能转变的积极成果。但是随着经济社会的发展和改革的深入，下岗人数增加、贫富差距拉大、环境污染加重等社会问题也突出起来，加之国际形势在世纪之交出现新的重大变化，都对政府职能转变提出了新的要求。

4. 2002 年至 2012 年的政府职能

2002 年党的十六大报告明确提出了 16 个字的政府职能定位，这就是“经济调节、市场监管、社会管理、公共服务”的职能。2003 年党中央提出了科学发展观及其战略部署，表明党和国家更加关注民生，更加关注与民生相关的经济、社会、文化、生态环境等领域的和谐发展。这是政府职能重心向经济与社会领域转变的标志。2008 年党的十七届二中全会通过的《关于深化行政管理体制改革的意见》明确指出，“深化行政管理体制改革的总体目标是，到 2020 年建立起比较完善的中国特色社会主义行政管理体制。通过改革，实现政府职能向创造良好发展环境、提供优质公共服务、维护社会公平正义的根本转变”。这是第一次明确政府职能转变的定义，实际就是对政府职能的明确定位。这个文件还同时提出“加快推进政企分开、政资分开、政事分开、政府与市场中介组织分开，把不该由政府管理的事项转移出去，把该由政府管理的事项切实管好，从制度上更好地发挥市场在资源配置中的基础性作用，更好地发挥公民和社会组织在社会公共事务管理中的作用，更加有效地提供公共产品”。同年，政府机构进行大部制改革，进一步调整职能关系。

这个阶段的民生福祉得到显著提升，政府职能转变已经明确定位，以政府审批制度改革为抓手，厘清政府与市场关系的改革层层深入。但是与全面建成小康社会的奋斗目标还有差距，还需要深化政府体制机制的改革。

5. 2013 年至今的政府职能

2013 年党的十八届三中全会通过了《中共中央关于全面深化改革若干重大问题的决定》，提出“全面深化改革的总目标是完善和发展中国特色社会主义制度，推进国家治理体系和治理能力现代化”，同时提出要“紧紧围绕使市场在资源配置中起决定性作用深化经济体制改革”。这些全新的改革目标和定位，要求政府进一步调整与市场的关系，也使政府职能转变进入了一个新的阶段。可以看出，党的十八大以来，以习近平同志为核心的党中央把深化党和国家机构改革作为推进国家治理体系和治理能力现代化的一项重要任务，按照坚持党的全面领导、坚持以人民为中心、坚持优化协同高效、坚持全面依法治国的原则，深化党和国家机构改革，党和国家机构职能实现系统性、整体性重构，为党和国家事业取得历史性成就、发生历史性变革提供了有力保障。

特别是党的二十大以来，更加强调要构建系统完备、科学规范、运行高效的党和国家机构职能体系，统筹党中央机构、全国人大机构、国务院机构、全国政协机构，统筹中央和地方，深化重点领域机构改革，推动党对社会主义现代化建设的领导在机构设置上更加科学、在职能配置上更加优化、在体制机制上更加完善、在运行管理上更加高效。

（二）我国政府职能的转变趋势

改革开放以来，我国的经济社会发展取得了令世人瞩目的巨大成就，政府职能转变的趋势也日渐明晰。

1. 职能重心：从政治统治到经济建设再到社会服务

新中国成立后，当新生政权已经稳固，且国民经济的调整基本完成时，由于国家的外部环境以及自己内部环境的原因，20 世纪 50 年代末至 70 年代中期，政府职能的重心仍停留在政治方面，在一定程度上制约了我国经济和社会的发展。

1978 年底，党的十一届三中全会提出，“全党工作的着重点应该从一九七九年转移到社会主义现代化建设上来”。中国的改革就是以党和政府工作重心转移到经济建设方面为标志开启的。而与此同时，大规模的改革开放展开。正是政府职能的及时转变，使得我国的生产力得到解放，国民经济得以稳定发展。随着改革开放的深入推进，物质生产大力发展，人民生活水平也显著提高。可以说，政府职能重心的转变，既是改革的起点，也是改革的重大成就。没有政府职能重心的转变，就不可能有现在我们所看到的所有改革开放的辉煌成果。进入 21 世纪，伴随着经济的迅速发展，各种社会问题也不断涌现，成为制约经济社会发展的突出因素。关注民生、实现社会的公平正义，是人民群众对政府提出的迫切要求。为此，以科学发展观为指导，政府职能重心向社会服务转移，以保障和改善民生为重点，建立惠及全体人民的基本公共服务体系，为人民群众提供更好更多的义务教育、基本医疗、社会保障等基本公共产品和服务，并不断提高公共服务的质量，推进基本的公共服务均等化。

2. 履职方式：由行政方式转向与市场和社会多种方式结合

改革开放以来，随着市场经济的发展，过去单一的传统的履职方式，即主要依靠行政命令的方式，已经越来越不适合经济社会的发展。同时商品和市场的活动，也迫切要求法制的健全。正是在这样的背景下，政府职能方式开始发生转变，从单一的行政方式，转变为行政的、经济的、法律的、市场的和社会的等多种方式的结合。

行政方式的特点是强制性执行，经济方式主要是按照经济规律，灵活运用价格、财政、税收、信贷、工资等经济杠杆，以调节和影响社会经济活动的方式实现职能。法律方式主要是制定和完善经济领域的法律，并严格实施，以此规范社会各种经济主体行为的管理方式。现在还明确运用了市场的方式即利用市场竞争机制，为社会提供质优价廉的公共物品和公共服务以及社会的方式，这些方式各有所长，也各有所短，所以要把它们结合起来灵活运用。

3. 职能关系：从政府简政放权到与社会治理结合

政府职能关系主要表现为中央政府与地方政府之间的职能关系、上级政府与下级政府之间的职能关系、政府内部各部门间的关系、政府与企业之间的关系、政府与事业单位之间的关系、政府与社会之间的关系等。

计划经济时期，我国的政府职能关系总体表现为高度集权和职能泛化，在政府与国家经济、社会事务的关系方面，政府职能泛化，表现为政企不分、政资不分、政事不分、政社不分。

实行改革以来，政府职能关系转变在分清职能、理顺关系方面取得了明显的成绩。主要表现为权力下放，经过几轮的简政放权、机构改革，在一定程度上分清了中央政府与地方政府之间的职能及权限，政府部门的职能也加以整合，大部制改革方兴未艾。此外，在政府坚持简政放权的同时，引导其他社会主体参与社会治理。由于公共管理主体范围的扩大、职能重心的转变、履职方式的变化，政府对社会组织的政策已经由管制为主，转变为监管和促进发展并重，以使其分担政府职能，政府与社会组织合作，“社会问题社会管”的格局正在形成。

本章学习要点

政府职能是行政机关在管理活动中的基本职责和功能作用。政府职能是一个历史的范畴，也是一个社会的范畴，它具有执行性、公共性、法定性、多样性、变动性。提供公共物品和公共服务是政府的基本职能，按其所涉及的领域，可以分为政治职能、经济职能、社会职能等几项职能；按管理过程又可分为决策、组织、协调、控制等几个运行职能。

确定政府职能需要遵循系统完备、科学规范、运行高效的原则。影响政府职能确定的因素包括国家的国体、政体，经济发展水平，社会发育状态，国际环境变化，等等。确定政府职能不能等于政府职能的实现，实现政府职能还需要解决与之相关的重要问题，即选择合适的履职方式，确定承载政府职能的组织机构，优化政府运行流程，健全政府职能的监督反馈机制。

政府职能转变是指由于价值取向及行政环境改变而发生的职能重心转变、履职方式转变，以及职能关系转变等。近现代西方国家政府职能转变的实质，是西方国家在市场经济条件下对政府与市场、政府与社会关系的调整。改革开放以来，我国政府职能转变的趋势也日渐明晰，即职能重心从政治统治到经济建设再到社会服务，履职方式从行政方式转向与市场和社会多种方式结合，职能关系从政府简政放权到与社会治理结合。

本章思考题

1. 如何理解政府职能的含义？
2. 什么是政府职能体系？
3. 政府履职方式有哪些？
4. 政府职能的履行需要具备什么样的条件？
5. 什么是政府职能转变？
6. 西方国家的政府职能经过了怎样的发展和转变？
7. 我国政府职能转变的主要内容及基本趋势是什么？

第三章

行政组织

本章学习目的

行政组织是行政管理的组织载体，是实现行政职能的组织保障，任何行政活动都要通过行政组织来完成。本章通过对行政组织相关理论的学习，了解行政组织的基本理论、行政组织的主要类型、行政组织的环境，尤其是行政组织的编制管理，把握行政组织与管理的体制机制的关系，了解中国行政组织设置的概况。

第一节　行政组织概述

一、行政组织的概念

（一）行政组织的含义

组织（orgnization）一词源于器官（organ），一般是指诸多要素按照一定的目的、任务和形式互相联系起来形成的系统。这一词引申到社会生活中，就是指为实现共同目标，按照一定宗旨和系统建立、组合起来，并开展活动的集团或团体①。组织可以划分为自然组织和社会组织两大类。单就社会组织而言，不同国家有不同的分类方式，多数西方国家都把社会组织划分为三类，即政府及其他权力制衡机构、企业公司和社会团体。中国现在则划分为四类，即党政机关、企业公司、事业单位和社会组织。也就是说，在中国，“社会组织”是一个专有名词，特指区别于国家权力机构的各类组织。

行政组织有广义和狭义之分。广义的行政组织泛指一切具有执行性管理职能的组织系统，既包括整个国家机关中的行政机关，也包括国家机关中的立法、司法系统中具有执行性职能的各单位，在我国，甚至还包括党委机关、事业单位和人民团体这些具有管理职能的组织系统。狭义的行政组织则仅指国家的行政机关。本章从狭义上探讨行政组

① 中央编办机构编制业务培训教材编辑委员会．机构编制工作用语释义（2012 试用版）．内部资料：72.

织即根据宪法和法律组建的行使国家行政权力的机关。

（二）行政组织的构成要素

行政组织是由若干要素组成的有机整体，行政组织功能的有效发挥，依赖于各要素的有机协调。行政组织的基本构成要素包括组织目标、机构设置、权责体系、专业人员、运行程序、法制规范和物质资源。

1. 组织目标

这是组织赖以建立和存在的前提及基础，是组织活动的出发点和归宿点，也是行政组织的首要因素。因此，行政组织首先必须有明确的目标，并由上到下，由宏观到微观地进行目标分解，依次确定各个子目标、分目标，形成一个多层次、多序列的组织目标体系。

2. 机构设置

机构是行政组织的实体，也是行使行政权力、履行行政职能、实现组织目标的工具。机构设置是指根据组织目标、职能范围在行政组织系统内部按照一定的法律程序和分工要求设置相应的组织机构，包括纵向机构和横向机构，以及每一个机构中具体的内设部门和职位设置。

3. 权责体系

权责体系指由不同层级、不同部门行政组织构成的或从属或并列的职权关系。任何一个行政组织在设置的时候就已经确定了它的行政权力和职责，行政级别不同，行政权责就不同，所有的行政组织共同构成一个上下一致、左右协调的有机体。权责体系是设置行政组织的基础。权力配置和责任承担密不可分，有权必有责。权责体系是否明确，影响行政组织功能发挥的效果。因此必须合理划分行政组织权力和责任，探求行政组织集权与分权、授权与制约的适度点，使组织系统科学运行。

4. 专业人员

人是行政组织的核心主体，是构成行政组织的基本要素。离开人的参与，一切组织都不复存在，一切组织活动都不能进行。行政组织中的人员是具有与组织职责相适应的专业素养的专门人才，专业结构合理的行政人员配置是行政组织健康稳定运行的重要因素。

5. 运行程序

行政组织是一个动态过程。它犹如一个庞大的机器，要开动这部机器，就必须经历一系列程序。在行政管理活动过程中，必须有一定的办事流程和信息流程。科学而合理的运行程序可以使得行政机关和人员在完成任务的过程中缩短工序，减少中间环节，节省时间，提高工作效率。

6. 法制规范

行政组织的法制规范是指以书面形式对行政组织构建、组织目标、组织行为、运行程序等进行的严格规定。法制规范对行政组织中的机构和成员具有普遍约束力，有利于行政组织自身有序建设，减少组织构成要素间的矛盾冲突，为违法行政行为的制裁提供依据，保证行政组织的整体性、规范性、组织性和纪律性。

7. 物质资源

物质资源是行政组织开展活动所必需的有形要素，包括一定的行政经费、办公场所、办公设备等。各种行政活动的展开都离不开物质资源的硬件支持，合理调配和使用物质资源，是行政管理活动的一项重要内容。

（三）行政组织的特点

行政组织属于公共部门的范畴，相较于社会中的其他组织来说具有显著的特点，这些特点主要是政治性、权威性、公共性、系统性、法制性和社会性。

1. 政治性

行政组织是国家行政职能的载体，是国家权力机关的重要组成部分，其核心是以国家政权为后盾，与其他组织共同维护统治阶级的利益，把国家的政治意志落实到管理行动中，这样的地位决定了行政组织的目标、职能、行为和活动都具有很强的政治性。

2. 权威性

行政组织是国家权力机关的执行机关，代表国家行使权力。强制服从是行政组织权威的突出特征。依据法律规定，行政组织对各种社会组织和全体公民实施干预和施加影响，被管辖者必须服从行政组织的指挥、领导和管理，若有反抗行为，要接受法律相应的制裁和惩戒。

3. 公共性

行政组织的公共性在于其组成人员是公职人员，目标是实现公共利益，职能是向公众提供公共服务。行政组织通过对社会公共事务的管理，实现改革利益。

4. 系统性

系统性是指行政组织是依法设置、按照社会分工对应组织起来的，具有特定目标结构、层次结构、权力结构、人员结构的有机整体。行政组织纵向包括中央、地方和地方基层行政组织单位，横向为各个层级的部门分工协作、各司其职，最终构成一个庞大、完整的行政系统，任何一个要素的变动都会影响整个行政系统的发展。

5. 法制性

行政组织的法制性包括两个方面：一是行政组织自身建设的法制性，即行政组织的建立、撤销、人员编制、岗位设置等都要以宪法和法律为基本依据；二是行政组织管理社会公共事务的法制性，即行政组织是“法无授权不可为”，一切行政行为都要符合宪法和法律规定。

6. 社会性

社会性是指行政组织的职能之一是社会管理。行政组织管理好社会公共事务，服务于社会民生，才能从根本上维护统治阶级的长远利益，因此社会性与政治性本质上是一致的。

（四）构建行政组织的基本原则

构建行政组织需要遵循完整统一原则、分权管理原则、依法设置原则、精简高效原则、权责统一原则等基本原则。

1. 完整统一原则

完整统一原则包括：事权集中，同一类事务必须划归一个机关管理；体系完整，首长、智囊、执行三种机构健全。肩负社会管理职能的行政组织，更应注重整体效能，贯彻完整统一原则。行政组织既需要各部门协调配合，又必须有统一的领导指挥。

2. 分权管理原则

行政组织是一个庞大复杂的权力体系，既要保持完整统一，又要实行分权管理。完整统一是实行分权管理的前提条件和基本依据，没有完整统一的指导思想、指导原则和实施方案，分权管理就会失去方向，也就不可能形成集中统一的领导核心。

3. 依法设置原则

行政组织设置必须有一定的法律依据和经过法律规定的程序。首先，行政组织必须根据宪法、行政组织法、机构编制法和其他相关法律法规的规定设置。其次，行政组织的设置必须经过一定的法律程序，履行必要的法律手续。只有做到依法设置行政组织，才能杜绝机构设置的随意性，避免行政组织机构膨胀、人浮于事的现象发生。

4. 精简高效原则

行政机构只有精简，才能实现高效、廉洁的目标。编制与经费应正好适合需要，不能过多或过少，管理幅度不宜过大，层次也不宜过多。具体来说应做好以下几方面工作：（1）根据任务需要设置行政机构；（2）取消重叠交叉机构；（3）行政人员要精干。

5. 权责一致原则

设置机构实质上是权力分配的一种形式。应把各个工作部门的任务和职责范围严格划分清楚，不能重叠和交叉。应当明确各部门的职责权限，有职责，就应当有处理和解决问题的权限。

二、行政组织的类型

行政组织是一个体系庞大、结构复杂、类型多样、职能齐全的系统，按照不同的分类标准可划分为若干类型。常见的有按照行政层级、工作性质和隶属关系进行的分类。

（一）按照行政层级分类

按照行政层级的不同，可将行政组织分为中央行政组织和地方行政组织。

1. 中央行政组织

中央行政组织即中央政府，是国家最高行政机关，管辖范围涉及全国，基本职责是组织和管理整个国家的政治、经济、文化、军事、外交等方面的行政事务。如我国的国务院是最高国家权力机关的执行机关、最高国家行政机关，统一领导全国各级各类行政机关的工作。

2. 地方行政组织

地方行政组织是指地方各级政府及其职能部门，基本职权只在法律规定的行政区域范围内行使，并受到中央行政机关的限制。需要特别指出的是，地方行政组织实际是一个多层级的组织系统，比如我国的地方行政组织实际就有省、市、县、乡四级。在没有特别限定的情况下，所谓地方行政组织或地方政府就是指省级政府组织。

（二）按照工作性质分类

按照工作性质的不同，可将行政组织分为领导机关、职能机关、辅助机关和咨询机关。

1. 领导机关

领导机关是指中央政府和地方各级政府统筹全局的指挥、决策和监督中心，是政府的首脑机关，在本级政府中拥有最高行政权力。领导机关的职责是负责制定行政组织的目标、规划和政策，对辖区内的重大行政问题集中领导和协调，并督导决策的实施，如我国的中央人民政府和地方各级人民政府。

2. 职能机关

职能机关是指在领导机关的领导下，具体管理某一方面行政业务的机关，也称政府组成部门。在单一制国家，职能机关对上接受产生它的同级权力机关的领导机关的指挥和监督，贯彻执行领导机关的政策、决定和各种指示；对下负责领导或指导业务上相同的下属行政部门的工作，行使政府的行政管理职能，如我国国务院所属外交部、财政部、商务部等各部及地方政府所属各厅、局等。

3. 辅助机关

辅助机关是指直接为行政首长或各职能机关进行协助服务，间接为实现整个行政组织目标服务的机关。辅助机关可大致分为两类：一类是为行政首长服务的办公及参谋机关，如政府办公厅等；另一类是为职能机关自身工作和生活服务的机关，专门为职能机关提供各种辅助业务和后勤事务，如政府的机关事务管理局，各业务机关中专门管理本机关的财务、物资、食堂等后勤事务的机构等。辅助机关本身不能做出决策，只能为领导决策收集提供信息，起到沟通各方面的关系、处理日常事务、提供后勤服务、上传下达等辅助作用。

4. 咨询机关

咨询机关是指为领导机关或行政首长出谋划策的机关，其任务是为领导决策工作提供各种对策建议和政策方案，发挥智囊作用。这类机关一般由专家学者和富有实践经验的资深政府官员组成，具有较强的专业性和相对独立性，如政府的理论、经济研究室。

（三）按照隶属关系分类

按照行政机关之间隶属关系的不同，可以将行政组织分为直属机关和派出机关。

1. 直属机关

直属机关是指各级政府为了管理某项专门或特定的事务设置的一类机构。该类机关通常承担某项专门业务，具有独立的行政职能，如我国的海关总署、国家税务总局、国家统计局等。

2. 派出机关

派出机关是一级政府按管辖区域授权委派的代表机构。如我国省人民政府下设的地区行政公署、县人民政府下设的区公所等。它不是一级政府行政机关。其主要职能是承上启下实行管理，既督促检查辖区贯彻执行上级行政机关的指示、决议、决定的情况，也向委派机关报告辖区内行政机关的情况、意见等。

三、行政组织的环境

在传统的行政学理论中，对行政组织的研究主要集中于组织内部，很少考虑外部环境对组织内部各要素的影响，这是在市场经济很不发达、人与人之间关系松散、利益交换动力不足的历史条件下，组织理论对社会生活的合理反应。系统方法的引入，使人们的视野从行政组织内部扩展到对行政组织环境的关注。

（一）行政组织环境的含义及类型

环境一般是指主体自身以外，与之相互作用的各种因素。环境相对组织而言，是组织边界以外的一切事物。世界上任何事物都存在于一定的环境之中，都与它周围的事物相互联系、相互作用。

1. 行政组织环境的含义

一般来说，行政组织环境即政府管理的环境，是行政组织赖以生存和发展的外部条件的总和，即各种直接或间接地作用和影响行政组织及其活动的外部因素的总和。行政组织环境决定、影响和制约着行政组织目标的制定、机构的设置、机制的运行及活动方式的选择等，同时，行政组织环境总是处于发展变化的动态过程之中。

2. 行政组织环境的类型

为了更好地认识行政组织环境的各个因素及它们对行政组织的影响，本书将包罗万象的行政组织环境诸因素，从不同的角度进行具体归类分析：（1）按内容分类，可将行政组织环境分为政治环境、经济环境、文化环境、自然环境等；（2）按地域和范围分类，可将行政组织环境分为国际行政环境和国内行政环境；（3）按作用的层次分类，可将行政组织环境分为宏观行政环境、中观行政环境和微观行政环境；（4）按形态分类，可将行政组织环境分为有形行政环境和无形行政环境；（5）按作用和影响分类，可将行政组织环境分为良性的行政环境和恶性的行政环境。

（二）行政组织环境的特点

总体来看，行政组织环境具有广泛性、复杂性、差异性和动态性的特点。

1. 广泛性

行政组织环境是行政组织赖以存在和发展的外部因素的总和。地形地貌、自然资源、经济状况、人口素质、民族宗教、文化教育、科技水平等无一例外。这就决定了行政组织决策和运作的繁杂性、全面性、原则性和灵活性的特点。

2. 复杂性

行政组织环境是一个复杂的开放系统，它对行政组织的影响与作用不仅仅是广泛的，更重要的是在此基础上体现出来的复杂性。在这些广泛的外部条件和要素中，有物质的，有精神的；有有形的，有无形的；有社会的，有自然的；有国内的，有国际的。这些要素本身及这些要素之间构成纵横交错的关系，可见行政组织关系是极其复杂的。

3. 差异性

不同的行政组织所处的环境状况是不尽相同的，有时这种差异性还会很大。国家、地区、时代，以及地理位置、政治制度、经济状况、民族文化、宗教信仰等不同，直接导致行政组织所处环境的不同。

4. 动态性

世界不是一成不变的事物的集合体，而是过程的集合体。无论是对自然界的开发与改造，还是人类社会的发展与变迁，都必然对行政组织产生重要影响。不同时期、不同阶段，甚至某个具体行政过程中，环境因素都在不断变化，行政组织外部环境也处于动态的变化过程中。

（三）行政环境与行政组织的关系

行政组织与行政环境之间相互作用的基本形式是输入—转换—输出。在这个过程中，行政环境向行政组织输入物质、能量和信息，行政组织通过各种形式对之进行转换，输出法规、政策、措施、办法等，以满足行政环境的需要。

行政环境对行政组织的输入大体可以分为三种类型，即要求、支持和反对。转换过程是指行政组织根据外部环境输入的各种信息，对行政组织内部进行的调整、改变、修订、增加的活动过程，使之与外部环境的关系更为协调和谐，以取得外部环境更大的支持。输出过程是指行政组织通过转换以后，重新向外部环境输出各种信息，表现为行政组织的各项政策法规与各种方法措施的出台和实施，以引导整个社会协调有效地发展，这就是行政对环境的创造。

第二节　行政组织的结构与体制

一、行政组织结构

行政组织结构是指行政组织各要素之间建立的一种排列组合方式。它包括行政组织各成员、单位、部门和层级间的分工协作以及联系、沟通方式。结构合理、运转灵活的行政组织是实现行政目标、提高行政效率的重要组织保障。在行政组织结构中，最重要的是纵向结构和横向结构，它是行政组织系统中的基本框架。因此，这里着重研究行政组织的纵向结构和横向结构。

（一）行政组织的纵向结构

行政组织的纵向结构，也称层次结构或直线式结构，是纵向分工组合形成的层级制。在行政组织的纵向结构中，上下层级之间存在着领导与被领导的关系，使得命令和指挥沿着垂直方向自上而下进行传达和贯彻。

行政组织的纵向结构分为两类：（1）以层级制为基础的不同政府之间的垂直分工。

这种纵向结构是与国家结构形式联系在一起的。在单一制国家，中央与地方的行政组织之间是领导与被领导的关系，比如我国的中央人民政府与省、市、县、乡各级人民政府之间。在联邦制国家，联邦政府与各联邦成员不是直接从属关系，而是契约关系，在各联邦成员内才是层级制的从属关系，比如美国的各个州并不是联邦政府的下属，各州内部才存在领导与被领导的从属关系。（2）各级政府或政府各部门内部的层级分工。各级政府或政府各部门内部分工的基本依据是职能，其实质是将所承担的职责进行划分并层层分解落实，所以这类纵向结构都是领导和被领导的从属关系。

两类纵向结构共同的特点是：（1）行政组织的数量与层级高低成反比，即行政级别越高，组织数量越少；行政级别越低，组织数量越多。所以，行政组织结构在总体上呈上小下大的金字塔型。（2）在行政“金字塔”内实行自上而下的垂直运作机制。

（二）行政组织的横向结构

行政组织的横向结构指处于同一层级的行政组织各部门之间的分工所形成的结构，也称行政组织的部门化，是横向分工形成的组合方式。在行政组织的横向结构中，各部门有明确的职能范围和权责划分，分工随着社会的发展进步逐渐细化，以满足各级行政组织不同的职能需要。

横向结构划分的方法主要有以下几种：

1. 按区域划分

这是指同一行政层级的不同区域划分，各个区域之间是平行关系，不是纵向的隶属关系，如湖北省、河南省等是不同行政区划的同级政府，再如中国人民银行的上海分行、天津分行、南京分行等，是一个机构在不同地区设置的分支机构。

2. 按管理职能划分

这是指同一行政层级的不同职能部门划分，各职能部门之间没有隶属关系，只是分工不同形成的并列关系，如我国的商务部、财政部、民政部等。

3. 按管理程序划分

这种划分方法是按照行政管理工作的流程和程序来设置的，比如将行政组织划分为决策、执行、监督等部门。

行政组织的横向结构中，按区域划分也被称为“块块”划分，按管理职能划分则被称为“条条”划分。这些横向划分的必要性在于便于大型行政组织开展工作，但是也容易出现各个地方和部门的“条块分割”现象。

（三）行政组织纵向结构、横向结构的统一

单纯的纵向、横向型结构各有缺点，因此一般把二者结合起来，形成网络型直线职能式结构。其特点是领导者的统一指挥同职能专业部门相结合，吸收直线式和职能式结构的优点，扬弃部分缺点，使其相互补充、制约，是前两种结构的发展。

我国基本上采用网络型直线职能式结构。从纵向上来看，我国行政组织划分为中央（国务院）—省、自治区、直辖市—自治州、县、市—乡、民族乡、镇四个层次（在市管县体制的地方为五个层次，即在省县间设地级市这个层次），每一层次内再做层次划分。

同时，各级行政组织内按业务性质平行划分为若干职能部门，每个部门所管业务不同，但管辖范围大体相同，地位平等。它们主要对同级行政组织和首长负责，同时也接受对口的上级职能部门的领导或业务指导。

我国行政组织结构从框架上看基本合理，它形成了纵向统一指挥、横向分工协调、纵横交错的网络型体系，但也存在一些亟待解决的问题，主要是各级行政组织的中间层次繁多，组织内横向部门分工不合理，一方面机构重叠，另一方面监督部门、参谋咨询及信息反馈部门又相对薄弱。这些都有待在进一步的改革中解决。

二、管理层次与管理幅度

管理层次和管理幅度是行政组织结构的两个基本范畴。管理层次决定行政组织的纵向结构，管理幅度决定行政组织的横向结构，两者纵横交错构成行政组织的整体结构，并决定性影响行政组织的结构形态。在组织其他条件不变的情况下，两者是反比关系。

（一）管理层次

管理层次是指一个组织内部的纵向等级结构及层次数目，其划分取决于组织权力、劳动分工、组织事务的性质和工作量等，不同的行政组织会有不同的管理层次，但一般都遵循严格的上下级统属关系，从上往下逐层分解，呈现层级严明的金字塔式结构。管理层次过多，上下级距离过远，信息无法及时传递流通，决策的执行准确度降低，难以控制和监督。反之，管理层次过少，权力过于集中，造成权责不清、分工不明确，不利于调动下级积极性。合适的管理层次在保证上下级及时沟通、决策传达准确无误的同时，能发挥下级能动性，达到高效高质量完成行政组织工作任务的效果。

（二）管理幅度

管理幅度是指一个层级的行政机关或行政首长所能直接指挥、领导和监督下级部门或部属的范围和数量。管理幅度的大小取决于工作的性质、难易度和重复度，取决于管理者及下属的基本情况和工作能力，取决于组织规章制度、技术条件的成熟度。管理幅度越大，管理者对下级的直接领导作用越小，控制能力越弱，反之直接领导作用越大，控制能力越强。

（三）管理层次和管理幅度的反比关系

在规模一定的组织系统内部，管理层次和管理幅度是反比关系，即管理层次增加，每一层级的管理幅度就会减少，使组织结构呈现“高耸状”；而管理层次减少，则每一层级的管理幅度就会增加，使组织结构呈现“扁平状”。管理层次的多少直接影响决策与执行的距离。管理幅度小的结构便于决策层全面了解下级情况，提高管理效率，但是管理层级的增加会增加管理成本，也会增加管理中信息衰减和变形的风险；管理幅度大的结构增加了决策层全面了解下级情况的困难，降低了管理效率，但是会降低管理成本和信息传递风险。

确定管理层次和管理幅度受到多种因素的影响，这些因素包括工作性质、工作难易程度，领导者的管理能力、被管理者的素质高低，各个部门所在地区的交通、通信便利程度，各部门工作的专业技术、设备条件等。所以，管理层次和管理幅度的确定应实事求是，根据各管理要素的变量关系来确定其最佳的契合点。

三、行政组织体制

行政组织体制即行政体制，是指不同层级、不同部门之间的行政权力关系的制度化、程序化。行政组织体制是国家政治体制的重要组成部分，按照决策权属关系，可以分为首长制、委员会制与混合制；按照中央与地方关系，可以分为集权制、分权制与均权制。

（一）首长制、委员会制与混合制

根据行政组织中掌握最高决策权人数的多少，可以将行政体制划分为首长制、委员会制与混合制。

1. 首长制

首长制又称一长制或独任制，是指行政组织的最高行政决策权由行政首长一人行使、政治责任由行政首长一人承担的行政体制。在首长制中，行政组织的其他领导人都是行政首长的下属和助手，对于行政组织内的各种事务只有建议权，最终决策由行政首长一人做出。美国总统制是首长制的典型代表。首长制具有事权集中、责任明确、指挥灵便、决策快速、信息渠道畅通、行政效率高、易于保守秘密的优点，但行政决策权由行政首长一人独揽，容易导致滥用权力、独断专行、主观片面、压制民主的弊端。行政首长个人智慧、知识、能力等方面的局限性，也不利于对行政事务做出周密考察和恰当处理①。

2. 委员会制

委员会制又称合议制，是指行政组织的最高决策权由两个以上人员组成的委员会执掌的行政体制。在这类体制内，一切行政决策均由委员会按照“少数服从多数”的原则集体决定。瑞士联邦政府是委员会制的代表。委员会制能够协调各方利益，集思广益，协作分工，发挥集体的智慧和力量，并加强相互监督。但也易导致责任分散不明确，对于决策问题争功诿过，彼此排斥，力量难以集中。

3. 混合制

混合制又称委员会和首长并立制，是指行政组织的事权一部分由委员会集体谈论决定，一部分由首长个人决定的行政体制。一般来说，重大行政事务的决策权由委员会集体讨论决定，具体行政事务的决策权由行政首长个人行使。混合制兼有首长制与委员会制的优点，可是如果运用不当，则会产生首长制和委员会制的弊端。

我国实行的是行政首长负责制，即重大行政问题经过集体讨论后，最后由行政首长决定，并对此全面负责。这种体制在首长制的基础上同时吸收了委员会制的长处。

---

① 陈振明．公共管理学．2 版．北京：中国人民大学出版社，2017：43.

（二）集权制、分权制与均权制

依据中央与地方权力分配关系的不同，行政体制分为集权制、分权制与均权制。

1. 集权制

集权制是指行政决策权集中在中央或上级行政组织，下级仅有有限的裁量权，须接受上级的指挥、控制和监督，并依靠上级的命令办事的行政体制。法国是典型的集权制国家，中央政府在地方政府中派驻自己的代表，监督地方政府的行为。这种体制下，高层行政组织包揽决策权，政令统一，指挥灵便，有利于集中力量办事、统筹兼顾全局。但过于集权也会滋生个人独裁专政，产生官僚主义作风，不利于发挥下级的积极主动性，也不利于因地制宜快速处理行政事务，导致行政效率降低。

2. 分权制

分权制是指地方行政组织在其管辖的地域内有自主决定权，中央与地方各自的权力边界是由法律明确划分的，在法律规定的范围内，实行分权制的地方行政组织可以独立处理行政事务，中央政府不得干预。英国是实施分权制的国家之一，英国的中央政府与地方政府之间有各自明确的法定职权范围。分权制的优点在于，有利于发挥地方行政组织的积极性和创造性，但也会存在权力分散、地方各自为政的隐患。

3. 均权制

均权制是指中央和地方的权力保持平衡，不偏向于集权制或分权制的行政体制。这种体制下，适合中央行政组织管辖的行政事务交给中央，适合地方行政组织管辖的行政事务划归地方，中央和地方之间保持沟通、协调和配合，在不妨碍中央对地方的宏观控制原则下，发挥地方政府的积极性，中央不会因具体行政事务徒增负担，又能保证行政目标的有效实现。不过在现实中，很难找到中央和地方两种权力的均衡点，所以均权制至今还只是一种理想体制。

第三节　行政组织的编制管理

一、编制与编制管理

1. 编制的定义

所谓编制是指各种机构设置及其人员数量的定额、结构和领导职数配置[①]。狭义的编制概念也可以理解为“人员编制”，即仅指机构编制管理机关核定的机关或事业单位的人员数额和领导职数。中国现行的人员编制分为行政编制和事业编制两类。需要特别指出的是，依据中国现行《公务员法》，我国的公务员指的是依法履行公职、纳入国家行政编制、由国家财政负担工资福利的工作人员。法律、法规授权的具有公共事务管理职能的事业单位中除工勤人员以外的工作人员，经批准参照《公务员法》进行管理。

---

① 中央编办机构编制业务培训教材编辑委员会．机构编制工作用语释义（2012 试用版）．内部资料：128.

2. 编制管理的概念

编制管理是指编制管理机关根据国家经济社会发展状况、政治体制状况，以及行政管理体制改革的需要，按照法律规定的制度和程序，确定机构的人员配备数额、机构结构和领导职数，并实施调控与监督的活动。在我国，编制管理是指党和国家机构改革、体制机制和职责调整，以及对各类机关与事业单位的机构、编制、领导职数的配备和调整，行政组织的编制管理属于其中一部分①。

科学的编制管理有利于建立精干高效的行政组织体系；有利于防止官僚主义，加强政民沟通，提高行政效率；有利于节省国家财政开支，避免浪费。

3. 编制管理部门

中国的编制管理部门是各级机构编制委员会。中央机构编制委员会的主要职责包括但不限于研究提出机构编制工作的方针政策，统一管理中央一级党政机关、民主党派、群团机关的机构编制工作，审定地方行政编制总额、机构限额和职能配置的重要调整等。各地区各部门党委（党组）必须服从党中央对机构编制工作的集中统一领导，根据规定的职责权限，负责本地区本部门的机构编制工作。地方各级党委设立机构编制委员会，管理本地区机构编制工作。乡镇、街道的机构编制事项由上一级机构编制委员会管理。

二、编制管理的原则

《中国共产党机构编制工作条例》规定机构编制工作必须遵循以下原则：党管机构编制、优化协同高效、机构编制刚性约束、机构编制瘦身与健身相结合。

1. 党管机构编制

中国共产党领导是中国特色社会主义最本质的特征，必须始终坚持党对机构编制工作的集中统一领导，坚决维护习近平总书记党中央的核心、全党的核心地位，坚决维护党中央权威和集中统一领导，坚持民主集中制，把加强党的领导贯彻到机构编制工作的各方面和全过程，完善保证党的全面领导，始终总揽全局、协调各方的制度安排，有效实施党中央方针政策。

2. 优化协同高效

为了适应新时代新形势新要求，力求科学合理、权责一致，必须科学审慎地设置党和国家机构，统筹谋划好党和国家机构职能体系建设，做到有统有分、有主有次。编制管理必须努力理顺党的领导体系和政府组织、武装力量、群团组织之间的领导指挥关系，明确在党的领导下各个体系的职责定位，力求履职到位、流程通畅，统筹干部和机构编制资源，提高各类组织机构贯彻落实党的决策部署的效率，构建运行顺畅、充满活力、令行禁止的工作体系。

3. 机构编制刚性约束

贯彻编制就是法制的要求，机构编制一经确定必须严格执行，录（聘）用人员、配备干部、核拨人员经费等应当以机构编制为基本依据。机构的职能配置、内设机构和人

---

① 中共中央《中国共产党机构编制工作条例》第四条。

员编制规定（“三定”规定）必须严格依照机构编制执行。机构编制刚性约束原则是法治的重要体现，必须以法治思维和法治方式维护机构编制的权威性和严肃性，加快完善机构编制党内法规和国家法律法规并有效实施，依据国家法律法规有关规定履行法定程序。

4. 机构编制瘦身与健身相结合

编制管理绝不以盲目削减编制为追求，而是坚持瘦身与健身并重。为了适应经济社会发展变化和财政保障能力，在控制机构编制的同时也要学会管住管好用活机构编制，严控总量、统筹使用，科学增减，不断提升机构编制资源使用效益。在编制管理过程中，要妥善处理好严控机构编制与满足发展需要之间的关系，坚持围绕中心、服务大局，保障党和国家事业发展，更好满足人民日益增长的美好生活需要。

三、编制管理的内容

我国编制管理的主要内容包括四方面：核定并下达各级各类编制总额，核定各级各类机构的具体编制数额和编制结构，核定机构的领导职数，对各级各类机构的编制使用进行管理。

1. 核定并下达各级各类编制总额

编制总额即编制总量，就是全国或某地区、某层级、某系统内人员编制的总员额。核定编制总额是人员编制管理的基本办法。全国编制总额是国家的经济、政治、文化和社会发展总体规划的有机组成部分。全国行政编制总额的核定和调整权属于中央，地方无权扩大行政编制总额。编制总额核定后按照行政层级逐级下达，即在国务院核定的编制总额范围内，各省级人民政府及其以下各级人民政府分别下达本地区的编制总额。地方各级人民政府的行政编制的配置或调整必须在编制总额范围内严格按照规定程序审批，不得擅自增加。

2. 核定各级各类机构的具体编制数额和编制结构

核定各级各类机构的具体编制数额和编制结构简称“核编”，是指确定机关、事业单位或某地区一定类别人员编制的总员额。核定编制的依据主要有：地区的人口、面积、经济社会发展状况，机构的性质、职责、任务和管理方式，财政承受能力。行政机关按照编制测算办法，采用“定职责、定机构、定编制”的规定形式明确编制数额和配置的领导职数，这个形式也被简称为“三定”。

3. 核定机构的领导职数

核定机构的领导职数是指机构编制管理机关依照有关规定确定机关、事业单位领导职数。领导职数是指机构编制部门核定的机关、事业单位领导职务的名称、级别和数量。领导职数根据单位的性质、规格、工作职能、工作范围和编制数额确定。核定领导职数要综合考虑该部门所履行的管理职能、承担的工作任务以及部门的规模和编制总额等多种因素，并按照精干高效、加强管理的原则依法进行。

4. 对各级各类机构的编制使用进行管理

在完成“三定”以后，各级机构编制管理部门还要对编制的使用进行管理。管理内容包括：(1) 严格控制编制使用范围，对行政编制和事业编制不得混用、不得超编、不得“吃空饷”等。(2) 进行动态调整。编制按照“控制总量、盘活存量、优化结构、有减有增”的原则，在编制总规模不突破的前提下，跨部门、跨系统、跨层级调整使用编制。编制的调整要按照相关规定报批。

第四节　中国的行政体制和行政组织

一、中国的行政体制

根据宪法和其他法律规定，中国的行政机关是各级人民政府。中央人民政府是国务院，地方各级人民政府是地方各级国家行政机关，是同级人民代表大会的执行机关。各级人民政府是行政管理活动的主体，它们由同级人民代表大会选举产生，对产生它们的同级人民代表大会负责并报告工作，同级人民代表大会有权根据法定的程序罢免行政机关的组成人员。行政机关的任期与产生它的同级人民代表大会任期相同。

（一）行政区划与行政体制

1. 行政区划

行政区划是国家为便于行政管理而分级划分的区域。因此，行政区划亦称行政区域。根据宪法规定，中华人民共和国的行政区域划分如下：(1) 全国分为省、自治区、直辖市；(2) 省、自治区分为自治州、县、自治县、市；(3) 县、自治县分为乡、民族乡、镇。

直辖市和较大的市分为区、县。自治州分为县、自治县、市。

自治区、自治州、自治县都是民族自治地方。国家在必要时可设立特别行政区。在特别行政区内实行的制度按照具体情况由全国人民代表大会以法律规定。

2. 行政体制

中国是单一制的国家，其基本特点是中央人民政府统率全国地方各级人民政府，中央与地方实行垂直领导。中国的中央与地方的关系不同于联邦制国家，地方不是分权的自治体，而是上级政府的下属机关。

宪法明确规定，县级以上人民政府领导政府所属各部门的工作，同时领导下一级政府的工作。根据宪法，中国的行政层级分为五级：国务院，省、自治区和直辖市，设区的市、自治州，县、不设区的市、自治县，乡、民族乡、镇。其中设区的市除了辖区以外，一般还辖数个县，所以，习惯上称其为地级市。因为，与设区的市平级的还有地区行署（简称地区），地区行署在法律上的地位是省级地方政府的派出机构，而不是一级正式的行政机构，但实际上地区仍然履行行政机构的职能。

（二）中国的行政领导体制

中国的各级行政机关实行民主集中制和首长负责制的领导体制。

民主集中制就是民主基础上的集中，集中指导下的民主。在政策形成过程中，要求充分发扬民主，广泛听取不同意见，在这个基础上，部门领导集中多数人的意见做出决策。政策和决定一旦形成就要求全体人员坚决服从和执行，持不同意见的少数人可以保留自己的观点，但必须首先服从决定。

各级国家行政机关实行首长负责制，即各级行政机关的首长对本单位、本部门的工作有最后决定权，同时，也要求行政首长对本单位、本部门的行政工作负全面的和最终的责任。行政首长的具体责任就是“三权一责”，即对本单位、本部门的全面领导权、工作的最后决定权、人事提名权，同时也对本行政机关负全部责任。

民主集中制和首长负责制是密切联系的。首长负责制必须建立在充分民主的基础上，民主集中制避免首长负责制演变为个人专权，而首长负责制又避免议而不决，无人担责。

二、中国的行政组织结构

（一）国务院

国务院即中央人民政府，是最高国家权力机关的执行机关，是最高国家行政机关，由总理、副总理、国务委员、各部部长、各委员会主任、审计长、秘书长组成。国务院实行总理负责制。国务院行政机构的设置以职能的科学配置为基础，做到职能明确、分工合理、机构精简，有利于提高行政效能。

国务院行政机构根据职能分为国务院办公厅、国务院组成部门、国务院直属机构、国务院办事机构、国务院组成部门管理的国家行政机构和国务院议事协调机构。

（二）地方各级人民政府

地方各级人民政府是地方各级人民代表大会的执行机关，是地方各级国家行政机关。地方各级人民政府对本级人民代表大会和上一级国家行政机关负责并报告工作。县级以上的地方各级人民政府在本级人民代表大会闭会期间，对本级人民代表大会常务委员会负责并报告工作。全国地方各级人民政府都是国务院统一领导下的国家行政机关，都服从于国务院。

特别行政区是中华人民共和国的一个地方行政区域。特别行政区基本法由全国人民代表大会制定。

三、中国的行政管理体制改革

行政管理体制改革是指国家为了适应一定时期经济政治社会发展的需要，对政府职能、职责权限、机构设置、人员编制、管理制度中不合时宜的部分，所采取的改进革新活动[①]。

---

① 中央编办机构编制业务培训教材编辑委员会．机构编制工作用语释义（2012试用版）．内部资料：11.

（一）行政管理体制改革的成就

改革开放以来，为适应经济社会发展和政府职能转变的需要，中国不断推进行政管理体制改革，循序渐进地优化中国的行政体制和行政机构。

1. 调整国家及地方行政区划

改革开放后国家新设两个省级行政区划的建制，即1988年海南建省，1997年重庆建直辖市，国家给予两地更多的权力和责任，加快了当地经济发展。40多年来，国务院批准设置了各类国家级开发区，主要类型有：经济技术开发区、高新技术产业开发区、保税区、出口加工区、边境经济合作区以及其他类型开发区。各级地方政府批准设置了更多行政级别的开发区。地方开发区的主要类型有：经济技术开发区、高新技术产业开发区、海关特殊监管区域、国家综合改革配套试验区等。这些开发区是国家和地方的"小特区"，在改革开放先行先试、促进发展方面发挥了特别重要的作用。

2. 设立副省级市和计划单列市

为了全面提高一些经济发展比较快的城市在宏观经济管理中的地位，发挥它们的核心带动作用，从1983年至1989年，中央先后批准重庆、武汉、沈阳、大连、广州、哈尔滨、西安、长春、青岛、厦门、宁波、成都、深圳、南京14个城市实行计划单列，即在不改变其行政隶属关系的前提下，赋予这些城市省级经济管理权限。1993年，中央决定将原实行计划单列的省会城市的行政级别明确为副省级城市，但仍为省辖市。1994年，又增加了济南和杭州为副省级城市。深圳、重庆、大连、青岛、宁波、厦门这6个非省会城市仍保留计划单列市地位。1997年，重庆市升格为直辖市以后，计划单列市减少为5个。

3. 省直接管理县（市）

此项改革是将原来实行的地级市管理县（市）调整为由省直接管理县（市），以扩大县级政府行政管理权限。具体包括扩大县级政府经济社会管理权限；在不改变现行行政建制的前提下，赋予县（市）政府地级市的行政管理权限，即由省级政府直接领导；理顺省、市、县之间的财政分配关系，在财政体制上省直接与县联系；进行与省直管县相适应的干部人事管理制度改革。这项改革于2010年开始试点，2013年以后逐步向全国推开。改革的实质是减少管理层级，主要目的是激发县域经济发展活力，进一步加快县域经济的发展步伐，这项改革取得了明显的成效。

4. 国务院机构改革

改革开放以来，为适应政府职能的转变，我国在1982年、1988年、1993年、1998年、2003年、2008年、2013年、2018年、2023年先后进行了9次较大规模的政府机构改革。其中，1982年至1993年的改革，是以精简机构，减少人员，提高管理效能，减轻财政负担为重点。1998年的机构改革力度特别大，撤并了几乎所有的行业经济管理部门，其核心是进行政企分开的改革。2003年机构改革的主要特点是，不再以精简机构作为改革的主要内容，而是围绕适应政府宏观调控、市场监管的职能转变需要优化机构。所以这轮机构改革中，第一次组建了国资委、银监委等机构。2008年以后，进行大部制改革，以及推进事业单位的政事分开、事企分开、管办分离改革，成为政府机构改革的核心内容。

5. 大部制改革

这是指通过改革把政府相同或相近的职能加以整合，归入一个部门为主进行管理，其他部门协调配合，或者把职能相同或相近的机构归并为一个较大的部门。大部制改革的关键是部门在职能上实行有机统一，以利于明确责权、协调配合和行政问责。这项改革由 2007 年党的十七大正式提出，在 2008 年以后的国务院机构改革中持续推进，比如 2008 年设置人力资源和社会保障部，不再保留人事部、劳动和社会保障部；将交通部和中国民航总局、建设部合并为新的交通运输部。2013 年将铁道部与交通运输部合并，组建新的交通运输部；将卫生部的职责、人口计生委的计划生育管理和服务职责整合，组建国家卫生和计划生育委员会。至 2018 年，这项大部制的改革扩大到党和国家的机构改革层面并进一步整体推进。在进行大部制改革的同时，还建立健全在决策、执行、监督方面既相互制约又相互协调的权力结构和运行机制。

（二）深化行政管理体制改革

2023 年党的二十届二中全会根据党的二十大关于深化党和国家机构改革的重要部署，审议通过了《党和国家机构改革方案》（以下简称《方案》），《方案》明确提出，深化党和国家机构改革，目标是构建系统完备、科学规范、运行高效的党和国家机构职能体系。党的二十大对深化机构改革作出重要部署，对于全面建设社会主义现代化国家、全面推进中华民族伟大复兴意义重大而深远。必须以习近平新时代中国特色社会主义思想为指导，以加强党中央集中统一领导为统领，以推进国家治理体系和治理能力现代化为导向，坚持稳中求进工作总基调，适应统筹推进“五位一体”总体布局、协调推进“四个全面”战略布局的要求，适应构建新发展格局、推动高质量发展的需要，坚持问题导向，统筹党中央机构、全国人大机构、国务院机构、全国政协机构，统筹中央和地方，深化重点领域机构改革，推动党对社会主义现代化建设的领导在机构设置上更加科学、在职能配置上更加优化、在体制机制上更加完善、在运行管理上更加高效。

2023 年党和国家机构改革的举措具有鲜明特征：

1. 加强党的集中统一领导，基本形成了总揽全局、协调各方的党的领导体系

加强党的全面领导是深化党和国家机构改革的核心要求与首要任务。2018 年党和国家机构改革加强了党中央对深化改革、依法治国、网信、财经、外交、审计、教育等工作的领导，完善了相关办事机构的设置与职能配置，提升了党中央的统一决策与统筹协调能力。2023 年新一轮党和国家机构改革，继续强化党中央对金融、科技和社会治理、港澳工作的集中统一领导，并改进了相应的机构设置，从而进一步完善了党中央决策议事协调机构，加强了党对重大工作的统一领导体制机制，落实了党的二十大提出的“全面的、系统的、整体的”党的领导的要求。

2. 满足人民美好生活需要，完善了保障和实现人民权益的机构职能体系

满足人民日益增长的美好生活需要，就要着力解决人民群众急难愁盼的各种突出问题，着力维护人民群众的经济、政治、文化、社会、生态权益，完善为民谋利、为民办事、为民解忧、保障人民权益的机构职能体系，从而真正使中国式现代化的成果惠及全体人民。例如，2023 年党和国家机构改革将国家卫健委的老龄工作相关职责划入民政部，使民政部门能够更好地从系统整体应对老龄化战略出发，大力发展养老服务和养老护理产业，综合完善养老服务体系与护理体系；将国家信访局调整为国务院直属机构，进一步提升了信访机构的层次规格，有利于更好地回应人民群众诉求。

3. 在稳定大部门体制的基础上，进一步突出了关键专业性职能的有效履行

在这次机构改革中，我国对一些实行大部门管理体制的机构进行了调整与改革，目的是突出专业性职能，对综合管理的大部门进行非核心职能剥离，从而更好地突出核心职能，这是对大部门体制的一种完善。例如，为了进一步发挥科学技术第一生产力的作用，更好地发挥新型举国体制优势，对科技部的职责做出了调整，将一些涉及农业科技、工业科技、医疗科技等方面的具体职责划入农业农村部、工业和信息化部以及国家卫健委等，从而使重组后的科技部更加聚焦于科技发展顶层设计、战略规划、基础研究发展、科技研发、创新管理等宏观管理职能和科技专业职能，更好地为实现科技自立自强服务。

4. 加强了部门统筹协调，推进了机构职责优化协同高效

优化协同高效是新一轮党和国家机构改革的着力点。优化就是做到机构职能优化配置，坚持同一类事项、一件事情原则上由一个部门统筹负责，防止责任不明、推诿扯皮。协同就是做到机构职能配置的系统性与整体性，加强相关部门配合联动，实现职能有机统一。例如，这次改革不再单设国家乡村振兴局，而是在农业农村部加挂国家乡村振兴局这个牌子，这就有利于集中农业农村部资源和各方面力量共同推动乡村振兴，还有利于协调其他各个方面和相关部门来协同推进乡村振兴，从而做到了机构职责优化协同。高效就是要提升体制机制运行的效率效能，使机构履职到位、流程通畅。例如，这次机构改革中，中央和国家机关各部门人员编制统一按照5%的比例进行精减，收回的编制主要用于加强重点领域和重要工作，这就将人员精减与编制调整结合起来，有利于更好地利用编制资源，提升财政资金的使用效率。

5. 从大区制到分省制，探索中央银行制度的有效实现形式

我国这次机构改革调整了中国人民银行大区分行体制，恢复了中国人民银行分支机构分省管理体制，这就较好地实现了央行分行设置与我国行政区划之间的匹配，加强了央行与地方之间在审慎监管方面的协调配合，增强了货币政策传导性，进一步完善了中国特色金融监管体系。

6. 从部门管理到国务院直属机构，探索特定重要工作的职能履行方式与管理体制

根据机构职能运行的实际进行机构设置与管理方式的调整，是这次机构改革注重实事求是原则的典型表现。例如，为贯彻落实新时代党的群众路线，切实加强和改进人民信访工作，这次机构改革将国家信访局由国务院办公厅管理的国家局调整为国务院直属机构，这就从机构规格与管理体制上体现了党和国家对新时代信访工作的高度重视。又如，国家知识产权局由原来的国家市场监督管理总局管理的国家局，调整为国务院直属机构，这就从机构层次、管理体制上把知识产权保护摆在了更加突出的位置，能够更好统筹推进知识产权强国建设。

7. 正确处理中央与地方的关系，明晰中央与地方的事权职权责任

这次机构改革对地方金融管理体制进行了深入改革，建立了以中央金融管理部门地方派出机构为主的地方金融监管体制，地方政府设立的金融监管机构专司监管职责，不再加挂金融工作局、金融办公室等牌子。这就在坚持金融管理主要是中央事权的前提下，强化地方的属地风险处置责任，从而理顺了中央与地方之间的金融监管关系，使中央与地方在金融监管领域的职责定位与划分更为清晰。

8. 推进行政法治，以法治化手段进行刀刃向内的自我革命

深化党和国家机构改革，是一场触动利益、真刀真枪的自我革命。例如，新一轮机构改革把中国人民银行、国家金融监督管理总局、中国证券监督管理委员会、国家外汇管理局及其分支机构和派出机构的工作人员纳入国家公务员统一规范管理，有助于更好依法行政、更规范地履行金融监管职责。再如，理顺债券管理体制，将国家发展和改革委员会的企业债券发行审核职责划入中国证券监督管理委员会，由中国证券监督管理委员会统一负责公司（企业）债券发行审核工作，这就可以更好地防范金融风险、消除由企业债发行滋生的一些腐败问题。

本章学习要点

行政组织指依法设置、享有行政权力、承担行政管理职能的国家机构。可以按照行政层级、工作性质或者是隶属关系对行政组织进行分类。行政组织的设置是由行政编制决定的。行政组织结构是指行政组织各要素之间建立的一种排列组合方式。行政组织有纵向结构和横向结构两类形式。管理层次和管理幅度是行政组织结构的两个基本范畴。管理层次决定行政组织的纵向结构，管理幅度决定行政组织的横向结构，两者纵横交错构成行政组织的整体结构，并决定性影响行政组织的结构形态。

在我国，编制管理是指党和国家机构改革、体制机制和职责调整，以及对各类机关与事业单位的机构、编制、领导职数的配备和调整，行政组织的编制管理属于其中一部分。编制管理需要遵循党管机构编制、优化协同高效、机构编制刚性约束、机构编制瘦身与健身相结合等原则。

中国是单一制的国家，其基本特点是中央人民政府统率全国地方各级人民政府，中央与地方实行垂直领导。各级行政机构实行民主集中制和首长负责制的领导体制。改革开放以来，为适应经济社会发展和政府职能转变的需要，中国调整国家及地方行政区划，设立副省级市和计划单列市，进行了省直管县的改革，国务院进行了 9 轮机构改革，包括大部制改革。2023 年进行的党和国家机构改革是推进国家治理现代化的新探索。

本章思考题

1. 什么是行政组织？行政组织如何分类？
2. 什么是行政体制？行政体制主要有哪些类型？
3. 我国的行政体制有什么特点？
4. 行政组织的管理层次和管理幅度之间的关系是什么？
5. 什么是编制？编制管理的主要内容有哪些？
6. 我国的行政体制改革主要有哪些内容？
7. 2023 年党和国家机构改革具有哪些鲜明特征？

第四章
人事行政

本章学习目的

公共人事行政是国家行政管理的重要内容，在国家政权建设中处于十分重要的地位。作为公共人事行政核心内容的公务员制度对于政府人事管理的科学化、法治化、现代化具有重要意义。通过本章学习，要了解和掌握公共人事行政的内涵与原则，西方公务员制度产生的背景和沿革，中国和西方国家公务员制度的重要区别，尤其要了解和掌握中国现行公务员制度产生的背景和主要内容。

第一节　人事行政概述

一、人事行政的内涵

（一）人事行政的概念

人事行政，这里指公共人事行政（public personnel administration），是从人事管理（personnel management）演变而来的。人事管理是社会各类组织对所属工作人员进行选拔、使用、培养、考核、奖惩等一系列的管理活动。为了与其他类型组织的人事管理做区分，国家机关的人事管理就被称为公共人事行政。所以，可以将公共人事行政定义为：国家机关依法对国家公务人员的录用、考核、培训、工资、福利、退休等事务进行管理的活动。

理解这个定义要注意：（1）不同国家人事行政的适用范围是不同的。人事行政的管理对象主要是公务员，而不同国家公务员的范围不同，并不一定仅限于国家行政机关的工作人员。（2）人事行政工作的内容涉及所有与“公务人员”有关的“事”的具体管理工作，主要包括公务员的招聘录用、分类管理、考核、奖惩、晋升、培训、交流、回避、工资、福利、保险及退出管理等。（3）人事行政的所有工作，包括入口管理、过程管理和出口管理等所有环节，都必须依法依规开展。

（二）公共人事行政与公务员制度

一个半世纪以前，为建立与科层制适配的理性、效率、非人格化、职业化的政府人事管理系统，以英美为代表的西方国家探索了现代文官制度①。公务员制度成为现代公共人事行政的基本制度设计，是建构现代国家治理体系的重要组成部分。尽管一个国家的人事行政制度不只有公务员制度，但一方面由于政府公务人员都是公务员，另一方面公务员制度是国家人事行政制度的主体部分，有关国家公务员的人事行政管理活动都是由国家的法律、法规、规章等明确规定的，所以，现代国家的人事行政制度一般指国家公务员制度。

我国政府人事行政制度经历了从干部人事制度到公务员制度的转型。公务员制度建立前是使用人事行政的概念，当前人事行政制度其实是干部人事制度和公务员制度并存的，因此很多时候这两个概念并用。但一般场合下人事行政指的是公务员制度。在本教材中使用“人事行政”的概念是为了兼顾历史和现实。

二、公共人事行政的基本原则

各国的公共人事行政工作各不相同，但是现代国家建立公务员制度以来，同样作为民主政治的产物，都会遵循公开、公平、公正、法治的基本原则。

（一）公开原则

公开原则要求各国公务员制度及其管理过程应在法定范围内公开。法定的公开范围一般分为向社会公开、向本系统公开、向与之相关的人员公开三个层次，公开的方式则视公开范围而定。这个原则要求公务员制度及其管理过程的相关法律、法规都必须向社会公开，公务员管理的录用与晋升等过程也都按规定公开。

（二）公平原则

公平原则要求在公务员管理的各个环节上，应确保具有同等资格条件的参与者都能均等地享有相同的权利或机会。各国的公务员法都规定，公务员录用不应在性别、种族、信仰、宗教等因素上存在歧视。不过有的国家从国情出发，会专门做出某些民族或女性在公务员中的比例的规定。

（三）公正原则

公正原则要求公务员管理过程及其结果符合社会认可和接受的规范。它要求公务员管理的每一个环节都由法律规范，并依法实施；公务员管理应在公平、公开的原则下进行；应有相应的机制保证管理结果的公正。公正原则在公务员考核管理中特别重要。各国公务员法都建立了公务员申诉制度，以满足公务员对现实公正的要求。

---

① 孙柏瑛，祁凡骅．公共部门人力资源开发与管理．5版．北京：中国人民大学出版社，2020：52－53.

（四）法治原则

法治原则要求公务员管理过程必须有法可依、依法管理。各国对公务员管理的各个环节，如录用、考核、奖惩、晋升、任用、工资、福利、培训，直至退职、退休，都有明确的法律、法规加以规范。此外，各国都还有对公务员实施监督的法律和相应机构，其监督对象不仅包括公务员，还包括公务员管理机关，监督内容包括其是否依法行政，是否廉政、勤政等。

三、公共人事行政的地位和作用

公共人事行政具有为国家机关选人、用人、育人和留人等功能，是国家机关行使职能的基本条件，在行政管理和国家治理中占据重要地位。

（一）公共人事行政是行政管理的核心内容之一

《资治通鉴》里总结道："为治之要，莫先于用人。"所有的行政管理活动都需要由人来组织并完成，因此，人是行政的根本，科学的人事行政是提高行政管理质量和效率的关键因素。

（二）公共人事行政是推进国家治理体系和治理能力现代化的重要因素

党的二十大报告指出，全面建设社会主义现代化国家，必须有一支政治过硬、适应新时代要求、具备领导现代化建设能力的干部队伍。因此，从建设堪当民族复兴重任的高素质干部队伍角度来说，公共人事行政对于我国国家治理体系和治理能力现代化具有重要意义。此外，公共人事行政的科学化、法治化为促进政治民主提供了有效的途径。公民不仅可以通过法定程序参加公务员录用考试，进入国家公务员队伍，参与政府管理，还可以对公共人事行政所实施的录用、考核、奖惩等制度进行监督，推动国家民主政治建设，推进国家治理体系和治理能力现代化。

（三）公共人事行政是促进人事管理迈向人力资源管理的重要组成部分

人才是第一资源，深入实施人才强国战略的观念深入人心。与企业人力资源管理同步，现代公共人事行政也引入了人力资源管理理念，逐步从人事管理迈向人力资源管理模式。公共人事行政的人力资源管理模式强调以"人"为中心，把"人"作为有价值的"资源"，注重人力资源管理系统的整合，注重对人的尊重、服务、沟通、信任、合作、承诺、授权赋能等，这与传统的人事行政以"事"为中心，视"人"为"成本"，负责公务员的"进、管、出"事务性工作，注重管好不同。现代人力资源管理涵盖了传统人事管理的基本内容，而且管理内容更加丰富，工作范围大大拓展。因此不断加强人才队伍建设，提高公务员素质和能力，实现政府人力资源管理转型是人事管理迈向人力资源管理的题中之义。

第二节　西方国家公务员制度

一、西方公务员制度发展的沿革

西方率先确立资本主义生产关系的各国，其人事制度的演变都大致经历了恩赐官职制、个人赡徇制、政党分肥制三个时期，最终确立了以功绩制为基础的现代公务员制度。其中英国和美国是最具有代表性的。

（一）英国公务员制度的建立

1640年英国资产阶级革命以前，英国封建君主专制下的国王，是集立法权和行政权于一身的，因而在人事管理体制上实行所谓“恩赐官职制”，即官员的选拔、任命、提升全凭国王的意志办事，官员的一生荣辱都被视为国王的赐予。1688年，英国资产阶级革命胜利，建立了君主立宪制，重要官员的人事任免权开始由议会掌握。这时的官吏制度实际上是“个人赡徇制”，即一般官员的任免仍受到国王和枢密院的控制，任用私人和卖官鬻爵的现象大量出现，政府的官职成了个人赡恩徇私与私相授受的赠品。19世纪初叶，英国的议会制进一步走向成熟。与此同时，现代政党制度已初具规模，“政党分肥制”也就应运而生了。所谓“政党分肥制”，是指新上台的执政党把官职作为战利品，合法地、公开地进行肥缺分赃。“政党分肥制”的弊端是显著的。一方面，由于政党频繁交替执政，引起政府行政人员大规模换班，不利于政府工作的稳定性和连续性；另一方面，这种将官职论“功”行赏的结果，不仅使得许多昏庸无能之辈通过私人关系进入政府并升任要职，而且使官场营私舞弊和腐败成风。因此，当时要求变革政府人事制度的呼声日益高涨。

1855年5月，英国政府颁布了第一个有关公务员制度的命令，即《关于录用王国政府文官的枢密院令》，正式决定实行通过考试录用公务员，依据功绩晋升公职的“功绩制”。这就是现代公务员制度的前身。1870年6月，英国政府又颁布了第二个枢密院令，对公务员的考试、录用、等级结构等重要原则做了进一步确立和完善。至此，英国近代公务员制度，也是世界上第一个公务员制度正式诞生了。在此后的百余年间，英国公务员制度几经改革，其中有影响的就有8次，使公务员制度不断完善。

以竞争考试、通才教育、“政治中立”、职务常任等为主要内容的文官（公务员）制度，基本适应了国家经济发展的需要，不仅使这支几十万人的公务员队伍基本稳定，也适应了政党制度，缓和了国内的政治危机，巩固和加强了资产阶级的统治，为英国此后的迅速崛起奠定了基础。英国的文官（公务员）制度诞生后，在稳定国内政治、提高行政效率方面的突出优势，在西方国家中引起很大反响，也为许多国家所效仿。

（二）美国公务员制度的建立

美国的公务员制度是在英国文官（公务员）制度的基础上，经过多次调整、改革而逐步建立和完善起来的。

美国公务员制度的形成一般划分为三个时期：（1）1789—1828 年实行“绅士政府”时期，从第一届的华盛顿政府开始至杰克逊总统就职时结束。华盛顿总统认为任命官员的主要标准应是其品德和声望，受过良好的教育，有较高的社会地位。实际上，这些人往往是一些属于上层社会的成员，所以被称为“绅士政府”。（2）1829—1882 年实行“政党分肥制”时期。1829 年，安德鲁·杰克逊就任总统后，对官员任命进行改革，新一届总统上台后必然换掉原有的一批政府官员，将肥缺分配给为本党竞选获胜出过力的亲信和人员。其结果是使“政党分肥制”盛行一时。在这一时期，由于美国总统制下总统拥有任命各级官员的权力，同时美国实行两党制，两党定期合法地、公开地大规模更换政府官员的现象频繁出现，社会舆论对“政党分肥制”愈来愈不满。1840 年以后，各种要求改革的方案和措施不断出台。（3）1883 年以后实行“功绩制”时期。1883 年 1 月，共和党总统阿瑟要在 1884 年总统竞选中与民主党决一雌雄，为争取选民，便在国会通过了调整和改革美国公务员制度的法律，史称《彭德尔顿法》。该法规定公务员委员会领导的公务员制度在联邦的任命中执行功绩制原则，虽然最初只有 10%的联邦雇员实行功绩制，但却有十分重要的意义。其主要内容包括：公开竞争考试，择优录用政府公职人员；政府公职人员在政治上保持中立，不得参加竞选活动，也不得因党派关系被解除职务；考核应注重实绩和才干；实行试用期，称职后才正式任用；等等。

《彭德尔顿法》是美国公务员制度的基本法，它的出台标志着美国公务员制度的正式建立，并奠定了美国现代公务员制度的基础。法国直到第二次世界大战以后才逐步建立起比较健全的现代公务员制度。日本第二次世界大战后在美占领当局的授意下于 1947 年制定了公务员法。

二、西方公务员制度的特点

（一）“政治中立”，职务常任

“政治中立”，即公务员不得参与党派斗争活动，不得参加党派竞选，不得以党派偏见影响决策。这是为了保证公务员摆脱党派纷争，客观、公正、独立地为国家服务。

职务常任，也叫“无过失不被免职”。西方国家一般把政府官员分为政务官和事务官两类，政务官通过选举产生，承担政治责任，有一定的任期限制，往往是随党派竞选的胜败而进退。事务官就是我们通常所说实行职务常任制的公务员，他们通过公开考试、择优录取，不与政党共进退，以保证政府工作的稳定性和连续性。

（二）公开考试，择优录取

西方国家实行“凡进必考”原则，公务员必须通过公开的竞争考试，择优录取。几乎所有西方国家在录用公务员时，都是按考试考核成绩，并参考报考者学历、资历、品德、健康状况等，择优录取，这为打造一支精干、高效、稳定的公务员队伍提供了重要前提，可以广泛地选拔优秀人才，克服用人工作中的不正之风。

（三）严格考核，功绩晋升

西方各国都非常重视对公务员的考核工作，制定了科学、细致的考核表，对公务员的业务知识、人格性情、判断力、责任心、创造力、可靠性、机敏适应性、监督能力、行为道德各个方面进行等级打分。各国对公务员考核的规定详略不同。考核结果直接作为公务员工资、待遇和职务晋升的依据，是功绩制原则的具体体现，对于提高公务员工作积极性，保证奖优罚劣具有重要意义。

（四）法治管理，纪律严明

西方各国的公务员制度是建立在法治化管理基础上的，各国都有比较完备的关于公务员的法律、法规、规章。公务员的职位、地位和待遇均由法律来保障。对公务员的录用、考核、晋升、培训、辞职、退休等也都有统一规定，严格依法管理。

为了保证公务员队伍的廉洁高效，许多国家都从法律上对公务员的工作纪律和职业道德做出了明确而具体的规定，例如：公务员行使权力或执行公务时必须以法律为依据，任何违法或越权行为都要受到行政处罚或司法制裁；公务员不得泄露国家秘密或工作秘密，不得参与任何商业性的盈利活动，不得违反职业道德和社会公德，等等。

三、西方公务员制度的发展完善与挑战

一百多年来，随着组织内外环境的变化，西方国家公务员制度也在不断发展与完善，修正自身制度运行中的问题，以达到制度设计目标。

（一）西方国家公务员制度的发展与完善

在英美等发达国家，国家公务员制度的发展方向主要是完善国家公务员的体系建设；改革公务员管理的机构，使其设置更加合理化；增进公务员制度的绩效；等等。在欠发达国家，国家公务员制度发展、完善的历程则是将西方文官制度的原则本土化并加以推行的过程，它们的主要工作是摒弃传统政治文化中家族、门阀式的人事制度，实行普遍主义原则，逐步建立起法治主义的公务员制度体系，推行理性化的管理手段和措施。

1. 公务员体系及分类管理的完善

公务员分类是国家公务员制度建立的基础。英国是典型的公务员品位分类制度的国家，即依据公务员的学历背景、年资和对组织的贡献等因素将公务员序列划分为若干不同的级别。由此，形成了比较注重等级秩序的、相对封闭的公务员管理系统。在这个体系中，公务员的职务和级别相互交叉，调配流动不太强调专业化知识背景，是一个“通才型”的人事发展路径。美国是典型的公务员职位分类制度的官僚体系。这种人事分类制度是在工作分析基础上形成的科学管理体系，按照工作性质、难易程度、责任大小、任职资格等因素，将公务员先进行横向职组、职系划分，再进行纵向的职级、职等归并。管理对事不对人，公务员因为他们胜任工作，能够完成组织交办的工作而被录用和升迁，工作成绩和贡献成为评价公务员的第一位要素，而专业知识对职业发展有着重要的作用，

属于“专才型”人事发展路径。两种公务员分类系统各自有着优缺点。品位分类是以人为中心的分类制度，分类管理比较简便、灵活，但科学性不足。评价因素中考虑公务员主体性要素过多，对客观的能力和业绩水平认同不够，容易形成论资排辈的情况，不利于能力强但学历低的公务员脱颖而出。职位分类是以事为中心的分类制度，注重科学管理，制度规范严格，但过分重职不重人，重程序而忽视个人主动性，显得比较刻板、僵化。针对这些状况，在改革中职位分类和品位分类的国家有相互取长补短的趋势。英国公务员制度改革力主更加理性化和规范化。英国 1968 年公务员制度改革的《富尔顿报告》，吸取了职位分类的经验，进一步细分工作性质和职组，加强了公务员的专业化，改革了“通才型”结构，以保证具有专业知识的人才得以任用，促进管理的科学化和效率。而在大西洋彼岸的美国，1978 年卡特总统时期通过的《文官制度改革法案》则力图建立更有弹性的、更能发挥公务员积极性的管理模式。政府设立“高级行政职务”（senior executive system，SES），从公务员 18 个职等的第 16—18 等的高级职位划出，不再实行职位分类，而改为品位分类，即不再实行工资同职位挂钩的方式，改为薪金同人员挂钩的方式，有利于担任高级行政职务的人员变动职务。政府将这些负责组织规划、发展，参与重要政策制定过程的官职列入品位分类范畴，其公职人员实行人随级别走的管理方式，加大了任用弹性和调任的范围，同时，也提高了对高级公务员的综合素质的要求。这有助于高级管理文官的获取和发展，也可以促进他们更加关注政策的价值与利益问题，而不仅仅是重视技术问题。

2. 公务员法律环境和权利、义务规范的改善

公务员制度建立的一百多年来，有关公务员管理的法律和规章一直在不断地建立和完善之中，以反对各种歧视性对待，维护招募候选人和在职公务员公平、合法的权益，达成公务员公职权利、义务与宪法权利、义务之间的平衡，保证功绩制原则的实施。例如，为了保证妇女、少数族裔和残障人士能够有同等的就业权利，美国政府出台了平权法案（Affirmative Action）。一些国家还制定了工作场所健康、安全法案和劳动关系仲裁法案、纪律惩戒申诉法案等。为了保护和规范公务员的一些宪法权利，公共部门就隐私权保护问题（如 HIV 携带者、乙肝病毒携带者）、性骚扰问题、检测公务员个人嗜好行为（如酗酒、吸毒）等必要性问题也都制定了相关的法律规定，从而保障了公务员的权益，同时也制约着公务员从事与职务身份和要求不符的行为。

3. 公务员制度各项运行机制和管理技术的完善

不断完善公务员的招募、选拔、绩效考评、培训手段，也是公务员制度推进中的重要任务。例如，各国公务员录用考试最初都注重以记忆为主的笔试，后来则逐步建立了将笔试、口试、操作技能测试、管理能力测试等相结合的综合性的考查系统，运用了侧重综合素质、实际工作能力和潜在业绩发展能力的测量方法，使得有真才实学和实际工作才干的候选人能够进入公职系统。绩效考评技术也是管理发展的重点。为了强化绩效考核对公务员发展的意义，各国纷纷将统一的考绩制改革为以公务员实际工作业绩为中心的工作考绩制，围绕工作考绩发展了可比较、可操作的绩效评估方法。与此同时，在绩效考核的基础上，还逐步推行了“绩效工资制”。它改革了原有的缺乏激励的“固定等级薪金制”，将公务员工资划分为两个部分，一部分是公务员基本工资，而另一部分是

"可变的"与公务员一个时期工作业绩直接挂钩的业绩工资。这样将公务员的贡献与补偿以工资的形式联系起来，增强了工资制度对公务员行为的激励力度。终身培训成为公务员持续发展的重要途径。政府组织采取了多种多样的培训形式来满足社会发展对公务员知识、能力发展提出的新要求。各国政府相继颁布了公务员培训法，要求公务员必须定期接受培训，规定组织的培训费用必须占到公务员工资总额的一定比例，公务员接受培训的权利必须得到组织的保障，必须占到一定的工时时数。为此，各国政府都建立了中央级的公务员专门培训机构——国家行政学院等，专门按照需要培养不同层级的公务员①。通过管理措施的不断完善，政府力图使公务员事务管理更加合理、有效。

（二）西方国家公务员制度面对的挑战

在不断发展的社会环境中，西方国家公务员制度也面对着诸多冲击和挑战，它正处在不断变革和被其他制度替代的过程中。

1. 政治中立与政治责任需要平衡

在西方国家，公务员的政治中立原则遭到了强烈的冲击，人们对政治中立本身实现的可能性以及由政治中立实施带来的问题提出了质疑与批判。一方面，在政治与行政管理实践过程中，在公共政策的制定和执行过程中，业务类公务员的行动事实上不是，也不可能被隔绝在政治过程之外。公务员实际上会参与政策过程的权威价值分配。他们在提供和控制政务、公务信息，将政策细化为可操作的政策方案，判断政策优惠导向等方面具有很大的权力。长期的工作经验使得他们有时比任期制的政务官更加清晰地了解政策过程的本质。这样，公务员能够通过其地位控制政务官的政策制定过程。一旦他们形成封闭的利益集团，就可能扭曲政策的公共性，以表达他们偏私的利益。撒切尔夫人正是出于对文官控制信息、架空大臣、把持权力、自我利益驱动、自我封闭和排斥、阻挠改革的愤怒，力主改革文官管理机构。另一方面，随着国家公共事务越来越多，政府很难只通过法律条文来规范管理事务。行政管理活动势必要依赖于大量的由行政机关制定的法规或规章，这也使得公务员拥有了合法授权的"准立法"权力。"行政国家"的不断扩张，更是将公务员参与公共政策制定的作用放大。所以，公务员实际上以他们的方式决定着政策的利益取向和公共资源的分配。此外，政治中立原则还给公务员的职业伦理导向带来一些负面的影响。政治中立客观上要求业务类公务员漠视政策的目标导向，即政策为了谁的利益，为什么需要这样的政策，而关心政策怎样能够执行，用什么方法执行才是最有效的。这种强调公务员工具理性的制度安排，客观上大大降低了公务员对政策价值的关怀，只求高效服务，不求为谁服务。这使得公务员对公共利益变得漠不关心，对社会中弱势群体的要求变得麻木不仁，这样使得政策难以得到预期的政治目标。中立性有时也成为公务员回避、推卸责任的口实。美国在20世纪60年代大规模种族冲突和民权运动中，要求公务员更加关注政策的价值取向和政治意义，关怀弱势群体，强化维护民主社会的责任和伦理精神。所以，在现行西方国家公务员体制下，政治中立和公务员的政治责任成为一对具有内在冲突的、需要平衡的价值观。

---

① 陈振明．公务员制度．福州：福建人民出版社，2007：55.

2. 公务员永业制和弹性雇佣的平衡

公务员制度建立时强调永业制的终身任职模式是为了强化公职系统的稳定性和连续性，发展公务员的职业能力。但是，永业制也带来了一系列的问题，使得公务员终身雇佣模式备受诘难。第一，永业制使得公务员变得保守，安于现状，不思进取，缺乏创新精神，对社会需要的反应能力降低，进而影响到组织效率的提高；第二，永业制使公务员系统形成了某种特权，变成了一个封闭系统，它阻碍了组织的竞争机制、激励机制与新陈代谢机制的推行，不利于优秀人才的获取和引入；第三，永业制过于稳定的形态，使得组织的决策过程变得僵化，造成组织内部机能失调，缺乏生机和活力；第四，公务员作为既得利益者，会妨碍组织的变革，常常成为政府改革进程中的阻力。所以，在市场化改革的背景下，公共部门倾向于选择更有竞争力、更富有弹性的公职人员雇佣制度，以吸收多样化的人才，压缩政府规模，缩减公务员队伍，提高效率。

3. 以“事”为中心与人本主义管理的平衡

国家公务员的制度设计是以“事”为中心，以工作分析基础上的职位管理、职位控制为重点的人事管理体系。这在发展理性的管理方式、寻求客观的人事评价标准等方面具有积极的意义，被人们看作现代管理的重要标志。但是，以职位为中心的管理过于强调职位性质对公职人员资格要求的单方向限定性，而且在人员流动和晋升路径上也强调在特定的职位区间内转换，这在一定程度上限制了公务员其他潜质的发挥。所以，现代公共部门人力资源管理倡导从人本主义出发，以人力资源发展为本位，在制度设计上强调发挥公职人员的积极性与创造性，并扩展管理的视野，形成与组织战略发展目标相匹配的公职人员素质开发体系。

4. 繁文缛节与放松规制的平衡

传统公务员管理把追求公正、公平作为重要目标，十分重视通过规范化的操作程序对权力进行约束，因而人事管理统一性、标准化的程序方面的法律规章很多。这种做法对防止用人腐败确有重要作用。但程序越来越严，规章越来越多，严重束缚了人们积极性的发挥。近年来，放松规制，建立弹性化的管理制度，成为公务员制度改革的重要内容。很多国家都废除了过多、过严的人事管理法律规章，赋予基层组织和每个公务员更多的自主权，以调动他们的主观能动性。最为典型的是美国，美国政府取消了多达 1 000 页的“联邦人事手册”，取消了统一申请表格，简化了分类体制和公务员管理的程序及手续，在赋予用人单位和个人更多权力的同时，强调增加责任感，鼓励公务员创造性地开展工作。

第三节　中国公务员制度

一、中国公务员制度的形成

中国的公务员制度是在新中国成立以后实行的干部人事制度基础上，在改革开放以后，为适应党和国家工作重点的转移，经过探索，逐步建立并趋于完善的。中国的特殊国情决定了中国的公务员制度有鲜明的特色。中国国家公务员制度从酝酿到正式形成大体经历了以下几个阶段：

（一）公务员制度的酝酿阶段（1980—1986年）

1978年党的十一届三中全会召开，在做出党和国家工作重点转移的同时，决定改革传统的干部人事制度。1982年的行政机构改革以后，中央和地方机关都按照中央提出的干部“四化”的要求，开始废除事实上存在的职务终身制。同时，各地也开始探索干部录用、考核、交流、培训等方面的改革。在此基础上，1984年起，中共中央组织部和劳动人事部组织专家和实际工作者着手起草国家机关工作人员条例并形成草案。1986年下半年，根据中国实际情况，借鉴国外公务员制度，中共中央确定了建立中国的公务员制度的改革方向，对草案再次修改后，形成《国家公务员暂行条例（草案）》。

（二）公务员制度的探索阶段（1987—1992年）

1987年10月，党的十三大明确提出，“当前干部人事制度改革的重点，是建立国家公务员制度”。1988年七届全国人大一次会议同意党中央的建议，决定要抓紧建立和逐步实施国家公务员制度，尽快制定国家公务员条例，研究制定国家公务员法。这次会议还决定新成立的人事部主要负责推行国家公务员制度。

（三）公务员制度的形成阶段（1993—2005年）

1993年8月，《国家公务员暂行条例》（以下简称《暂行条例》）正式颁布，这是中国干部人事系统按照公务员准则进行管理的起点。《暂行条例》颁布实施以后成效显著，公职人员的政治、专业、能力等素质明显提升。但是，《暂行条例》立法层次低，需要上升到法律的高度。2000年，党中央颁布《深化干部人事制度改革纲要》，明确提出要抓紧研究制定公务员法，同时还明确提出了干部人事制度改革的基本目标和方针原则，以及改革的重点和基本要求。2005年4月《公务员法》颁布，并于2006年1月1日起施行。《公务员法》是中国对国家公职人员管理的第一部具有总章程性质的法律，其实施是中国公务员制度正式形成的标志，也是科学、民主、依法管理人事行政的新起点。

（四）公务员制度的施行完善阶段（2006年至今）

《公务员法》2006年1月1日正式施行以后，在建设高素质专业化公务员队伍中发挥了重要作用，取得了明显成效：一是公务员管理基本实现了有法可依、有章可循，二是极大地促进了公务员队伍结构优化，三是极大地促进了公务员素质能力提升。

随着中国特色社会主义进入新时代，党和国家事业取得了历史性成就，发生了历史性变革，对公务员队伍建设和公务员工作提出了许多新要求，《公务员法》的一些规定也出现了一些不适应、不符合新形势新要求的地方，需要与时俱进地加以修订完善。2018年12月29日，修订后的《公务员法》正式公布，2019年6月1日起施行。这是对公务员制度施行的重要完善。

二、中国公务员制度的特点

中国的公务员制度是在继承和发扬我们的干部人事制度的优势，借鉴国外公务员制度的经验基础上建立和完善起来的，是我国政治经济体制改革纵深发展的客观需要。因此，与西方国家的公务员制度相比，中国公务员制度具有自身的特点。

（一）坚持党管干部基本原则

与西方国家公务员制度所强调的“政治中立”“与党派政治脱钩”不同，我国的公务员制度坚持中国共产党领导，把拥护中国共产党领导作为公务员的基本条件，把自觉接受中国共产党领导作为公务员的义务。党管干部原则实际运用在各级党委及其组织部门对高、中级公务员的管理上，就是凡属经各级人大产生的政务类公务员，由各级党委考察，并经与有关方面协商后，才向国家机关推荐，由国家权力机关选举或任命。凡属担任较高层级领导职务的事务类公务员，则经由相应级别党委组织部门考察后，向有权任命这一职务的行政机关推荐，由后者依法任命。

（二）坚持德才兼备、以德为先的用人原则

我国公务员的任用，坚持德才兼备、以德为先的原则。“德”主要是指公务员的政治思想、道德品质等，“才”主要是指公务员的工作能力和业务水平。依据这个原则，《公务员法》在公务员的义务与权利、录用、考核、奖惩、纪律、职务升降等章节都强调了政治素质。这个原则也体现在对公务员的考核中，即全面考核公务员的德、能、勤、绩、廉，其中重点考核政治素质和工作实绩。而且对政治素质的要求都是非常具体的，在日常工作中也是能认真遵循的。

（三）坚持为人民服务的宗旨

“忠于人民，全心全意为人民服务，接受人民监督”是《公务员法》明确规定的公务员义务。中国国家的政权性质、国家机关的性质决定了公务员和国家机关都必须全心全意为人民服务，自觉接受人民监督。这就与西方公务员同政府是雇员同雇主的关系，公务员工会可以为了公务员的利益同政府谈判完全不同。这个原则贯彻到对公务员的管理中，就是把能否为民办事、为民谋利、接受人民监督，能否提高人民群众的满意度作为工作考核、奖惩、职务升降的重要依据。

（四）坚持从严管理干部

公务员制度把行政监察和党的纪律处分监管相结合，在管理的全过程都扎牢从严管理公务员的制度笼子。具体表现在：（1）将监督与惩戒结合，让严管干部的端口前移至事前，从而使严管链条更加完整。（2）用制定“负面清单”的方式，让政治纪律和政治规矩方面的纪律约束更加严明。（3）《公务员法》对任职回避情形、地域回避情形、离职后从业限制等做了明确规定，使监督措施更具有针对性。（4）明确规定了公务员的职务、

职级实行能上能下，对不适宜或者不胜任现任职务、职级的，应当进行调整，推动形成能者上、庸者下、劣者汰的用人导向和从政环境。

三、中国公务员制度的主要内容

中国的国家公务员制度是对国家公务员进行管理所依据的法律、法规和规章的总称，具体包括宪法及有关公务员录用、考核、职务任免与升降、奖励、惩戒、回避、培训、调任、辞职、辞退、申诉、聘任等 30 多个配套政策法规。2006 年中国公务员制度完全建立以后，2018 年修订后的《公务员法》显示，我国的公务员管理制度体系，公务员的进入退出机制、考核评价机制、激励约束机制不断完善。

（一）公务员的范围

《公务员法》明确规定，“公务员，是指依法履行公职、纳入国家行政编制、由国家财政负担工资福利的工作人员”[①]。也就是说，中国公务员必须同时具备三个条件：第一，依法履行公职；第二，纳入国家行政编制；第三，由国家财政负担工资福利。所以，中国的公务员范围实际包括执政的共产党机关、人大及其常委会机关、行政机关、政协机关、审判机关、检察机关、各民主党派和工商联机关的工作人员。另外，“附则”里还规定，“法律、法规授权的具有公共事务管理职能的事业单位中除工勤人员以外的工作人员，经批准参照本法进行管理”[②]。

中国公务员范围的界定，主要是考虑有利于保持各类机关公职人员的整体一致性，有利于不同类别机关工作人员之间的交流，有利于统一管理和通过法律防止腐败，有利于从制度上建立统一的公务员绩效评估体系和监督体系。同时“依法履行公职”的界定，也为今后各个领域的改革预留了空间。

（二）公务员的义务和权利

中国现行《宪法》和《公务员法》明确规定了公务员的义务和权利。

公务员的义务也就是职责有八条：（1）忠于宪法，模范遵守、自觉维护宪法和法律，自觉接受中国共产党领导；（2）忠于国家，维护国家的安全、荣誉和利益；（3）忠于人民，全心全意为人民服务，接受人民监督；（4）忠于职守，勤勉尽责，服从和执行上级依法作出的决定和命令，按照规定的权限和程序履行职责，努力提高工作质量和效率；（5）保守国家秘密和工作秘密；（6）带头践行社会主义核心价值观，坚守法治，遵守纪律，恪守职业道德，模范遵守社会公德、家庭美德；（7）清正廉洁，公道正派；（8）法律规定的其他义务。

公务员享有的权利也有八条：（1）获得履行职责应当具有的工作条件；（2）非因法定事由、非经法定程序，不被免职、降职、辞退或者处分；（3）获得工资报酬，享受福

---

① 《中华人民共和国公务员法》（2018 年修订）第 2 条。
② 《中华人民共和国公务员法》（2018 年修订）第 112 条。

利、保险待遇；（4）参加培训；（5）对机关工作和领导人员提出批评和建议；（6）提出申诉和控告；（7）申请辞职；（8）法律规定的其他权利。

（三）公务员职位分类

2005年《公务员法》规定，我国实行公务员职位分类制度。首先，划分职位类别。按照公务员职位的性质、特点和管理需要，划分为综合管理类、专业技术类和行政执法类三类。对于具有职位特殊性、需要单独管理的，可以增设其他职位类别。行政执法类公务员是指依照法律、法规对行政相对人直接履行行政许可、行政处罚、行政强制、行政征收、行政收费、行政检查等执法职责的公务员。主要集中在公安、海关、质检、环保、税务等政府部门的基层单位。专业技术类公务员是指专门从事专业技术工作，为机关履行职责提供技术支持和保障的公务员。如公安部门的痕迹检验、影像技术和外交部门的高级翻译等。综合管理类公务员是机关中除行政执法类职位、专业技术类职位以外的履行综合管理及机关内部管理等职责的公务员。其次，为不同职位类别设置职级。再次，设置级别。级别是不同类别职务进行平衡比较的统一标尺。级别是公务员职务之外的又一职业发展台阶。最后，规范职务与级别的对应关系。公务员的领导职务、职级应当对应相应的级别。公务员的职务、职级与级别是确定公务员工资及其他待遇的依据，实行“一职数级，上下交叉”，即同一公务员职务、职级可以对应多个级别。职务越高对应的级别越少，职务越低对应的级别越多。

为了深化公务员分类改革以及公务员职业发展和确定报酬待遇的需要，2018年《公务员法》规定：“国家实行公务员职务与职级并行制度，根据公务员职位类别和职责设置公务员领导职务、职级序列。”① 将2005年《公务员法》中设置的领导职务和非领导职务修改，取消非领导职务，改设职级序列。

领导职务根据宪法、有关法律和机构规格设置。领导职务层次分为：国家级正职、国家级副职、省部级正职、省部级副职、厅局级正职、厅局级副职、县处级正职、县处级副职、乡科级正职、乡科级副职。

职级序列按照综合管理类、专业技术类、行政执法类等公务员职位类别分别设置。综合管理类公务员职级序列分为：一级巡视员、二级巡视员、一级调研员、二级调研员、三级调研员、四级调研员、一级主任科员、二级主任科员、三级主任科员、四级主任科员、一级科员、二级科员。专业技术类和行政执法类公务员职务序列分为11个层次。公务员领导职务、职级对应相应的级别，如表4-1所示。

表4-1 公务员领导职务、职级与级别对应表

领导职务	职级序列			级别
	综合管理类	专业技术类	行政执法类	
国家级正职				1
国家级副职				2-4
省部级正职				4-8

① 《中华人民共和国公务员法》（2018年修订）第17条。

续表

领导职务	职级序列			级别
	综合管理类	专业技术类	行政执法类	
省部级副职				6－10
厅局级正职	一级巡视员	一级总监		8－13
厅局级副职	二级巡视员	二级总监	督办	10－15
	一级调研员	一级高级主管	一级高级主办	11－17
县处级正职	二级调研员	二级高级主管	二级高级主办	12－18
	三级调研员	三级高级主管	三级高级主办	13－19
县处级副职	四级调研员	四级高级主管	四级高级主办	14－20
	一级主任科员	一级主管	一级主办	15－21
乡科级正职	二级主任科员	二级主管	二级主办	16－22
	三级主任科员	三级主管	三级主办	17－23
乡科级副职	四级主任科员	四级主管	四级主办	18－24
	一级科员	专业技术员	一级行政执法员	18－26
	二级科员		二级行政执法员	19－27

资料来源：《公务员法》（2018 年修订），中共中央办公厅印发《专业技术类公务员管理规定》和《行政执法类公务员管理规定》。

实行公务员职务与职级并行制度，可以畅通职级晋升通道，拓展职级晋升空间，避免以往公务员只有职务晋升一条路，出现“千军万马过独木桥”的窘境。可以让职级与待遇挂钩，让公务员特别是基层公务员，不再受为了提高待遇而必须争职务的问题困扰，促进公务员立足本职安心工作，加强专业化建设，激励公务员干事创业、担当作为。另外，2018 年《公务员法》还对职级晋升条件和程序做出了原则规定，同时指出，专业技术类、行政执法类公务员职级设置由国家另行规定。这样就为其他领域改革留出了制度接口。

（四）公务员录用

2018 年《公务员法》规定，录用担任一级主任科员以下及其他相当职级层次的公务员，采取公开考试、严格考察、平等竞争、择优录取的办法。公务员录用程序包括：(1) 发布招考公告。(2) 报名资格审查。(3) 对资格审查合格者进行考试。公务员录用考试采取笔试和面试等方式进行，考试内容根据公务员应当具备的基本能力和不同职位类别、不同层级机关分别设置。(4) 对考试合格者进行录用考察和体检。招录机关根据考试成绩确定考察人选，并对其进行报考资格复审、考察和体检。(5) 招录机关根据考试成绩、考察情况和体检结果，提出拟录用人员名单，并予以公示。(6) 审批和备案。(7) 试用。新录用的公务员试用期为一年。试用期满合格的，予以任职；不合格的，取消录用。

（五）公务员考核

公务员的考核按照管理权限，由主管机关全面考核公务员的德、能、勤、绩、廉，重点考核政治素质和工作实绩。考核指标根据不同职位类别、不同层级机关分别设置。

对领导成员的定期考核，由主管机关按照有关规定办理；对非领导成员公务员的定期考核采取年度考核的方式。公务员的考核分为平时考核、专项考核和定期考核等方式。定期考核的结果分为优秀、称职、基本称职和不称职四个等次，作为调整公务员职位、职务、职级、级别、工资以及公务员奖励、培训、辞退的依据。

（六）公务员职务、职级任免及升降

公务员领导职务实行选任制、委任制和聘任制。（1）选任制公务员是指根据民意、经过法定选举程序产生的公务员。这类公务员主要指在国家各类权力机关，以及政党、政协机关中按章程选举产生的公务员，如地方各级人大常委会主任、国务院总理及副总理、各级法院院长、各级检察院检察长、各级政协主席及副主席等。（2）委任制公务员指由任免机关在其任免权限范围内，直接确定并委派某人担任一定职务而产生的公务员，主要用于新入职人员、新从外单位调入人员，或转任和挂职的公务员，如国务院各部委办部长、主任，地方各部门的厅局长等。（3）聘任制公务员指机关根据工作需要，经有关部门批准，对不涉及国家秘密的专业性较强的职位和辅助性职位，按照平等自愿、协商一致的原则，以合同方式聘用产生的公务员。机关聘任公务员可以参照公务员考试录用的程序进行公开招聘，也可以从符合条件的人员中直接选聘。

公务员晋升领导职务要具备拟任职务所要求的政治素质、工作能力、文化程度和任职经历等方面的条件和资格，而且应当逐级晋升。对于特别优秀的或者因工作特殊需要的，可以按照规定破格或者越级晋升。

公务员的职务、职级实行能上能下。对不适宜或者不胜任现任职务、职级的要进行调整。公务员在年度考核中被确定为不称职的，按照规定程序降低一个职务或者职级层次任职。

（七）公务员奖励、惩戒与监督

对工作表现突出，有显著成绩和贡献，或者有其他突出事迹的公务员或者公务员集体，给予奖励。奖励坚持定期奖励与及时奖励相结合，精神奖励与物质奖励相结合、以精神奖励为主的原则。公务员集体的奖励适用于按照编制序列设置的机构或者为完成专项任务组成的工作集体。公务员的奖励分为嘉奖、记三等功、记二等功、记一等功、授予称号五个级别。此外，按照国家规定，还可以向参与特定时期、特定领域重大工作的公务员颁发纪念证书或者纪念章。

《公务员法》为公务员开具了具体的“负面清单”，有违反规定的行为将受到惩戒。对公务员的处分分为警告、记过、记大过、降级、撤职、开除六种。机关有权对公务员的思想政治、履行职责、作风表现、遵纪守法等情况进行监督，开展勤政廉政教育，建立日常管理监督制度。对公务员监督发现问题的，应当区分不同情况，予以谈话提醒、批评教育、责令检查、诫勉、组织调整、处分。对公务员涉嫌职务违法和职务犯罪的，应当依法移送监察机关处理。公务员执行公务时，认为上级的决定或者命令有错误的，可以向上级提出改正或者撤销该决定或者命令的意见；上级不改变该决定或者命令，或者要求立即执行的，公务员应当执行该决定或者命令，执行的后果由上级负责，公务员

不承担责任；但是，公务员执行明显违法的决定或者命令的，应当依法承担相应的责任。

（八）公务员培训

机关根据公务员工作职责的要求和提高公务员素质的需要，对公务员进行分类分级培训。国家建立专门的公务员培训机构。机关根据需要也可以委托其他培训机构承担公务员培训任务。培训主要有四种形式：（1）对新录用人员应当在试用期内进行初任培训；（2）对晋升领导职务的公务员应当在任职前或者任职后一年内进行任职培训；（3）对从事专项工作的公务员应当进行专门业务培训；（4）对全体公务员应当进行提高政治素质和工作能力、更新知识的在职培训，其中对专业技术类公务员应当进行专业技术培训。此外，国家有计划地加强对优秀年轻公务员的培训。公务员的培训实行登记管理。公务员培训情况、学习成绩作为公务员考核的内容和任职、晋升的依据之一。

（九）公务员交流与回避

公务员交流是指国家机关根据工作需要或公务员个人愿望，通过调任和转任等法定形式变换公务员的工作岗位，从而产生、变更或解除公务员的工作关系或职务关系的一种人事管理活动或过程。交流的方式包括调任和转任。另外，挂职方式也是公务员交流的基本形式，但是公务员在挂职期间，不改变与原机关的人事关系。

公务员回避的类型有三种：（1）任职回避。公务员之间有夫妻关系、直系血亲关系、三代以内旁系血亲关系以及近姻亲关系的，不得在同一机关双方直接隶属于同一领导人员的职位或者有直接上下级领导关系的职位工作，也不得在其中一方担任领导职务的机关从事组织、人事、纪检、监察、审计和财务工作。（2）公务回避。公务员在执行公务时，涉及本人或与本人有上述所列亲属关系人员的利害关系时，必须自行申请回避。（3）地域回避。公务员担任乡级机关、县级机关、设区的市级机关及其有关部门主要领导职务的，应当按照有关规定实行地域回避。

（十）公务员工资、福利与保险

公务员实行国家统一规定的工资制度。公务员工资制度贯彻按劳分配的原则，体现工作职责、工作能力、工作实绩、资历等因素，保持不同领导职务、职级、级别之间的合理工资差距。国家建立公务员工资的正常增长机制。公务员工资包括基本工资、津贴、补贴和奖金。公务员的工资水平应当与国民经济发展相协调、与社会进步相适应。

公务员按照国家规定享受福利待遇。国家根据经济社会发展水平提高公务员的福利待遇。公务员执行国家规定的工时制度，按照国家规定享受休假。公务员在法定工作日之外加班的，应当给予相应的补休，不能补休的按照国家规定给予补助。

公务员依法参加社会保险，按照国家规定享受保险待遇。公务员因公牺牲或者病故的，其亲属享受国家规定的抚恤和优待。

（十一）公务员辞职、辞退与退休

公务员辞职是指公务员根据本人意愿，按照相关法律、程序规定，辞去公务员职务，解除与国家机关一切权利义务关系的法律行为。辞职是公务员的法律权利之一，但辞职必须要经过一定的法律程序，即：公务员本人向任免机关提出书面申请；任免机关审查批准；办理交接手续，交接工作。

辞退是指国家机关在其管理权限范围内，根据法律法规，按照一定的法律程序，单方面做出的解除公务员职务的行政行为。辞退不是行政处分，不具惩戒性。被辞退的公务员，可以领取辞退费或者根据国家有关规定享受失业保险。

公务员有按期退休、强制退休和提前退休三种退休方式：(1) 按期退休是达到国家规定的法定退休年龄的公务员，按照法律规定，办理有关手续后离开工作岗位。(2) 强制退休是因病或意外事故，出现完全丧失工作能力，无法从事正常工作的状况时非自愿退休。(3) 提前退休是指公务员不到退休年龄，但是符合提前退休条件之一的，本人自愿提出申请，经任免机关批准，可以提前退休。提前退休条件包括：第一，工作年限满三十年的；第二，距国家规定的退休年龄不足五年，且工作年限满二十年的；第三，符合国家规定的可以提前退休的其他情形的。公务员退休后，享受国家规定的养老金和其他待遇，国家为其生活和健康提供必要的服务和帮助，鼓励发挥个人专长，参与社会发展。

（十二）公务员申诉与控告

公务员申诉是指公务员对涉及本人的人事处理决定不服时，按照相关法律法规和程序的要求，向有关机关提出重新处理要求的行为。这些人事处理包括：处分，辞退或者取消录用，降职，定期考核定为不称职，免职，申请辞职、提前退休未予批准，不按照规定确定或者扣减工资、福利、保险待遇等。

公务员控告是指公务员对所在机关及其领导人员侵犯其合法权益的行为，依法向上级机关或有关的专门机关（如监察机关）进行控诉、告发，并要求对侵犯者惩处的行为。公务员控告的程序一般包括提出控告、立案、调查、做出处理决定、执行处理决定等环节。

本章学习要点

人事行政是国家机关依法对国家公务员的录用、考核、培训、工资、福利、退休等事务进行管理活动的总和。现代国家的人事行政制度一般也被称为国家公务员制度。国家公务员制度是所有有关人事行政（公务员管理）的法律、法规和规章的总和。人事行政工作遵循公开、公平、公正、法治的基本原则。

西方各国人事制度的演变与发展，都大致经历了恩赐官职制、个人赡徇制、政党分肥制三个时期，最终确立了以功绩制为基础的现代公务员制度。其中英国和美国是最具有代表性的。人事分类是人事行政的基础，主要有品位分类和职位分类两种形式。各国公务员的权利和义务都是由专门的法律法规明确规定的，是公务员制度的重要组成部分。公务员管理还包括公务员的录用、考核、奖惩、晋升、培训、工资福利、退休、权益保障等内容。

中国的特殊国情决定了中国的公务员制度具有鲜明的特色。中国公务员制度的建设大体经历了酝酿、探索、形成、施行完善几个阶段。在中国，公务员是指依法履行公职、纳入国家行政编制、由国家财政负担工资福利的工作人员。在2005年《公务员法》实行职位分类制度的基础上，2018年《公务员法》规定国家实行公务员职务与职级并行制度。

本章思考题

1. 人事行政的概念是什么？如何理解其地位和作用？
2. 如何理解西方国家公务员制度的原则及面对的挑战？
3. 与西方公务员制度相比，我国公务员制度有什么特点？
4. 我国公务员的范围是什么样的？
5. 我国公务员分类管理制度是什么样的？
6. 我国实行公务员职务与职级并行制度的意义何在？

第五章
行政领导

本章学习目的

行政领导在行政管理整体过程及职能管理领域中居于主导地位，决定着国家职能的实现程度和依法实施行政管理的水平。本章需要学习行政领导的含义与作用，了解行政领导者所必须具备的基本素质。本章还要在学习行政领导体制一般知识的基础上，特别了解中国的行政领导体制。最后还要学习有关行政领导的方法及领导艺术。

第一节　行政领导概述

行政领导是广泛领导现象中的一种复杂类别。行政管理活动分工细致且具有专业性和复杂性，需要行政领导进行统一与整合。行政领导是伴随行政管理活动始终，并对行政管理活动的成败起举足轻重作用的职能活动。它决定着公共行政的方向与效能，能有效推动行政决策和政治目标的实现。

一、行政领导的概念与特点

（一）领导和行政领导的概念

在现代汉语中，“领导”一词可以理解为“领”“导”兼具：“领”就是引领、率领，“导”就是引导、指导。在实际生活中，人们习惯把领导者称为“领导”，把领导者的行为也称为“领导”。这里所指的领导显然是管理学意义上的领导活动。学者们从行为过程、影响力、权力或艺术等视角对领导的概念进行了界定，综合来看，领导（leadership）是指挥、带领、引导和鼓励部下为实现组织目标而努力的行为过程。这一定义包括了三要素，即领导者必须有部下或追随者，领导者拥有影响追随者的能力或力量，领导的目的是通过影响部下来达到组织的目标①。

领导是人类社会发展过程中必不可少的活动过程，涉及社会活动的各个领域，所以可以按照活动领域，将领导划分为政治领导、经济领导、组织领导、行政领导等。其中，行政领导，是指“在行政组织中，经选举或任命而拥有法定权威的领导者依法行使行政权力，为实现行政管理目标所进行的组织、决策、指挥、控制等活动的总称”②。

领导作为一种创造性的活动，具备必不可少的要素。具体到行政领导，其活动过程包括领导者、被领导者、领导目标、领导环境、领导技术与方法等要素。其中，行政领导者指依照法律规定，通过选举或任命等程序，在国家行政机关中担任行政领导职务的人员，他们在领导活动过程中起着主导作用；被领导者是保证领导活动得以展开的重要力量，通过被领导者的具体行动，行政决策才能付诸实践；领导目标是在一定时期内组织必须达到或期望达到的行政管理目的和指标，它为领导活动规定了基本的行动方向；领导环境是指直接或间接影响领导活动的外部条件、因素的总和，不同的领导环境各有特点，影响着领导者在活动过程中采取的行动方式；领导技术与方法是领导过程中领导者指引被领导者履行职能、实现目标的手段的总和。这五个要素构成了行政领导的概念基础，要素之间相互作用，构成了领导活动的全部过程，成为行政领导理论和实践的重要组成部分。

（二）行政领导的特点

行政领导是在行政管理系统中的一种特殊领导类型，既有领导的一般性特点，又有其自身固有的特点，即行政领导具有政治性、执行性、权威性和综合性。

1. 政治性

行政领导是国家各级行政权力机关的活动和领导者，属于国家权力的重要组成部分，所以必然带有鲜明的政治性，即行政领导一定与国家权力的政治属性是一致的。这就意味着，任何现代国家的各级行政领导第一位的职责都是保证国家政治权力的稳定。现代国家的行政领导者一般是执政党的主要首领，而且一定负有保证国家政权连续性的政治责任，这就决定了行政领导是具有政治性的社会活动，从而也就要求行政领导者在实施领导行为的过程中要不断增强自身的政治觉悟和政治责任感。

2. 执行性

行政机关是国家权力机关的执行机关，行政权力的执行性决定了行政领导活动的执行性。也就是各级行政领导都必须严格按照国家权力机关制定的法律法规，在自己的职权范围内行使领导职权，开展领导活动。同时，行政领导还必须接受国家权力机关的监督，向各级国家权力机关报告自己的工作。所有承认主权在民的民主国家的各级行政领导，还需要在行使领导职权的过程中，主动接受社会的监督。

3. 权威性

行政领导的权责来自国家的法律法规，法律法规的权威塑造了行政领导的权威，客

---

① 周三多，陈传民，鲁明泓．管理学：原理与方法．5版．上海：复旦大学出版社，2009.

② 夏书章．行政管理学．6版．北京：高等教育出版社，2018：91.

观上也要求行政领导在法律授权的范围内行使权威。行政领导具有权力性影响力，也应该具备非权力性影响力，这是领导者因其个人魅力而形成的对下属的权威。行政领导要面对的国家事务、社会事务以及机关内部事务具有复杂性和多样性，因此，要保证行政工作的协调一致，行政领导者必须具有权威。

4. 综合性

行政管理工作是划分层级的，同时也是划分为不同部门的，所谓行政层级是按行政隶属关系划分的，所谓行政部门一般是指经济、文化、社会等不同的工作领域或行业。尽管这样，行政领导的工作还是具有明显的综合性。这是因为，不论是地方行政领导还是部门行政领导，其工作的实质内容都是对职权范围内的人力、物力、财力的配置事务，进行计划、组织、指挥、协调、控制、考核。从工作内容和工作流程看，行政领导的工作是综合性的。

二、行政领导的职位、职权与职责

任何行政领导都是一定的职位、职权、职责的统一体，而且三者之间的关系必定是：有职就有权，有权要尽责。有职权无职责会滥用职权，有职责无职权则无法承担职责。行政领导作用的发挥和领导效能的提高需要职位、职权、职责三者的科学配置。

（一）行政领导的职位

行政领导的职位是指行政领导在国家行政组织中的法律地位、从事的工作岗位和所承担的行政职务，以相对固定的职务和责任为构成要件，而不以特定的人员的存在为构成要件。因此，职位具有以下主要特征：（1）职位的设置以“事”而不是以“人”为中心；（2）职位的数量具有限制性，要遵循最低数量原则；（3）职位本身具有相对稳定性，不能随意增设废减，某一职位上的行政领导人担任职务与责任的时间长短、主次等对职位本身不构成影响。

（二）行政领导的职权

行政领导的职权是指法定的与行政职位相当的权力，是行政领导者指引或影响下属行为过程中的必备条件。职权的主要特点包括：（1）职权由职位衍生而来，职权与职位相对应，职位的性质、大小等决定职权的性质和适用范围；（2）职权法定，一方面可约束行政领导者的行为，防止权力滥用，另一方面可保证权力的稳定性，防止私人性地转让；（3）职权具有有限性，行政领导职权是国家权力机关根据社会分工做出的授予，行使范围由法律规定，所以有一定的限制。

（三）行政领导的职责

行政领导的职责指行政领导因为职位而执掌职权，同时必须负有的职务责任。行政领导的职责主要包括三方面的内容：（1）政治责任。这是指确保国家政权稳定、连续方面的责任。这是行政领导的首要职责，具体说就是要确保国家大政方针的贯彻执行。在实行分权制衡原则的资本主义国家，行政领导的政治职责是要确保行政机关制定的政策不违背立法机关的意志。在实行人民民主专政的社会主义中国，行政领导的政治职责就是要确保所制定的政策符合执政党的宗旨，符合人民的根本利益。（2）法律责任。这是指确保不违反法律法规方面的责任。行政领导的活动过程必须严格按照法律的授权，在法律规定的范围内，按照法定的程序进行。这就是所谓行政行为“法无授权不可为”。行政领导者如果违反了法律法规，就必须接受法律的惩处。（3）工作责任。这是指确保职务工作有效开展方面的责任。行政领导都是在特定的工作职位上行使领导职权，因而就必须对领导工作开展的结果承担责任。行政领导需要保质保量、按时完成工作任务。如果工作出现问题，或者没有按照上级要求或职责要求完成工作，就需要承担相应的责任，甚至接受处罚。

三、行政领导的作用

行政领导主要具有指挥、引导、激励的作用。

（一）指挥

指挥作用是行政管理协调统一的保证。在错综复杂的行政管理系统中，人员和机构数量庞大，管理对象种类繁多、性质不一，要将人、财、物等资源合理分配至需要处理的事务中，就必须发挥行政领导者的统一指挥作用。行政领导者能够保证管理活动流程顺畅，防止工作任务的冲突与脱节，最大限度地避免盲目无序的工作进程，在战略层面促进人与人、机构与机构之间的协调，从而保证行政管理系统有机运转。

（二）引导

引导作用贯穿于行政管理过程的始终。具体的行政管理过程包括了建立行政组织、选人用人、制定政策、分解执行、检查监督、调整完善等环节，这是政策制定与执行不断完善的过程。政策的制定与执行过程离不开领导者的战略思维能力、知识素质和业务技能，而选人用人也依赖领导者的谋略和魄力，因此，领导者在行政管理的各环节都能发挥其引导作用。

（三）激励

激励作用是发挥行政效能的关键。下属成员在工作中往往会根据领导者的行为做出行动判断，领导在实施管理活动中能形成带头作用，无形中形成了榜样的力量，这是激发下属工作积极性和热情的有效方式。行政管理效率的提高依赖行政效能的提升，影响行政效能的因素有很多，如领导才能、被领导者素质、领导环境、组织机构等，其中，组织结构调整、行政队伍的优化等可控因素都与行政领导有关，可见，行政领导是发挥行政效能的关键。

第二节　行政领导体制

领导体制（leadership system）是能够独立地或相对独立地组织本系统进行决策、指挥、监督等领导活动的具体制度体系。领导体制通过实行严格的制度来保证领导活动的完整性、一致性、稳定性和连贯性。

一、行政领导体制概述

（一）行政领导体制的概念

体制是指国家机关、企业事业单位在机构设置、领导隶属关系和管理权限划分等方面的体系、制度、方法和形式等的总称。

行政领导体制就是指行政领导活动中，行政领导权限的划分和组织机构的设置，及其所形成的用以规范行政领导活动范围和方式的制度体系。行政领导体制是建立在行政体制基础上的，行政体制决定了行政领导体制。

实践中，行政领导体制是由一系列制度构成的完整体系，行政领导制度从总体上来说可以划分为三个层次：一是从根本上制约行政活动的制度安排；二是保障领导者个人可以与组织协调行动的制度，使领导者个人的能量与组织的能量最大限度地发挥；三是保障日常行政领导活动顺利展开的制度规定。

（二）行政领导体制的特征

行政领导体制的主要特征是系统性、根本性、全局性和稳定性[①]。

1. 系统性

行政领导体制是一个包括各级各类行政领导机关职责与权限划分、行政领导机构的设置、行政领导者的层次及幅度，以及行政领导者的管理制度在内的有机整体。在这个系统中，各种要素之间互相联系、相互作用，能够很好地发挥全系统的整体效用。系统性的这个特征要求我们在进行体制改革时，必须综合考虑多种因素，协调推进。

2. 根本性

任何社会行政活动的成败归根结底取决于行政领导者的领导活动。一套优良、高效的行政领导体制有利于提高行政领导的效益。宏观行政领导体制的科学性直接关系全国性行政领导的有效性，从而就直接关系行政工作的有效性。微观行政领导体制也直接关系本机构、本部门的工作效率。

3. 全局性

行政领导体制是统御本行政区划或本行政机构全局的体制，因为所有行政领导者的职权及其行使都必须在这个体制之内，都必须符合这个体制的规范。同时，所有行政领

---

① 李成言．现代行政领导学．北京：北京大学出版社，2002：78－79.

导者的领导活动全程也都会受到体制的监督和制约。

4. 稳定性

行政领导体制一旦确定是不会轻易改变的。尽管行政领导者或领导群体的组成都会随时变动，而且每个行政领导者的思想水平、工作作风等都会不同，但是行政领导体制作为一个领导职权的框架体系却不会轻易变动。所有个性化的行政领导活动的变化都不能超出行政领导体制允许的范围。

（三）行政领导体制的作用

合理的行政领导体制是理顺了上下级、各部门关系的体制，从而是能够调动各个方面工作积极性的体制。科学的行政领导体制还能够约束行政领导职权，规范行政职权运行。行政领导体制的作用具体包括：能够协调各级各类行政领导机构；能够造就优秀的行政领导者；能够建立行政领导者与被领导者之间的良性互动关系；有助于克服官僚主义，增强行政领导活动的效率和活力。总之，合理、科学的行政领导体制有助于国家的长治久安。

二、行政领导体制的分类

行政领导体制由领导机构设置和领导权限配置两个基本要素构成。这两个要素具体包括行政领导组织结构、领导的层次与跨度、行政领导权限和责任划分、行政领导管理制度四个方面的内容。根据这些内容的不同配置可以把行政领导体制划分为不同的类型。

（一）首长制与委员会制

根据最高决策人数不同，行政领导体制可分为首长制和委员会制。首长制又称独任制或一长制，即决策权力集中在一个人身上，行政首长对行政机关各种事务有最终决定权。首长制的优点在于权力集中、责任明确、行动迅速、易于考核等。但首长制也存在着缺陷，例如：单个首长不足以应对行政管理中的综合性难题；可能出现首长独揽大权、“一言堂”作风盛行的情况，不利于民主的发展；等等。委员会制又称合议制，即组织的决策权力由两个以上的领导共享，以集体领导的形式来集体议事并共同担责的一种领导体制。实行委员会制可以集思广益，减少决策失误；决策制定过程能够充分反映各方的利益；委员会成员间分工合作，可以减轻主要领导人的负担，同时避免个人专断；等等。但在委员会中形成的决策大多带有一定的妥协性和折中性；同时，集体负责往往意味着“无人负责”，因此会导致责任不明确；相对于首长制，委员会制行动迟缓、效率低下，不易于考核等弊端。

（二）层级制与职能制

根据行政组织职责权限的性质与范围不同，行政领导体制可分为层级制和职能制。层级制是指组织在纵向上按照等级划分为不同的层级组织结构，相同等级的职能目标和工作性质相同，管理范围和管理权限随着等级降低而逐渐变小的指挥系统。在层级制中，权力关系清晰，有利于指挥与协调；责任明确，有利于监督与问责；由于各层级的工作性质相同，有利于人事调整过程中的迅速适应；相同的职能目标也为行政绩效考核工作带来了方便。但层级制中若层级过多，则会导致信息传递缓慢，影响行政效率；上级过多制约下级，不利于发挥下属积极性。职能制是指领导机关在横向上设置若干职能部门，辅助组织的主要行政领导实施领导行为的指挥系统。由于分工细致，领导者熟悉业务，有助于培养专才；职能领导机构的设置能减轻主要领导的工作负担；各职能部门各司其职，减少相互推诿，能形成合理的工作秩序。但职能制容易形成对下属成员和机构的双重领导，导致下属在行政工作开展过程中无所适从；分工过细也会导致机构臃肿、人浮于事等问题。

（三）集权制与分权制

按照中央与地方、上级与下级政府权力配置的标准，行政领导体制可分为集权制与分权制。集权制是指事务的决策权主要集中于中央或上级行政领导机关，下级机关只有执行权而无决策权的行政领导体制，如中央集权制、党魁集权制等。集权制政令统一，有利于统筹全局，集中力量办大事，行政效率较高；但集权制灵活性较差，不易发挥下属机构的积极性，有时还可能造成上级行政领导的官僚主义、个人专断等弊端。分权制是指各级行政机关在其管辖权限内，能够独立自主地处理事务，不受上级行政组织干预的行政领导体制。分权制能够更大限度地发挥下级机关的聪明才智，集思广益，把处理事务的矛盾协调到最低；下级行政组织能够充分借鉴各自的行政经验，制定符合实际的决策，灵活性较强；但在分权制下难以实现政令统一，易造成地方主义、本位主义等问题；这种分散性也不利于集中资源，会损害国家和社会整体利益。

（四）完整制与分离制

根据行政机关内部的权力统属不同，行政领导体制可分为完整制与分离制。完整制是指同一层次中的各个行政机关，或同一机构内各部门，不分工作性质和工作方式的差异，共同接受一个上级机关或首长的统一指挥和控制的领导体制。完整制的优点在于权力集中，能够实现统一规划和指挥，便于发挥组织的整体作用；统属关系和责任明确，不会出现相互推诿和扯皮，能够降低协调成本；便于保证各机构步调一致，避免工作重复和权力冲突，有利于精简机构，提高行政效率等。缺点在于建立权力制约机制较难，可能导致领导机关或首长的个人专断和官僚主义作风；行政领导要面对繁杂的事务和沉重的责任负担，易造成指导不力或失误等。分离制是指同一层级的各机关，或一个机关的构成单位，不集中于一位行政领导或一个上级机关，各领导机关被分别赋予相应的权限，且彼此之间相互独立并相互制约的行政领导体制。分离制的优点是行政组织各机构权力相互牵制与监督，有利于防止行政权力膨胀和行政首长个人专断、滥用权力；事权较为分散，可发挥多方面的积极性，从而分担主要行政领导者的工作重负；独立分离的行政组织各有自主权，有利于发挥竞争机制的作用，提高工作积极性和创造性。缺点是事权分散，容易政出多门，在各自为政或统属不清、责任不明的情况下，横向沟通不畅容易导致互相推诿和扯皮现象，造成不必要的矛盾和冲突，“内耗”严重；权力分散会加大监督成本，机构设置不当还会造成机构重叠，浪费人力和经费等。

三、中国的行政领导体制

中国是社会主义国家，中国共产党领导是中国特色社会主义最本质的特征。国家的政治特征决定了中国的行政领导体制有自己的鲜明特色。

（一）民主集中制

在中国，民主集中制是从根本上制约行政活动的制度安排。民主集中制的具体内容就是，在民主基础上的集中和在集中指导下的民主相结合。民主集中制的基本要求就是在国家所有组织中，都实行少数服从多数、个人服从组织、下级服从上级、全党服从中央的组织原则。这“四个服从”是建立全国正常行政秩序，保证所有行政机关实现集中统一、上下一致正常运转的基本原则。

民主集中制既是国家政权的组织原则，又是党和国家的根本制度。宪法规定，我国一切权力属于人民。人民行使国家权力的机关是全国人民代表大会和地方各级人民代表大会。同时，全国人大和地方各级人大对人民负责，受人民监督；国家行政机关、监察机关、审判机关、检察机关都由人民代表大会产生，对它负责，受它监督；中央和地方的国家机构职权的划分，遵循在中央的统一领导下，充分发挥地方的主动性、积极性的原则。

同时，民主集中制贯穿于各级领导的全部实践活动，决定并影响其他领导制度，比如集体领导和个人分工负责制度、接待日制度、直接对话制度、咨询会制度、信访制度、通报评议制度等。这些制度有的是民主集中制的具体化，有的由其派生。这些制度在实施中仍然要坚持民主集中制。

（二）集体领导与个人分工负责制

集体领导与个人分工负责制，是将集体领导与个人分工负责结合在一起的领导制度，也是我国各类组织普遍实行的领导制度。实践表明，这个制度是对民主集中制的坚持，可以有效防止行政领导活动中个人专断和软弱涣散两种倾向的出现。

集体领导是集体决策共同负责的制度。坚持集体领导制，要求遵循“集体领导、民主集中、个别酝酿、会议决定”的原则，其中，“集体领导”是民主集中制的精髓，是党委领导和行政领导的最高原则；“民主集中”是相辅相成、内在统一的，没有民主，就没有正确的集中，没有集中，就不能形成正确的路线、方针、政策，不能形成统一的意志；“个别酝酿”是民主集中制的必要过程，“重大问题的决定，要充分酝酿、协商和讨论”；“会议决定”是集体决策的必经程序，对重大问题，在充分酝酿、协商和讨论的基础上，按少数服从多数的原则进行表决，做出决定。

个人分工负责制是指领导群体成员要无条件服从和执行集体决策，按照分工，在各自的职权范围内负责地工作，保证集体决策得以贯彻执行。每个群体成员都要自觉维护群体的团结和领导集体的权威，既要根据集体的决定和分工切实履行好自己的职责，承担起应有的责任，又要关心全局工作，积极参与集体领导，做到“分工不分家，成事不败事，补台不拆台”。集体领导和个人分工负责的关系是辩证统一的，集体领导是前提，个人分工负责是基础，二者相辅相成，不可分割。

在我国的宪法和国务院组织法里有明确规定，国务院实行总理负责制。各部、各委员会实行部长、主任负责制；地方各级人民政府实行省长、市长、县长、区长、乡长、镇长负责制。同时还规定，国务院工作中的重大问题，必须经国务院常务会议或国务院全体会议讨论决定；我国所有党政机关、企事业单位重大事项决策、重要干部任免、重要项目安排、大额资金的使用，必须经集体讨论做出决定（简称“三重一大”[①]）。

（三）日常的具体行政领导制度

日常行政领导制度是民主集中制、集体领导制与个人分工负责制在实际行政工作中的具体化，这是从行政活动的主体来研究的行政领导制度。主要包括三个层面：（1）领导干部与群众联系的制度，比如领导接待日制度、直接对话制度、咨询会制度、信访制度、通报评议制度等，这些具体制度有助于解决具体问题，使处于决策者地位的行政领导者能够了解群众的要求，广泛征求社会意见。（2）上下级领导之间联系的制度，比如通报征询制度、报告指示制度、检查反馈制度等。（3）领导群体成员之间联系的制度，比如办公会议制度、集体学习制度、民主生活会制度等[②]。

第三节　行政领导者

行政领导者是指各级行政组织中承担计划、组织、指挥和协调等领导职能的个人或集体，从广义上来说，由国家权力机关任命的，在具有公益性的组织内担任行政职务的人都被称为行政领导者，狭义的行政领导者的范围仅限于行政组织。

一、行政领导者的产生方式

行政领导者的产生主要有选举、委任、考任、聘任几种制度。

（一）选举制

选举制是指行政领导者由被领导者或被领导者的代表选举产生的制度。选举的主要方式有投票、民意测验等。这种制度的优点是能代表民意，选举结果也有较大的公正性和权威性；不足之处在于选举过程较长，无法准确地识别人才。

（二）委任制

委任制是指由立法机关或其他权力机关经过考察，直接任命产生行政领导的制度。

---

① “三重一大”制度最初是 1996 年十四届中央纪委第六次全会对党员领导干部提出的纪律要求，后来经党中央规定，要求全国的所有党政机关、企事业单位必须实行这个制度。

② 夏书章．行政管理学．6 版．北京：高等教育出版社，2018：99－101.

委任的主要方式有行政首长的直接任命，以及由一级行政首长提名然后报请上一级行政首长或领导机关审批两种。其优点是权力集中，责任明确，用人与治事相结合，行动迅速统一；不足之处在于委任过程依赖行政首长的主观选择，缺乏客观的选才标准，容易出现任人唯亲的不当行为。

（三）考任制

考任制是指行政领导者由专门的机构根据统一的、客观的标准通过考试择优录取的制度。考任制的优点在于通过严格科学的考试，可以在竞争的基础上，公正、客观地评定人才，鉴别人才的优劣；不足之处是考试的结果无法真正体现参考者的能力，评卷的标准有时也容易受评卷者个人价值观念的影响，领导者的选拔有时并不依据考试的实际结果，难免使考试流于形式。

（四）聘任制

聘任制即通过协议或合同的方式选用外部人员担任非常设性的行政领导职务的制度。聘任制的优点是有利于广招人才，提高行政组织的工作能力和适应性，克服和防止领导干部常任制以及用人的地区封锁和部门封锁的弊端；不足之处是在实际运用中，有时容易导致用人上的短期行为，还容易忽视对本部门人才的使用。尽管如此，聘任制仍是目前适用范围较广的用人方式。

二、行政领导者的影响力

行政领导者的影响力是指行政领导者在行政活动中影响和改变下属及其他人的心理和行为的能力，主要由权力性影响力和非权力性影响力构成。

（一）权力性影响力

权力性影响力主要包括：传统因素，即被领导者在传统观念上对领导者所具有的服从性；职位因素，即由于行政领导者的职位被赋予了相应的权力，使被领导者产生了敬畏感；资历因素，即领导者个人的经历和资格对被领导者产生的影响。由传统因素、职位因素、资历因素所构成的影响力，都不是领导者的现实行为造成的，是外界赋予的，对下级的影响带有强制性和不可抗拒性。这种影响力对人的心理和行为的激励作用是有限的。

（二）非权力性影响力

非权力性影响力既没有正式的规定，也没有组织授予的形式，是以领导者个人的威信和自身的品质与能力等来影响被领导者的行为，因此非权力性影响力的权力基础是行政领导者所具备的个人素质。在现代行政活动中，行政领导者对下属产生影响，已不完全是凭借他所具有的权力，行政领导者的非权力性影响力在行政领导者的影响力中占有的比重已大大超过权力性影响力，因此，现代行政活动也对行政领导者的个人素质提出了更高的要求。

三、行政领导者的素质

“素质”一词最早见于生理学，指人的神经系统和感觉器官上的先天特点，其后被人们用来泛指事物本来具有的内在特征。行政领导者的素质是指行政领导者在先天禀赋的基础上通过后天学习、实践所获得的智能、品德等的总和。领导素质是行政领导者承担一定行政领导职务所必须具备的基本条件，甚至可以说领导素质就是重要的领导力。行政领导者的素质是包括政治、道德、业务、心理、身体等各个方面内容的综合体。

（一）政治素质

政治素质是指行政领导者对自己所承担的政治义务和所拥有的政治权利的理解、把握，以及见诸行动的能力等方面的总和。政治素质是在特定的政治关系和政治生活中培养出来的，也是行政领导者必备的个体特质，它具体表现在这样一些方面：行政领导者的政治理想和政治信念的坚定程度；政治理论水平及法治修养程度；日常的政治态度和政治立场，以及政治作风；政治阅历和政治经验；等等。领导素质中政治素质是第一位的，政治素质会从根本上决定行政领导活动的性质和方向。

（二）道德素质

道德是一定社会为了调整人们之间的关系，以及个人和社会之间的关系所提倡的行为规范的总和。行政领导者的道德素质就是指行政领导个人对社会所提倡的行为规范自觉遵循的程度。道德素质包括社会价值取向、慎独程度、个人情操和气节，以及境界、作风、责任感等。它们具体表现为行政领导者的事业心和使命感、工作进取心、处事胸怀、公正廉洁意识等。道德素质反映行政领导者对他人及社会的认识和态度，是行使领导职权的重要依据。中国素有古训：德不重不能服众，无德不以使民。领导者道德素质的重要性可见一斑。

（三）业务素质

业务素质表现为行政领导者的专业技术或专门的业务水平和能力。这一方面要求行政领导者具备较宽的知识面，既要具有涉及政治、经济、法律等领域的专门知识，又要具有从事本职工作所必备的业务知识及现代管理知识，并能够随着环境的变迁适时更新知识结构；另一方面要求行政领导者具有知识的发挥与运用的能力，包括创新能力、组织能力、信息获取与运用能力、利益整合能力等。行政领导在行政管理系统中的地位与作用决定了行政领导者必须具有相应的业务素质，以提高在工作中的胜任力。

（四）心理素质

心理素质表现为行政领导者的性格、气质和个性等，行政领导者在行政管理过程中会面临来自各方的压力，良好的心理素质有助于领导者有效控制自身行为、合理处理各种关系。心理素质主要表现在这样几个方面：乐观的情绪、坚强的意志、广泛的兴趣、开朗的性格等。在领导实践中，要求行政领导者应具备积极主动的气质，能够带动整个组织积极努力工作；具有较强的自信心，在决策中避免优柔寡断；具备较强的自制力，遇事不乱，处事不惊；具有坚韧不拔的意志力，为追求行政目标的实现百折不挠；等等。

（五）身体素质

身体素质是人体在运动、劳动和日常活动中，在中枢神经调节下，各器官系统功能的综合表现，如力量、耐力、速度、灵敏、柔韧等机体能力。一般身体素质包括体质和体貌两个方面。体质就是我们通常说的体格，是指人承受体力、脑力劳动的程度，也是身体素质的内在成分、质量、结构、性状和特征。行政领导者面临着繁杂的行政事务和巨大的工作压力，没有强健的体魄和充沛的精力很难持续工作。所以，行政领导者的体质是其他素质得以发挥的物质基础，只有拥有良好的体质，才不会在繁重的工作面前感到“心有余而力不足”。体貌就是外貌，指身体素质的外在成分、质量、结构、性状和特征，其表现是相貌、气色、声音、体态、身高、体重等。体貌虽然先天的成分多一些，但是也不是后天不可控的。体貌对行政领导者来说，有助于塑造自身形象，对行使行政领导职权具有重要的辅助作用。

四、行政领导集体

行政领导集体就是国家和地方各级行政组织中的领导班子。现代行政管理工作专业化、复杂化程度越来越高，要求行政领导集体必须是一个功能齐全、精干高效、勇于开拓的集体，形成有效的集体领导力，因此，行政领导集体的素质需要有一个合理的结构。领导集体素质结构就是领导成员素质的组合。领导集体的功能大小不仅在于个体素质的高低，而且在很大程度上取决于领导成员素质的组合构成，领导集体素质的排列组合影响着领导效能。

（一）行政领导集体的素质结构

科学合理的行政领导集体的素质结构应该可以实现“1＋1＞2”的效应，也就是成员个体之间取长补短，互相促进。具体地看，行政领导集体素质结构主要包括品德结构、年龄结构、知识结构、能力结构、气质结构等。

1. 品德结构

品德结构是领导集体内部不同成员不同思想道德素质的排列组合，领导干部要“德才兼备”，可见在现代的组织管理中，领导集体的“群体品德”对组织的生存及其健康发展尤为重要。领导集体的品德结构的主要内容包括：政治品德、职业道德、家庭美德、社会公德等。由于每个领导者在“德”的素质上表现不一，在领导过程中会出现不同的品德倾向，影响着集体领导活动的效能，因此，领导班子的道德素质必须被优化配置，呈现良好的道德结构模式。

2. 年龄结构

不同年龄的领导者在个人阅历、经验等方面存在差异性，也有不同的行为特征，比如年轻者思想活跃，敢于创新，年长者沉稳多谋，实践经验丰富。领导集体的年龄结构，是根据不同的领导层次，由老、中、青干部按合理的比例构成的综合体。对不同层次的领导集体，三者的比例可以各有不同，一般应使年富力强的中青年干部占多数或大多数，同时又要使领导集体梯次的年龄结构实现动态的平衡。

3. 知识结构

知识结构是指构成领导集体的成员的不同知识类型的排列组合，既包括理论知识，也包括实践知识。由于主客观的原因，行政领导集体中每个人的知识广度、深度、向度都是不同的。合理的知识结构应由具有多层次、多领域知识素养的人按一定方式组合而成。随着环境的发展，应不断更新个人知识以及集体的知识结构，使每个具有不同知识素养的领导成员都能“人尽其才”，形成既有较宽知识面，又有专门知识的立体知识结构。

4. 能力结构

能力是指运用已有的知识和经验的能力。人的能力有多种类型，每个人在这些能力的表现上各有差异，分别表现为善于谋略、用人、组织、实干等。科学合理的领导班子就是要将拥有这些能力的领导个体组织到整体中，并形成良性循环的能力结构，既能发挥个人专长，又能提高组合后的整体效能。

5. 气质结构

气质是指典型的表现于心理过程的强度、速度等方面的稳定的心理特征，比如有的属于外向型，有的属于内向型。在行政领导班子的气质结构方面，应使不同类型的气质互补，如果都是一种类型的，比如都是外向型的，或都是内向型的，一定不利于领导工作。把握好气质结构差异性可形成领导集体气质结构的协调效应，实现领导班子和谐的人际关系和高效的行为过程。

（二）优化行政领导集体素质结构的原则

行政领导集体素质结构必须随着内外部环境的变化进行优化，素质结构的优化是一个复杂的问题，应遵循的主要原则是：

1. 适应性原则

适应性原则指行政领导集体素质结构要适应行政组织的领导职责，同时适应行政环境的动态变化，体现时代性。适应性原则包括静态和动态层面的内容。静态层面上，行政领导班子成员的素质结构要适应各地区、各部门领导工作的客观需要，包括行政工作的目标、下属成员的素质水平、管理方法与技术等，因此必须考虑这些客观因素，合理搭配领导班子成员；动态层面上，客观形势以及领导集体内部因素的变化，会打破领导集体素质结构原有的平衡状态，因此，领导班子成员的素质结构优化应是在时代发展、环境变化，以及社会进步的实践中动态展开的过程。

2. 互补性原则

互补性原则既要求保证每个领导成员自身的素质子系统之间具有互补性，又要求各领导成员之间的整体素质结构具有互补性。结构优化就是要通过行政领导集体成员专长的组合与互补，达到领导集体结构最优。根据互补性原则，搭建合理领导班子的有效步骤大体包括：根据实际行政需要确定领导集体需要具备的素质结构，确定符合条件的“一把手”，挑选与主要领导人的素质结构具有互补性的其他领导班子成员。领导集体素质结构的设计受多种因素的制约，但互补性原则确实是形成优势互补、结构相对优化的领导集体所必须遵循的原则。

3. 精干性原则

精干性原则要求在搭建领导班子时尽可能用最少数量的人员创造最大的行政效能，使领导群体形成一个精干紧凑的运转系统。组建领导班子时，必须按照这个原则来确定领导班子成员的人数和领导班子的层次，避免冗杂，以达到群体精干高效的目的。因此，在组建领导班子时，应首先做工作分析和人员分析，真正做到因事择人、人尽其才、才尽其用；其次做到减少层级，给领导班子“消肿”，使领导班子的组建真正符合经济学的投入、产出关系，使组织实现最大的经济效益和社会效益。

4. 自优性原则

自优性原则即自我完善原则，这是优化行政领导群体素质结构的内在动力。由于上级领导机关和人事部门无法准确了解领导班子成员的素质水平，优化行政领导群体的素质结构不能只依靠外部力量，所以各成员应对自身基本情况做到“心中有数”，具备自我完善的意识和能力。每个领导群体成员都要有一种强烈的忧患意识和历史责任感，着眼于全局和领导群体结构的整体优化，切实加强自身建设，根据环境变化动态调整自身素质结构，完善自我，做到主动进取、提高效率、创新发展。

第四节　行政领导方法与艺术

为实现有效的领导，领导者必须选择适当的领导方式和方法。方式方法正确，可以使领导的作用得到最大限度的发挥。行政领导方法与艺术包括两大类：一是领导制度所要求的具有广泛制约力与影响力的根本方法；二是提高工作效率的具体可变的方法，包括行政领导方式和艺术。

一、行政领导方法

行政领导方法是行政领导者在实施行政管理活动中，为实现行政领导目标而采取的方式、手段、办法、程序等的总和。领导制度所要求的根本方法包括实事求是、群众路线和矛盾分析。

（一）实事求是方法

实事求是是我国带有根本性的行政领导方法，也是我国行政领导的最基本的思想方法、工作方法。坚持实事求是，必须做到：一是一切从实际出发，反对主观主义；二是发挥主观能动性；三是坚持理论联系实际，用实践检验和发展真理。

（二）群众路线方法

群众路线，就是一切为了群众，一切依靠群众，从群众中来，到群众中去，把正确主张和政策变为群众的自觉行动。坚持这一方法须做到：一是密切联系群众，虚心向群众学习，有事和群众商量；二是领导骨干要与广大群众结合；三是一般号召与个别指导相结合，在一般号召发出之后深入群众进行调查，进行个别指导，取得试点经验，反过来对行政工作做普遍指导。

（三）矛盾分析方法

矛盾分析就是对事物的矛盾、主要矛盾与次要矛盾、矛盾的主要方面与次要方面以及解决矛盾的不同方法进行分析。矛盾分析法的主要内容包括：一是学会抓住主要矛盾；二是具体问题具体分析，凡事从实际出发，因时、因地制宜；三是全面看问题，同时又要抓住问题的关键；四是创造条件，使矛盾朝着正确的方向转化。

二、行政领导方式

行政领导方式是行政领导方法的一种表现形式，是在领导过程中，领导者、被领导者以及作用对象相结合的形式，按照不同的标准可分为不同的类型。

（一）专断式、民主式、放任式

行政领导方式按照行政领导者运用行政权力的不同方式划分为专断式、民主式和放任式。专断式行政领导方式是把行政决策权、决定权集中于领导者一人手中的领导方式，由行政领导个人做出决定，用强制命令推动工作，下级一味服从上级领导，被动开展工作。这种领导方式容易压制被领导者的工作积极性和热情，没有下级参与的决策民主化、科学化程度低，还会造成领导者主观武断，官僚主义作风盛行。民主式行政领导方式是指行政领导者和被领导者以及群众互相沟通，共同参与决策的一种领导方式。在这种领导方式中，多方相关主体参与决策，使决策具有民主性和开放性，在政策执行过程中能充分调动发挥下级人员的积极性、主动性。我国的行政领导方式是一种民主和集中有机结合的民主集中制的领导方式。放任式行政领导方式是指很大部分的行政决策权力下放给下级行政机构或行政人员，让其充分享有行政管理权限的一种行政领导方式，行政领导下放权力，只进行必要的指导和监督。这种领导方式需要有效的监督，明确划分责任，以避免出现问题时的相互推诿情况。

（二）重事式、重人式、人事并重式

行政领导方式按照行政领导者工作重心的不同，可以分为重事式、重人式、人事并重式。重人式致力于建立和谐的人际关系和宽松的人际环境，以人为中心展开领导活动，强调在领导者与部属之间建立相互信任、相互尊重的关系。重事式是行政领导者注重行

政组织的目标、任务的完成以及效率的提高，以事为中心展开领导活动，领导者对事的关心胜过对人的关心。人事并重式是一种中间型领导方式，领导者对人和工作的关心度保持中间状态，通过协调和综合各种活动，既能促进工作，也会鼓舞士气，使成员和谐相处，发扬集体精神。

（三）强制式、说服式、激励式、示范式

行政领导方式按照行政领导者作用于下属的行为方式不同，可以划分为强制式、说服式、激励式、示范式。现代行政组织为了能使组织协调一致、意志统一，必须建立组织成员共同认可和遵守的规章制度，行政领导者发出行政指令来约束或引导行政人员的言行，这就是强制式的领导方式。行政指令具有明显的强制色彩，直接以惩罚为外在特征；行政领导者要善于运用行政指令来规制和指挥行政人员和行政活动的参与者，以提高行政效率。说服式的领导方式是行政领导者在工作中采取启发、诱导、劝告、商量等易于领导者和下属成员与群众双向沟通的手段，使被领导者接受自己的意图。这种方式有利于贯彻行政领导者的领导方略，使各方达成共识并加强上下级协同工作的意愿，取得更高的行政绩效。激励式的领导方式是指行政领导者使用物质或精神的手段激发下属的工作积极性，从而达到决策目标的推进型领导方式，包括普通激励和特殊激励两种，普通激励是针对组织中所有成员的，特殊激励是对部分成员予以精神和物质奖励，产生榜样效应。示范式的领导方式是指行政领导者作为一个组织的象征，以精神面貌、行为方式、工作动机、价值观念等为主要内容，对组织成员产生明显的或潜移默化的影响。领导者身体力行、身先士卒，是对本组织成员投入工作的无声号召，会在组织中形成良好工作氛围，促进领导活动和行政工作的顺利展开。

三、行政领导艺术

行政领导艺术是行政领导者领导方法的个性化、艺术化，是行政领导者在工作中结合普遍经验和个人体会而形成的技能和技艺，属于行政领导方法中创造性、随机性、权变性较强的部分。从领导事务的类别上可以将行政领导艺术分为授权艺术、用人艺术、处事艺术和运时艺术。

（一）授权艺术

授权是由上级授予下级一定的权力与责任，使下级在上级领导、监督下为达成目标而拥有相应的自主权和行动指挥权。授权者享有对所授权力的监督、检查权，但对于已经授予的权力，自己不能反复使用。适度放权既可以减少领导者的个人重担，又可以发挥下属成员的积极性，促使他们以责任人的身份去全权与全责地处理问题，从而提高行政绩效。

（二）用人艺术

用人艺术主要讲究知人善用，人尽其才，这是最大限度利用人力资源的必然要求。所谓“知人”，就是全面地了解下属的长处和短处，及时发现和识别人才，做到用其所长，避其所短；“知人”是为了“善任”，即做到人尽其才，才尽其用，充分发挥各类人才的作用。

（三）处事艺术

行政领导者在处理纷繁复杂的行政事务时，要做到原则性与灵活性的统一。行政领导者要干好自身领导工作、专心本业、忠于职守，树立正确的权力观，遵守各项规章制度；在客观环境发生变化时，适时更新思维方式、改变行为习惯，掌握敢于和善于打破平衡的处事技巧。

（四）运时艺术

运时艺术，既包括领导者对自己本职工作处理的时间安排，也包括他对本组织内各类事务处理的时间安排。运时艺术的主要内容包括：（1）科学安排时间；（2）合理安排工作程序；（3）提高时间利用效率。运时艺术的原则是自觉形成时间意识，合理安排时间消耗比例，善于把握提高效率的黄金时间段，能够利用各种有利因素，提高时间使用效率。

本章学习要点

行政领导是伴随行政管理活动始终，并对行政管理活动的成败起举足轻重作用的职能活动。行政领导行为必须在同时存在领导者、被领导者及行政目标的情况下才能出现。任何行政领导者都是一定的职位、职权、职责的统一体。行政领导体制由领导机构设置和领导权限配置两个基本要素构成。这两个要素具体包括行政领导组织结构、领导的层次与跨度、行政领导权限和责任划分、行政领导管理制度四个方面的内容。根据这些内容的不同可以把行政领导体制划分为不同的类型。中国的行政领导体制中，民主集中制是根本性地制约行政活动的制度安排；集体领导和个人分工负责制是各类行政组织普遍实行的第二个层次的领导制度。领导素质是重要的领导力。领导集体就是我们通常所谓的“领导班子”。行政领导集体素质结构直接关系领导权威和领导力的发挥。合理的行政领导集体应该是互相取长补短、互相促进的，要注意领导群体的品德结构、年龄结构、知识结构、能力结构、气质结构等。

行政领导的方式方法是行政领导者在实施行政管理活动中，为实现行政领导目标而采取的方式、手段、办法、程序等的总和。行政领导艺术属于行政领导方法中创造性、随机性、权变性较强的部分。

本章思考题

1. 行政领导的含义、特点与作用分别是什么？
2. 如何理解行政领导的职位、职权、职责之间的关系？
3. 如何理解中国的行政领导体制？
4. 行政领导者个体的素质包括哪些方面？
5. 行政领导集体的素质结构有哪些内容？
6. 行政领导方式主要有哪些？
7. 行政领导艺术主要有哪些？

第六章

公共财政

本章学习目的

财政是国家治理的基础和重要支柱，关系着资源配置、社会公平，也支撑和约束着公共权力，是完善国家治理结构的中枢。公共财政是分析社会的最佳出发点，对财政问题展开分析，是认识社会的最有效的方法。“十四五”规划提出要加快建立现代财政制度和完善现代税收制度。财政政策是政府进行宏观经济治理的重要手段，公共财政还关系着政府提供公共物品和公共服务的效能，对公共财政的探究构成了行政管理学的重要内容。本章的学习目标在于掌握公共财政的内涵和职责；了解公共财政是如何履行自身职能的；熟悉公共财政的基本内容，即公共预算、公共财政支出、公共财政收入以及公共财政体制，特别是中国财政体制改革。

第一节　公共财政概述

财政是伴随着国家的产生而出现的，为国家各项职能的实现提供财力支持，深刻影响着一国的兴衰荣辱。新时代，党的十八届三中全会明确提出“财政是国家治理的基础和重要支柱”的新论断，将财政的定位从单一的经济范畴上升到国家治理范畴。公共财政以各种方式深度嵌入、全面参与国家治理的全过程和各领域，成为经济学、政治学、行政管理学研究的交叉领域，扮演着兼具政治和经济双重属性的特殊重要角色。

一、公共财政的含义

（一）公共财政的概念

财政（public finance）以国家为主体，对全体国民的收入进行分配，充当着政府提供公共产品或公共服务的经济基础。财政伴随着国家的产生而出现。在中国古代，财政被称为“国用”“国计”“度支”等，刻画了政府收入和支出等行为。1903 年清政府设立的财政处成为中国官方使用“财政”名称的开端。在英语语境中，“finance”的词源为拉丁文“*finis*”，原义指结算支付款项，“finance”兼有“财务”“金融”“资金”等其他含义，为了将以政府为主体的“财政”与“finance”的其他词义区分开来，使用了“public finance”，与之相对应的是代表家庭和个体财务金融状况的“private finance”和代表公司金融的“corporate finance”。因此，“public finance”既可译为“财政”，也可译为“公共财政”。“公共财政”体现着“取之于民，用之于民”的财政思想，关注政府为社会提供的公共产品和公共服务。随着现代市场经济的发展，“财政”与“公共财政”的概念逐渐融合统一，在大多数场合下并不对二者进行明显区分。

对于何为财政，学者们观点各不相同。综合各种观点，我们这样定义公共财政：公共财政是指国家（政府）集中一部分社会资源，用于为市场提供公共物品和公共服务，满足社会公共需要的分配活动或经济行为。这个定义的要点是：（1）公共财政的分配主体是政府。财政是以政府为主体进行的分配活动，同时，作为对国家权力的行使，政府的财政收支决策、执行、监督等管理行为，具有强制性。（2）公共财政的重要目的是弥补市场失灵、提供公共产品和满足公共服务需求。公共财政的活动范围与市场经济相适应，具有补偿性。（3）公共财政主要是通过税收、公债、公共收费等渠道取得国民收入，其支出主要是各项公共需求，如国防、教育、医疗卫生、基础设施建设等，因此具有明显的公共性。

（二）公共财政的基本特征

公共财政是与市场经济特点和发展要求相适应的一种财政类型，主要具有公共性、公平性、公益性和法治性等特征。

1. 公共性

公共性是指公共财政以满足社会公共需求为职责范围。凡不属于或不适合纳入社会公共需求领域的事项，公共财政原则上不介入。在市场经济环境中，市场在资源配置中发挥决定性的作用，对于市场无法解决或者解决不好的公共问题，便需要公共财政的介入。同时，公共财政不仅要考虑经济效益，还要考虑其对整个国家发展的影响。

2. 公平性

公平性是指政府实行的财政政策对社会成员和市场主体应该一视同仁。不论性别、民族、职业、出身、信仰、文化程度，也不论其经济性质如何，只要合法经营、依法纳税，政府在财政政策上都不能设置歧视性的条款，要维护法律和制度的公平性。

3. 公益性

公益性是指公共财政要以满足社会需求和社会公共利益为目标，不能单纯追逐经济利益。公共财政若转变为以利润为目标，则可能凭借其在社会运行中的特殊地位和权力凌驾于市场经济主体之上，在具体的经济活动中破坏公平竞争，干扰经济的正常运行。取之于民的财政资金也会因用于谋利项目而使得公共需求领域投入不足。

4. 法治性

法治性是指政府的财政活动和行为必须置于法律的框架内进行。公共财政活动，如税收征收、财政支出等，必须在法律规定的范围和标准之下，按照既定程序执行。同时，也只有通过法律程序才能够确保政府的财政活动和行为符合公众的根本利益，彰显财政的公共性。

二、公共财政的职能

公共财政在国民经济中占有重要地位，它在资源配置、收入分配、调控经济和监督管理等方面发挥着不可替代的作用。

（一）资源配置职能

在市场经济中，市场这只“无形的手”在资源配置过程中发挥着决定性作用，但是市场偏重于追求自身利益最大化的特性，会导致市场失灵现象发生，此时，便需要政府作为“有形的手”介入经济活动，调控经济资源向更优的配置模式靠近，公共财政是重要的调控手段之一。公共财政的资源配置职能，是指政府将一部分社会资源通过财政收入的形式集中起来，实现资源在政府和私人部门之间的合理配置，然后经由财政支出的方式向社会大众提供公共物品和公共服务，对外部性进行纠正，并引导资源流向，弥补市场的缺陷，从而达到提高全社会资源配置效率的目的。

（二）收入分配职能

公共财政的收入分配职能，是指政府通过财政收入和支出活动对社会成员的收入在社会总财富中所占份额进行调整，以达到提高社会公平程度的目的。在初次分配过程中，个人依据其拥有资本的多寡和劳动效率的高低获取收入，但是由于社会成员所能提供的生产要素、所拥有的资源禀赋不同以及非竞争因素的干扰，社会成员收入会出现较大差距，产生贫富差距问题。这就需要政府对市场初次分配结果进行再分配调节，主要通过税收、转移性支出等手段，履行好再分配职能，优化收入分配结构。

（三）调控经济职能

公共财政调控经济的职能是指通过实施特定的财政政策，实现提升就业水平、稳定社会物价和促进经济增长的目标。由于市场自身的弱点，社会总需求和总供给的不平衡总是不可避免的。根据宏观经济运行的不同状况，政府相机采取相应的财政政策措施，进行逆经济风向调节，能够促进社会总供需的平衡，发挥“自动稳定器”的作用。当社会总需求小于总供给时，适宜采用扩张性的财政政策，实行减税举措并增加财政支出，刺激社会总需求的增长，降低出现经济衰退的风险；反之，便要采用紧缩性的财政政策，减少财政支出和提高税收水平，抑制社会总需求、降低通货膨胀。在社会总需求和总供给基本平衡，但是结构性矛盾比较突出的时候，政府应实行趋于中性的财政政策，更好发挥财政政策对经济结构优化升级的支持作用，提高资源配置效率。

（四）监督管理职能

公共财政的监督管理职能是指政府采用财政政策的手段规范市场经济秩序，提高财政资金的使用效益，促进市场经济健康发展。监督管理职能贯穿于资源配置、收入分配和调控经济的各项职能之中。在市场经济条件下，利益主体的多元化、经济决策的分散性、市场竞争的自发性和排他性催生了对公共财政监督管理职能的需求。公共财政又是国家所掌握的重要治理手段，是国家管理经济、实行经济监督的主要方面。在社会主义市场经济条件下，国家要想对社会生产、分配和消费需要实行合理的干预与监督，就需要发挥公共财政的监督管理职能，以保持正常的财政经济秩序，建立稳定的政治经济环境。

三、西方国家公共财政的产生与发展

公共财政的产生与发展是与市场经济的发展相伴而生的，它的发展历程大致可以划分为以下几个阶段：

（一）自由市场经济时期的公共财政理论

在自由市场经济时期，各国政府秉承自由放任的经济政策，充当着“守夜人”（night watchman）的角色，不主张国家对经济进行干预，要求政府保障个人自由最大化、防范侵犯自由的行为即可。1776 年，亚当·斯密发表了《国富论》，书中以劳动价值论为基础，从支出、收入和公债三个方面展开讨论，认为政府财政支出具有非生产性，应当尽量节省以建立“廉价政府”，开启了财政学研究的开端。19 世纪 80 年代，奥地利学者萨克斯和意大利学者潘塔莱奥尼基于边际效用价值理论研究了公共财政问题，成为西方公共财政理论的一场根本性革命。他们指出公共服务也是有价值的公共产品（public goods），政府提供公共产品也是创造价值的过程，公共产品的供给可以与纳税人建立起等价交换关系。按照萨克斯和潘塔莱奥尼的观点，私人经济的效率原则同样可以适用于公共经济，公共产品的供给是社会经济不可或缺的有机组成部分，可以有效弥补市场运行的缺陷。

（二）垄断市场经济时期的公共财政

20 世纪初，资本主义发展到垄断阶段，市场失灵所引发的社会经济问题日益严重，催生了对政府干预经济的客观需求。尤其是在 20 世纪 30 年代经济大萧条爆发之后，自由放任的古典经济理论宣告破产，建立在有效需求理论之上、以国家干预主义为主要主张的凯恩斯主义（Keynesianism）成为经济学的主流。在凯恩斯主义的指导下，西方国家进行了以罗斯福新政为代表的经济改革，政府对经济进行大规模的干预，并对收入和财富进行再分配，公共财政的作用范围急剧扩张。这一时期，政府对经济的干预和调节并不是要取代市场的地位，而是在弥补市场缺陷的基础上，更加有效地发挥市场的功能和作用。

到了 20 世纪 60 年代，随着宏观经济学和福利经济学的发展与成熟，财政学经历了从公共财政学到公共经济学的转变历程，研究范围进一步得到拓展。公共经济学虽然依然将公共财政作为研究核心，但其研究话题不再局限于财政本身，而是更加注重研究财政收支对社会经济运行的影响，关注公平和效率问题，在研究方法上则全面采用现代经济分析方法，是对公共财政学的继承和发展。

（三）经济"滞胀"时期的公共财政

20 世纪 70 年代以后，西方国家经济出现了严重的"滞胀"现象，即经济停滞与通货膨胀并行。经济学家认为政府干预本身也存在着一定的缺陷，存在着政府失灵问题，反对政府对经济系统的大规模干预。以布坎南为代表的公共选择学派在完善公共产品偏好显示及最佳供给理论的同时，对政府干预失灵的原因进行了研究。他们认为从公共财政职能的宏观效应上看，凯恩斯主义造成了政府规模的迅速扩张，加之官僚政治倾向，使得税收和财政支出的过度增长难以得到有效控制。政府运行效率低下、对公共产品分配权的垄断导致了财政资源的浪费，也进一步加重了财政负担。但是，公共选择学派并不完全否定政府干预，他们认为政府需要提高干预经济的水平和成效，促进政府干预和市场调节的协调配合。在对公共财政理论进行探索和完善后，目前逐步形成了以弥补市场失灵和满足社会公共需要为基础的现代公共财政理论体系。

从总体发展趋势来看，市场经济国家的经济政策普遍由传统的自由放任转向现代政府干预，并不断提高政府对经济的治理和调控能力，公共财政职能的内涵不断丰富，其在国民经济中的地位也日益重要。

第二节　公共预算

一、公共预算的含义

公共预算是指由政府编制，经过法定程序批准审核，具有法律效力的政府年度财政收支计划。从形式上看，公共预算按照一定的标准将公共财政收入和公共财政支出分门别类地列入特定的表格，并通过收支对照表的形式表现出来。公共预算本质上是对经济资源的分配活动，是政府调节社会经济生活的主要财政手段与机制。公共预算的编制主体只能是作为政权组织和社会经济管理者的政府，而且它必须由政府提交到立法机关批准后方能生效与执行，成为国家的重要法律性文件。

公共预算担负着为政府筹集资金、理财和配置财务资源的重要功能，反映了政府财力的来源、规模和使用方向，决定了政府活动的范围和方向，其作用主要体现在筹措预算资金、合理配置资源、控制和监督预算资源的使用、保证经济稳定增长等方面。

二、公共预算的编制原则

公共预算的编制原则是指国家选择预算形式和体系应当遵循的指导思想，主要包括合法性、完整性、统一性、准确性、年度性、公开性等基本原则。

1. 合法性

公共预算的编制与调整必须遵循相关法律法规，要严格按照既定法律程序，经过立法机关的审查和批准之后，成为法律性文件，具有法律效力。

2. 完整性

公共预算要全面综合反映政府活动的内容和方向，因此所有的公共财政收入和支出都必须纳入公共预算，不允许有预算外的其他财政收支项目，同时预算信息要完整，收支、资产负债、绩效、风险等信息应当被纳入预算文件。

3. 统一性

各级政府应当按照统一科目、统一口径、统一程序进行测算和全额编制，编制统一的公共预算，一般只能编制一个统一的公共预算，不能以其他形式另外编制预算。

4. 准确性

公共预算内容繁多复杂，每一个收支项目的指标都必须运用科学的分析方法，依据确定、充足的信息进行预测和编制，不能假定、估算，更不能随意编造。

5. 年度性

公共预算的编制、执行以及决算是周期性进行的。政府编制公共预算时，需要对公共预算进行时间上的界定，即预算年度。预算年度通常为一年，分为历年制和跨年制，历年制指一个完整的公历年度，跨年制则是指一个预算年度跨越两个公历年度。

6. 公开性

公开透明是公共财政的内在要求，公共预算的制定、执行以及决算的全过程应当向社会公众全面公开。一般情况下，政府向立法机关提交公共预算报告并接受审查批准，审议通过后再经由新闻媒体向社会公众发布，接受社会公众的监督。

三、公共预算的模式

随着社会经济生活的多样化和公共财政活动的复杂化，公共预算逐步演变成具有多种预算形式和方法的复杂体系。目前，对公共预算的分类主要有以下几种：

（一）总预算、部门预算和单位预算

按照收支管理范围，公共预算可以分为总预算、部门预算和单位预算。总预算是各级政府的基本财政计划，由政府的本级预算和下级政府总预算组成。预算法规定我国实行“一级政府一级预算”，共设立五级预算。部门预算反映政府各部门所有收入和支出情况，其总和构成政府本级预算。单位预算是部门预算的基本组成部分，是各级政府的直属机关对其本身和所属行政事业单位的年度经费收支所编制的预算。

（二）单式预算和复式预算

按照编制形式，公共预算可以分为单式预算和复式预算。单式预算是将年度内政府所有的财政收支编入一个统一的总预算内，不对各类收支的经济性质进行区分。它能从整体上反映公共财政收支的全貌，但是不利于分析收支项目间的内在关系。复式预算是在单式预算的基础上演变而来的，按照收入来源和支出性质的不同，将预算年度内的全部收支分别编成两个及以上的预算形式，可以区分不同收支的经济性质和用途，做到合

理有序安排资金使用，有利于经济分析和宏观管理。

（三）基数预算和零基预算

按照编制方法，公共预算可以分为基数预算和零基预算。基数预算，即增量预算，是在前一预算年度的收支水平基础上确定一个增减变化比例，综合考虑本预算年度内公共财政收支可能发生的变化，从而实现对有关收支指标的测算工作。基数预算编制方法简单便捷，但前提是以前年度财政收支具有合理性，否则便会放大历史上的不合理。零基预算则强调一切从计划的起点开始，不受前期预算执行情况的影响，根据目标预算年度的实际情况，从零开始重新审核，进行新年度预算的编制工作，以提高资金的利用效率。目前，我国实行的便是零基预算。

（四）绩效预算和项目预算

按照投入项目能否直接反映其经济效果，公共预算可以分为项目预算和绩效预算。项目预算仅反映项目的用途和支出金额，并不考虑其经济效果。绩效预算则以项目的绩效为目的，根据成本-效益分析确定支出项目的必要性及金额大小。具体而言，绩效预算要求有关部门先制定事业计划和工程计划，再依据政府职责和施政计划选定实施方案，并确定实施方案所需支出费用的预算编制。

根据预算法，从预算所涵盖的内容看，我国的预算体系由一般公共预算、政府性基金预算、国有资本经营预算、社会保险基金预算等组成，也被称为预算“四本账”。

第三节 公共财政支出

一、公共财政支出的含义

公共财政支出是指以国家为主体，以财政的事权为依据所进行的一种财政资金分配活动，集中反映了国家的职能活动范围及其所造成的耗费。

从国家治理角度来看，公共财政支出是各级政府对社会提供公共产品和公共服务以及开展治理活动的资金保证，体现了国家政策和政府活动的范围，直接关系政府能否充分、有效地履行职能。从宏观经济角度来看，公共财政支出构成了社会总需求的一部分，是政府进行宏观经济调控的重要手段，能够影响社会供需关系的平衡、就业和生产水平、物价情况以及国民经济的增长状况。从国民经济的发展来看，公共财政支出对产业部门可以起到支持和促进发展的作用，通过扩大再生产激发乘数效应，合理的公共支出是国民经济协调发展的调节器。

二、公共财政支出的内容

按照不同的标准，公共财政支出可以分为不同的类别，一般可以按照支出用途、政府职能进行划分。本书主要按照经济性质，将公共财政支出分为购买性支出和转移性支出，体现了政府将财政资金花费出去的方式。一般来说，购买性支出在公共支出结构中所占的比重越大，政府履行资源配置的功能就随之增强，公共财政活动对生产和就业的直接影响就越大；转移性支出所占的比重越大，政府履行收入再分配的功能就越强。

（一）购买性支出

购买性支出是指政府遵循有偿原则，在市场上向企业或个人购买商品和劳务的支出，体现了政府的市场性再分配活动。购买性支出与市场经济中企业或个人的购买支出没有实质上的区别，都是遵循等价交换规律，用公共财政资金购得商品和服务，构成社会总需求的一部分。购买性支出包括消费性支出和投资性支出，如行政管理支出、国防支出、科教文卫支出、基础设施投资支出和“三农”支出等。

（二）转移性支出

转移性支出是指政府进行的非市场性再分配活动，表现为将经济资源单方面、无偿地转移给受益者的支出活动。转移性支出形成的资金流并不直接在市场上形成购买产品和劳务的活动。通过转移性支出，政府增加了受益者的货币收入，在个体和企业间进行收入的再分配。转移性支出成为政府实施社会公平和共同富裕政策的重要手段，其中的社会保障支出、财政补贴支出构成了转移性支出的主要部分。“十四五”规划指出要优化财政支出结构，优先保障基本公共服务补短板，加大公共财政支出用于民生保障力度。

三、公共财政支出的规模与绩效分析

公共财政支出的规模大小和效益高低不仅直接影响着政府职能的履行情况和国家治理活动的实施开展，而且还制约着社会资源的配置效率，关系能否实现高质量的经济增长。

（一）公共财政支出的规模

公共财政支出规模是指在一定时期内，一国安排和使用的财政资金总量的货币表现，是国家实际可运用的财政资源的数量状态，反映了政府对国民生产总值的占有规模和程度。公共财政支出规模的度量分为绝对指标和相对指标。绝对指标是指以本国货币单位表示的、预算年度内的公共财政支出实际数额，可以直观地反映可供政府支配的社会资源总量；相对指标是指公共财政支出占同期国内生产总值或国民收入的比重，反映了政府可以直接支配使用的社会财富的份额，回避了通货膨胀因素的影响。为了便于对公共财政支出规模进行国际比较和动态分析、研究与其他经济指标的内在联系，国际上通常采用相对指标对公共支出财政规模进行度量，反映政府活动在整个国民经济中的相对重要性。公共财政支出规模程度主要受到政府活动范围、经济发展阶段等因素的影响。

（二）公共财政支出的绩效分析

公共财政支出绩效是指政府为满足社会公共需要开展各项活动产生的成本与所取得

的效率、效益和效果之间的比较关系。财政资源的有限性要求政府必须重视财政资金的利用效率，这是建设现代财政制度的内在要求。公共财政支出绩效除了要遵循成本收益原则外，还要注重长期、间接和无形的成本与收入，追求整个社会效益的最大化。由于社会效益的不可衡量性，目前对公共财政支出绩效的评价方法不尽相同，常用的方法包括成本-效益分析法、最低成本法、因素分析法、比较法、公众评判法等。

第四节　公共财政收入

组织公共财政收入是公共财政活动的第一阶段。通过组织公共财政收入，可以实现对经济结构和社会分配格局的调整，为提供公共产品和公共服务提供必要的物质基础。同时，筹集财政资金的渠道和规模也会影响到国家职能的实现、人民生活水平的提高、社会的有效运转，因此对公共财政收入的研究具有重要意义。

一、公共财政收入的含义

公共财政收入是政府为了履行公共职能、满足公共财政支出的需要，依据一定的权力原则，通过国家财政筹集的一定数量的货币资金或实物资财收入。公共财政收入是国家财政活动的核心内容，体现了国民收入在国家、企业和居民之间的再分配过程，是财政参与社会分配的基础环节。公共财政收入的充裕程度直接关系一国政府是否能够很好地履行职能和宏观调控能力的强弱。

政府取得财政收入的目的是履行公共职能，具有公共性。公共财政收入的规模、构成和取得方式对社会经济主体的行为选择、商品的供需结构、经济活动总量以及社会利益分配关系具有重要的影响，因此政府在组织公共财政收入时应当有稳定的政策取向，以协调各方利益关系、促进资源的合理配置。

公共财政收入对于国民经济的稳定运行和社会发展具有重要的作用：第一，通过筹集资金，保证了国家各项职能的正常运转，是衡量国家经济实力的重要标志；第二，是国家实行宏观调控、参与资源配置的重要手段，公共财政收入既可以通过对收入的调节来发挥总量调控的作用，也可以通过对不同经济主体所担负的财政负担大小进行调节来实现促进经济增长的目标；第三，公共财政收入可以发挥调整国民收入分配格局、缩小贫富差距的作用，有利于实现社会公平和共同富裕。

二、公共财政收入的形式

公共财政收入形式是指政府通过何种方式或者渠道来取得收入。目前，我国公共财政收入形式表现为一定量的货币资金，主要包括税收、公共收费和公债收入。

（一）税收

税收是国家为实现其职能，以国家的政治权力为基础，依照法律预先规定的标准，强制、无偿地从经济组织和居民取得的公共财政收入，是公共财政收入最主要的组成部分。国家征税的目的在筹集资金，补偿在提供公共物品中耗费的人力、物力，同时利用税收影响国民经济活动，引导资源流动方向，优化社会收入分配格局。

税收具有强制性、无偿性和固定性的特征。强制性是指国家凭借政治权力，以法律的形式规定国家作为征税主体和社会成员作为纳税人之间的权利与义务关系。无偿性是指国家和纳税人的权利和义务关系不对等，不需要向纳税人进行任何直接的返还。固定性是指国家通过法律形式，按照事前确定的标准征税，不得随意变更。

税收的三大要素包括纳税人、课税对象和税率。纳税人是法律规定的直接负有纳税义务的单位和个人，与最终负担税款的负税人不是同一个概念；课税对象又被称为征税对象，是征税的客体，规定了每种税的征税界限，是区别各种税的主要标志；税率是应纳税额与征税对象数额之间的法定比例，反映了税收负担的尺度，分为比例税率、累进税率和定额税率。

（二）公共收费

公共收费是政府通过提供某些公共服务或者为了规制某些经济行为而向相关行为人收取的费用，是各国主要的非税收入之一。公共收费主要分为使用者付费（user charges）和规费（fees）两种。使用者付费是政府对特定服务或者特许权收取的费用，如城市污水处理费、国家公园门票费等。规费是指公共部门在履行社会经济管理职能过程中，提供某些服务而收取的补偿费用。规费包括行政规费和司法规费，前者是行政机关收取的费用，如执照费、护照费、商品登记费等；后者是指司法机关收取的费用，如诉讼费、执行费等。

合理的公共收费不仅有助于补偿政府为提供公共产品和公共服务所耗费的成本，而且有利于减少“搭便车”行为，消除部分负外部性，提高公共资源的利用效率。超出范围和标准的公共收费则会造成沉重的社会负担和寻租行为，不利于社会稳定和经济有序运行。因此，需要明确界定政府的公共收费行为，强化预算管理和监督检查机制。

（三）公债收入

公债是国家凭借国家信用，以债务人身份在国内外发行债券或借款所产生的债务。国家借款是最原始的举债形式，而在应债主体很多的情况下，主要采用债券的形式。债券具有明确的利率、期限和偿还方式，属于有价证券，市场流通性好，成为目前公债的主要发行方式。按照发行主体，中央政府发行的公债，称为“国债”，构成中央政府债务；地方政府发行的公债，称为“地方债”，又可以进一步分为一般债务和专项债务，构成地方政府债务。除此之外，公债还可以按照发行地域，分为国内公债与国外公债；按照偿还期限，分为短期公债（1年以内）、中期公债（1～10年）和长期公债（10年以上）；按照是否允许上市流通，分为可转让公债和不可转让公债。

公债的作用主要体现在以下三个方面：第一，增强政府宏观调控能力，中央政府通过公债的发行与回购可以直接调节货币流通总量、影响利率，进而实现宏观调控；第二，平衡财政收支，弥补财政赤字，调节季节性资金短缺，有利于实现财政的长期平衡和短期平衡；第三，为特定公共投资项目筹集资金，改善社会基础设施以及建设重点行业。

三、公共财政收入的规模与影响因素

公共财政收入反映了可供国家支配的经济资源，对其规模的研究是公共财政科学化、精细化管理的必然要求，对于完善收入分配政策，推进国民收入分配改革也具有重要意义。

（一）公共财政收入的规模

公共财政收入规模是指一定时期内国家通过税收、公共收费和公债收入等形式所获得的财政资金的总水平，反映了国家财力的大小和政府在国民收入分配中所占的份额。公共财政收入规模的衡量分为绝对指标和相对指标，绝对指标是指以货币单位表示的一定时期内公共财政收入的实际数量，反映了在一定时期内国家财政收入的数量、构成、形式和来源，体现了政府运用各种收入手段宏观调控经济运行、参与收入分配和进行资源配置的范围和力度；相对指标是指公共财政收入占同时期国内生产总值的比例，又被称为财政集中率，综合体现了政府与微观经济主体之间占有和支配社会资源的关系。

（二）公共财政收入的影响因素

公共财政收入并不是由政府的意志单独决定的，不具备无限制的增长空间，往往会受到政治、经济、社会、历史传统等多重条件的约束，其影响因素主要包括以下几个方面：

1. 经济发展水平

“未有经济不发展而可以使财政充裕的。”经济发展水平反映了一个国家社会产品的丰裕程度和经济效率的高低，是影响公共财政收入的决定性因素。经济发展水平的提高意味着社会产品的丰裕和全社会价值财富的增加，使得可供财政支配的部分也随之增加。在经济发展中，技术进步会导致生产速度加快、物质消耗降低和经济效率提高，带来更高的经济发展水平，为公共财政收入的增长提供了保障。生产技术水平内含于经济发展水平之中，也成为公共财政收入规模的重要影响因素。高质量发展将成为财政收入稳定增长的重要前提。

2. 分配政策和分配制度

经济发展水平决定了“蛋糕”的大小，如何“分蛋糕”则取决于分配政策和分配制度。国民收入分配制度影响着政府、企业和个人在国民收入分配中份额的变化，决定了剩余产品价值占整个社会产品价值的比例，进而决定了财政分配对象的大小；再分配政策（如个人所得税优惠、提高社会保障水平等）决定了财政集中资金的比例，直接影响公共财政收入占社会产品价值的比重。近年来，我国提出要让改革发展成果惠及全体人民，意味着要不断优化分配政策和分配制度。

3. 价格水平变动

从静态角度来讲，公共财政收入是一定量的货币收入，按照一定时点的现价计算，因此必然受到价格水平变动的影响。若价格水平上升，则公共财政名义收入就会增加，但是公共财政实际收入增加与否取决于价格水平增长率与公共财政名义收入增长率之间的大小关系。前者大于后者，则公共财政实际收入减少，甚至出现负增长。前者小于后者，则公共财政实际收入增加。但是，若物价上涨是由于中央银行超发货币引起的，则国家实质上是对企业和个人征收了一笔税收，称为“通货膨胀税”。

4. 税收政策和征管力度

前面的各项因素决定了公共财政收入的潜在规模，税收政策和征管力度影响着现实的收入规模。税收收入在整个公共财政收入中占据主体地位，对财政收入规模起着决定性的作用，纳税人、课税对象和税率是影响税收收入的主要因素。前两者共同塑造了税基，扩大税基和提高税率会带来税收的增加，但是过高的税率不利于保护税源，最终会带来税收收入的下降。税率和税收收入之间的倒“U”形关系被称为拉弗曲线。除此之外，税收征管力度还关系能否实现税收收入应收尽收、减少税收收入的流失。

除上述因素之外，一个国家的经济管理体制、产业结构、宏观经济政策、经济景气周期、国际经济环境等都是影响公共财政收入规模变动的原因。

第五节　公共财政体制

公共财政体制是社会经济体制的重要组成部分，在治国安邦中始终发挥着基础性、制度性、保障性的作用，体现并承载着政府与市场、政府与社会、中央与地方等方面的关系，在国家纵向治理结构中处于基础位置，深刻影响着经济、政治、社会、文化等领域。在不同历史时期，财政体制会随着政府职能及其履行方式的变化而进行调整，财政体制改革也成为我国改革开放事业的突破口和核心，支持了其他领域的体制改革，发挥了以制度创新助推经济发展的积极作用，为推进社会主义现代化建设做出了突出的贡献。

一、公共财政体制概述

公共财政体制是指国家管理公共财政的分配活动及其相互关系的基本制度，包括政府间收入划分、支出责任划分和财政转移支付等内容。财政体制刻画了能力、事权、财权、财力等要素在中央和地方之间的制度安排和响应机制，构成了央地关系的基础，也被称为央地财政关系，其核心是权责划分、财政资金分配及管理上分散和集中的问题。一般情况下，财政权力、资源的分散或者集中程度是由众多因素决定的，包括政府间事权或职责范围的划分以及国家的经济管理和经济运行模式。在不同因素的作用下，公共财政体制的类型可以分为集权型财政体制和分权型财政体制。

（一）集权型财政体制

财政集权是指财政权力高度集中于中央，地方政府仅具有少部分的财政权力，地方政府财政对中央政府有较强的依赖性。集权型财政体制的合理性表现在以下几个方面：第一，中央政府可以有效地合理配置全国性和准全国性的公共物品，解决公共物品供给的外部性问题；第二，中央政府拥有高度的经济调控能力，有利于宏观经济的稳定；第三，由中央统一对流动性较大的税收进行征管，有利于提高税收征收的效率和公平。

但是，集权型财政体制的缺点也不容忽视：第一，与集权相伴随的是来自社会各方面的财政压力，中央政府将成为各种矛盾冲突的中心；第二，中央不可能全面掌握地方居民偏好的全部信息，可能导致决策过程的非理性化，难以满足不同区域的多样化需求，从而滋生官僚主义；第三，对中央政府的依赖性会导致地方政府缺乏提供公共物品的积极性，还会产生扩大政府规模以获得更多预算的冲动。

（二）分权型财政体制

财政分权是指中央政府给予地方政府一定的税收权和支出责任范围，允许地方政府自主决定其预算支出规模和结构，其核心是地方政府具有一定程度的财政自主权。与集权型财政体制相比，分权型财政体制下的地方政府首先能够较为直接和低成本地获取当地居民的意愿和需求，可以更好地满足地方居民的偏好；其次，有利于促进地方政府间的竞争，激发地方的创新精神和改革积极性，从而提高地方社会经济发展水平和地方政府的工作效率；最后，地方居民也可以更好地监督地方政府，加强地方政府的责任感，有利于地方政府更好履行职能。

分权型财政体制也具有局限性，首先主要表现在各地方的财政能力会出现不均衡的问题，不利于解决收入分配问题；其次，若设计不合理（如没有建立起强大的责任机制和财政约束框架），则会导致地方势力的兴起，形成“弱中央强地方”的局面，不利于保持国家的完整性。从实践活动来看，集权和分权不是截然对立的，在现实环境中总是彼此联系的，集权中含有分权，分权时不忘集权。中国以分税制为基础构建的现行财政体制体现了财政分权的思想，是具有中国特色的财政分权实践。随着国家治理现代化的推进，财政体制改革需要进一步规范化、法治化和现代化，对理论创新和实践创新提出了更高要求。

（三）公共财政收支划分的原则

为了优化财政资源配置、充分履行各级财政职能、理顺政府间关系、激发中央政府和地方政府的积极性，公共财政收入和支出在中央政府和地方政府间的划分要遵循一定的原则，以优化政府间事权和财权划分为导向，建立权责清晰、财力协调、区域均衡的央地财政关系，形成稳定的各级政府事权、支出责任和财力相适应的制度。

1. 公共财政收入划分的原则

中央政府与地方各级政府均有各自的事权和职责范围，而各级政府要充分履行其职能，就需要确保能够拥有与履行事权相对应的财政资源，即通常所说的财权。因此，各级政府需要在事权划分的基础上进行财权的划分。在划分中央政府与地方政府间公共财政收入时，需要遵循以下原则：（1）效率原则。以征税效率作为划分标准，将具有明显的受益性税种、区域性税种以及税源分散的税种交由地方政府征管。（2）适应原则。以税基的广狭作为划分标准，增值税、消费税等税基宽广的税种，划归中央政府征收，房产税等税基狭窄的税种由地方政府征收。（3）恰当原则。以税负分配公平作为划分标准，对于纳税人税负影响重大的税种以及占税负总额比重较大的税种都归中央政府征收。（4）经济利益原则。以增进经济利益作为划分标准，税收划归中央或者地方应当有利于经济的运行和发展。

2. 公共财政支出划分的原则

与公共财政收入的划分一样，公共财政支出的划分对于各级政府职能的实现具有同等重要的意义。公共财政支出的划分能在多大程度上满足各级政府履行职能的需要、与事权相对应，不仅取决于各级地方政府所拥有财政资源的多少，还取决于它们在使用这些财政资源时的自主程度。划分公共财政支出需要遵循以下原则：（1）区域原则。根据公共产品的区域性特征划分公共财政支出责任，将不具备明显区域性特征的全国性公共产品的供给责任交由中央政府，而将具有典型区域性特征的地方性公共产品的供给责任交由地方政府，在此基础上明确中央政府和地方政府各自的公共财政支出范围。（2）受益原则。根据公共产品的受益范围来划分政府的公共财政支出责任，将在全国范围内受益的公共财政支出责任划归中央政府，将受益范围有典型区域特征、由地方政府承办效率更高的公共财政支出责任划归地方政府，而受益区域跨越多个辖区的公共财政支出责任则由相关地方政府协商或由中央政府出面协调，由受益区域共同承担。（3）效率原则。根据公共产品的配置效率来划分政府的公共财政支出责任，将适宜由中央提供的公共产品列为中央政府的事权，将适宜由地方提供的公共产品列为地方政府的事权。效率原则要求公共财政支出的划分必须有利于经济效率和国家治理效率的提高。

二、中国财政体制改革历程

财政体制对国家治理具有举足轻重的作用。新中国成立到现在，伴随着不同时期国家发展和经济建设的需求，我国的财政体制经历了多次调整和改革，大致可以划分为以下几个阶段：

（一）“统收统支”：新中国成立初期

新中国成立初期，国内百废待兴、财力弱薄，面临着艰巨的经济恢复和建设任务。中央政府为了在短时间内有效遏制恶性通货膨胀、平衡财政收支、稳定经济状况，需要集中和动员一切资源，便采取了高度集中的“统收统支”的财政体制。中央统一制定国家财政政策、收支项目、法令、范围、标准和办法等，地方政府的一切收入需要全部逐级上解至中央，地方所需支出则由中央逐级拨款，地方年终结余资金也需交还中央。

（二）“统一领导、分级管理”：1953—1979 年

随着国家经济建设进入正轨，财政体制也相应转变为“统一领导、分级管理”。在中

央统一领导的前提下，按照国家行政区域划分预算级次，实行分级管理，并按照中央政府和地方政府的职能分工以及企事业单位和行政单位的隶属关系确定各级预算的支出范围。中央政府核定地方收支指标，全部收入分为各级固定收入和比例分成收入；中央统一进行地区间的调剂，凡收入超过支出的则地方上缴收入，凡支出大于收入的由中央进行补助，另设立专项拨款，由中央集中支配。但是地方预算的收支支配权和管理权相对较小，并不构成独立的预算主体。该体制并不是长期相对稳定的，经历过“一年一定”和“多年一定”的调整。

（三）“分灶吃饭”：1980—1993 年

改革开放之后，我国于 1980 年在财政领域推行了“分灶吃饭”的改革，打破了“吃大锅饭”的局面，主要做法为“划分收支、分级包干”。“划分收支”就是按照各种财政收入的性质和企事业单位的隶属关系，明确划分中央预算和地方预算的收支范围，将国家预算收入划分为中央固定收入、地方固定收入、中央对地方的调剂收入、固定比例分成收入四种。“分级包干”是指依据划分的收支范围，给地方财政确定收入和支出的包干基数实行包干，包干比例或者上缴、补助的数额按照约定保持数年固定不变。“分灶吃饭”的财政体制打破了财政领域长期以来中央集权的格局，大大增加了地方的财政权限，扩大了地方财政规模，调动了地方政府发展经济的积极性。但是，“分灶吃饭”也带来了中央财力下降的负面影响，降低了中央调控全国经济的能力。

（四）“分税制”：1994—1997 年

为了理顺中央与地方的财政关系和保障中央财力，国务院决定自 1994 年开始实行“分税制”改革。分税制划分了中央政府和地方政府事权和支出责任，并且将国家全部税种在中央政府和地方政府之间划分为中央固定收入、地方固定收入和共享收入，以此确定中央财政和地方财政的收入范围，形成中央与地方的收支分配格局。分税制改革初步构建起社会主义市场经济条件下的分级财政体制，极大提高了中央政府的财力和宏观调控能力，调动了各方积极性，有力促进了我国经济的快速增长和市场主体的发展，推动了全国统一大市场的形成。

（五）“公共财政体制”：1998—2012 年

20 世纪 90 年代后期，税费改革和财政支出管理制度改革是财政体制改革的重点，财政“公共性”的本质特征日益显现。在 1998 年的全国财政工作会议上，国务院提出建立公共财政框架的思路和基本原则，党的十六届三中全会通过的《关于完善社会主义市场经济体制若干问题的决定》提出要健全公共财政体制，明确了完善公共财政体制的战略目标和实现路径。公共财政的主要着眼点在于财税体制的属性特征，以合理界定政府和市场职能为前提，大大增强了财政收支的“公共性”，财政收入由“取自家之财”走向“取众人之财”，财政支出由“办自家之事”走向“办众人之事”，财政政策由“区别对待”走向“国民待遇”。在以建设公共财政制度为导向的改革中，先后产生了“顶层设计”“配套改革”“调动中央与地方两个积极性”等改革思路，对我国后续财政体制建设、经济发展具有重大的借鉴意义。

（六）“现代财政制度”：2013年至今

2013年，党的十八届三中全会指出，财政是国家治理的基础和重要支柱，科学的财税体制是优化资源配置、维护市场统一、促进社会公平、实现国家长治久安的制度保障，并提出要加快建立现代财政制度。“十四五”规划对此进行了重申。这标志着，财政体制从经济体制的组成部分上升为国家治理体系中具有基础性和支撑性的组成部分。将财政上升到国家治理的高度，开启了建设现代财政制度的新进程。现代财政制度着眼于财税体制的时代特征，是与国家治理体系和治理能力现代化总目标相匹配而形成的概念。进入新时代以后，现代财政体制在税收制度改革方面先后完成了省级及以下国税部门和地税部门的合并，顺利实施“营改增”改革和非税收入划转税务部门征收，开征环境保护税和改革资源税，推动税收立法工作；在现代预算制度改革方面，推行了全口径预算和中期预算框架，实现全面绩效预算，加快推进预算公开；在中央、地方财政体制方面，根据“事权与支出责任相匹配”的原则，重新划分中央、地方各级政府的事权范围，在此基础上匹配财力，明确支出责任，健全地方税体系，构建了更加规范的转移支付体系。

三、中国财政体制改革趋势

由于历史因素的限制，1994年的分税制改革虽然在优化央地财政关系、加强中央宏观调控方面发挥了重要作用，但是在许多方面仍然存在着不足之处，距离建设现代财政制度还有一定差距。主要体现在：（1）政府间事权和支出责任划分不够清晰、合理、规范，财政包揽了部分可以由地方或者市场提供的事务，一些应当由中央负责的事务却交给地方承担；（2）政府间收入划分不够规范，“营改增”导致地方缺少主体税源，对土地财政依赖性增加；（3）政府间财政转移支付制度有待完善，转移支付存在着结构不够合理、一般性转移支付目标多元、专项转移支付资金分散、部分项目行政审批色彩较重等问题；（4）省以下公共财政体制有待进一步优化，省以下财权主要集中于省和市级政府，存在纵向和横向不合理的问题，造成基层财政保障能力薄弱。

“十四五”规划明确指出了建立现代财税体制的目标要求、主要任务和实现路径，提出要更好发挥现代财税体制在资源配置、财力保障和宏观调控等方面的基础性作用，更加彰显统一完整、权责对等、高效公平、公开透明等特征。为此，我们需要进一步做好以下几个方面的工作：

1. 进一步明确中央和地方的事权范围和支出责任

合理划分事权和支出责任是财政改革的重要内容。财政事权是指某一层级政府管理行政事务的权力，支出责任则是指政府为履行事权而承担的相应的责任和义务，可以分为中央事权、地方事权、中央与地方共同事权三类。改革的趋势是适当上移并强化中央财政事权和支出责任，涉及生产要素全国流动和市场统一的事务将主要归于中央，如知识产权保护、养老保险、跨区域生态环境保护等；地方事权主要集中在区域性公共产品和公共服务上，跨区域的基本公共服务则归于共同事权，减少并规范共同财政事权，并以法律形式明确划分政府间事权。同时，省级政府要承担起本区域内均衡财力、促进基本公共服务均等化的责任。

2. 进一步理顺中央和地方收入划分

建立与政府间事权和支出责任划分相适应的政府间收入分配机制是建设现代财政制度的内在要求。深化税收制度改革，健全地方税体系，按照政府职能分工和公共产品受益范围两个标准，将涉及影响全国范围的宏观经济稳定、收入分配公平的税种以及税基分布不均匀的税种划归中央政府；将主要涉及地方性事务、便于地方管理的、受经济周期影响较小的税种划归地方政府，健全地方税体系，培育壮大地方税源，后移消费税征收环节并稳步下划地方，拓展地方收入来源。同时，为进一步理顺央地财政分配关系、支持地方政府落实减税降费政策，保持增值税“五五分享”比例稳定，调整完善增值税留抵退税分担机制。在税收立法权和管理权方面，合理配置地方税收管理权，理顺税费关系，适当下放权限。秉承集权为主、分权为辅的指导思想，在中央统一立法的前提下，通过立法授权，适当扩大省级税收管理权限。

3. 建立科学合理的政府间转移支付制度

根据财政事权属性，厘清一般性转移支付、专项转移支付和共同财政事权转移支付的功能定位，提高转移支付资金分配方式和依据的科学性以及资金的科学管理水平。通过完善转移支付制度、优化转移支付结构、规范转移支付项目，健全一般性转移支付增长制度和分配方法，加大对财力薄弱地区的支持力度；合理安排共同财政事权转移支付，探索差异化的补助政策，保障基本公共服务均等化目标；从严控制专项转移支付，根据国家重大决策部署合理安排，强化对地方的引导激励和资金定向精准使用，逐步取消竞争性领域专项转移支付。除此之外，还要推动完善转移支付法律制度，建立健全转移支付分类管理机制，改进转移支付预算编制，加强转移支付分配使用和绩效管理，进一步推进省以下转移支付制度改革。

4. 深化预算管理制度改革

党的二十大报告提出要健全现代预算制度。要加强财政资源统筹，推进财政支出标准化，注重加强普惠性、基础性、兜底性民生建设，不断提高财政资源配置效率和资金使用效益，提高财政透明度，完善绩效指标体系建设，健全预算安排与绩效结果挂钩的激励约束机制，完善跨年度预算平衡机制，健全中期财政规划管理，增强国家重大战略任务财力保障。

本章学习要点

公共财政是政府为市场提供公共服务的分配活动或者经济活动，具有公共性、公平性、公益性和法治性等基本特征，其基本职能包括资源配置、收入分配、调控经济和监督管理。

公共预算是指由政府编制，经过法定程序批准审核，具有法律效力的政府年度财政收支计划。合法性、完整性、统一性、准确性、年度性和公开性是编制公共预算的基本原则。公共预算有多种分类方式，会形成不同的预算模式。

公共财政支出是指以国家为主体，以财政的事权为依据所进行的一种财政资金分配活动。按照经济性质，公共财政支出可以分为购买性支出和转移性支出。

公共财政收入是政府为了履行公共职能、满足公共财政支出的需要，依据一定的权力原则，通过国家财政筹集的一定数量的货币资金或实物资财收入。公共财政收入主要由税收、公共收费和公债收入三大部分组成。

公共财政体制的实质是财权财力的分散和集中的问题。改革开放前，我国先后实行的是“统收统支”和“统一领导、分级管理”的财政体制。改革开放后，我国财政体制先后经历了“分灶吃饭”“分税制”“公共财政体制”等阶段，当前正着眼于建设现代财政制度。

本章思考题

1. 什么是公共财政？公共财政的基本特征是什么？
2. 如何理解经济发展水平是公共财政收入规模的决定性因素？
3. 公共财政收入的形式有哪些？
4. 公共预算的作用是什么？
5. 什么是分税制？为什么要实行分税制？
6. 试论述我国公共财政体制改革趋势。

第七章
行政决策

本章学习目的

行政决策是行政管理的基本管理方式，也是行政管理的关键环节，与行政执行、行政监督共同构成行政管理的核心工作。本章要学习有关行政决策的基本理论，了解影响行政决策的主要因素，在掌握行政决策一般过程的基础上，学习和掌握各种行政决策的模型和基本方法，以及公共政策从决策到实施，再到终结的全部流程。

第一节　行政决策概述

一、行政决策的含义

（一）决策与行政决策

“决策”一词是现代管理中使用频率较高的一个概念，通俗地说，“决策”就是管理者识别问题并解决问题的过程，或者指管理者识别机会并利用机会的过程。在现代管理理论中，最早提出决策这一概念的是美国管理学家巴纳德，他在20世纪30年代就提出了决策问题，并试图论证其重要性，但是在当时并没有引起人们的广泛注意。真正使决策成为重要管理问题的是西蒙，他在《管理行为》（*Administration Behavior*，又译《行政行为》）等著作中详细论证了决策的必要性和重要性，从而开创了决策理论的管理学派。

所谓行政决策，就是指具有行政决策权的机关或个人依据国家的法律，为了国家和公众的公共利益，有效地推行行政管理，为一定的行政行为确定行政目标、制定并选择行政方案的过程。因此，行政决策不同于一般决策，它是依据公共权威和政府职能而形成的政策方案，旨在解决公共问题、提高公共效益。

（二）行政决策的特征

比较行政决策活动与一般决策活动的区别，可以发现行政决策具有以下特征：

行政决策的主体是行政机构及其行政领导。行政决策的主体必须是具有行政管理资格并掌握行政权力的个人或集体。因此，一般而言，行政决策的主体应该是政府部门及其工作人员，特别是行政领导。

行政决策的对象是行政事务。行政决策的对象是行政管理所涉及的各种事务，包括政府内部的行政事务和社会行政管理事务。

行政决策是行政权力的运用过程。无论是处理政府内部的行政事务还是解决社会行政管理事务，都离不开行政权力的行使和运用。换言之，行政权力的行使和运用贯穿于整个行政决策过程。

行政决策的目标在于追求公共利益。依据“经济人”假设，社会中的每个人的决策都是以实现自我利益最大化为准则的，社会中的私营组织则是以实现组织利益最大化作为决策准则的，但是，公共部门的行政决策不能遵循追求部门利益最大化这一决策准则。政府及其部门的行政决策不能以自利为目标，而应该以公共利益的最大化为目标。

（三）行政决策的分类

依据不同的划分标准，可以将行政决策划分为不同的类型。

根据行政决策主体人数的多少，可以将行政决策划分为个人决策和集体决策。所谓个人决策，是指由单个的决策主体做出决定；所谓集体决策，则是由两个或两个以上的决策主体通过讨论、协商、表决等形式做出决定。这两种决策方式在决策时间、速度、质量、责任性、认可程度、心理压力等方面各有利弊，比如个人决策在决策时间、速度上占有明显的优势，但是在决策的认可程度和决策主体承受的心理压力方面则存在明显的劣势。因此，在实际决策过程中，采取何种决策方式，取决于决策问题类型、信息掌握程度、决策成员的知识技能等具体条件，并且和行政组织制度密切相关。一般而言，个人决策多用于时效性较强的决策情况，而集体决策多用于和平发展时期具有宏伟战略目标的决策情况。

依据行政决策可重复的程度，可以将行政决策划分为常规型决策和非常规型决策。所谓常规型决策，是指在行动规范中重复出现、例行的决策，通常是有章可循、有法可依的，可依惯例决策；所谓非常规型决策，是指在管理中首次出现或偶然出现的非重复性问题的决策，通常是无常规可循的，必须特殊情况特殊对待。一般而言，常规型决策属于日常工作范围，所遇到的问题容易处理并已发展出一套较为固定、有效的程序和方法。非常规型决策多见于层次较高的决策活动，遇到的问题由于存在诸多不确定的因素而难以处理，要求决策主体具有较强的创新精神。一般而言，常规型决策多出现在日常性公共事务管理过程中，而非常规型决策多用于危机管理中。

依据行政决策所涉及的行政层级的不同，可以将行政决策划分为中央决策、地方决策和基层决策。中央决策是指中央政府一级国家行政机关处理国家事务或全国性事务进行的决策；地方决策是指省市等中间行政层级地方政府落实中央政策，处理所辖范围内公共事务或公共问题而做出的决策；基层决策是指乡镇一级行政机关在管辖权限和上级规定范围内所进行的决策。如果与一般管理学内容相关联，中央决策、地方决策和基层决策分别对应于组织决策、管理决策和业务决策。无论采用哪一种概念，按照行政层级划分的这三种决策类型，都是相对区分的，也就是说，随着时间、地点和条件的变化，三者的地位或名称也会发生相应的改变。

依据对决策问题的认识程度，可以将行政决策划分为确定性决策、风险性决策和不确定性决策。确定性决策是指在决策目标明确、决策条件比较确定、有可供选择的方案、决策结果可以预见并能得到控制的情况下所进行的决策。风险性决策是指在有理想决策目标和可供选择方案的情况下，决策条件中有不可控制的因素，决策结果可以预测或估算但有一定风险的决策活动。不确定性决策则是与决策相关的信息都处于不确定状态，决策的结果极具风险性。确定性决策在行政管理中应用范围很广，在日常性的公共事务管理中，多为确定性决策；风险性决策则多见于政府实施管理过程中难以预料决策结果的情形，需要决策主体慎重实施；不确定性决策在行政管理中较为少见，按照行政管理的稳定性原则来分析，一般政府也不愿冒险对不确定的事务管理做出简单决策。

二、行政决策应遵循的原则

（一）实践性原则

实践性原则是指要从现实国情出发，在历史的、社会的宏观背景下把握政策问题。国情是一个国家在特定历史时期中，政治、经济、文化、社会等方面的基本情况。对于行政决策而言，国家的自然资源和环境状况、科学技术的发展情况、经济发展水平、政治制度及其政治状况、社会状况和社会文化形态，以及国际环境的影响等几个方面的国情尤为重要。偏离实践性原则，就会导致对行政决策的模糊认识，甚至是歪曲认识，难以做出符合实际状况、解决现实问题的政策。

（二）系统性原则

系统性原则是指要以全局为着眼点，在努力解决单一领域的社会问题的同时，兼顾其他领域的社会问题，以期产生合力，实现政策的整体效益。这是从政策问题的系统性引申出来的一条原则，也是符合行政决策特征的基本原则。社会问题具有较强的系统性，不同领域和层次的社会问题是相互关联、相互影响的，以社会的整体性反映出来。作为社会问题子集的政策问题，同样具有这样的特点。

（三）公正性原则

公正性原则是指对某些在执行中可能会造成部分群体利益短时间受损的决策，必须进行利益补偿，以维持社会公正。政府制定和实施政策，实际也是一种利益再分配过程。行政决策是关系社会经济、政治发展大局的重大行为，决策主体及相关机构必须保证最大公共利益的实现，而这样则有可能会给部分人造成利益损失，为了不至于在政策的形成和实施过程中引起巨大的社会动荡，保证社会稳定发展，只有坚持社会公正及利益补偿这两个相关原则，才能有效避免因牺牲小部分人的利益保全了多数人的利益，避免出现社会矛盾和冲突。

（四）前瞻性原则

任何政策都应该有一定的稳定性，即能够在一定时间里连续施行。而政策的目标是解决社会问题，而且许多社会问题之间是有连带性的，这个问题的解决可能会引起另一个问题的出现，或发生变化。而且，国内外社会环境的变化、人们价值观念的变化等也都可能出现新的问题。决策时对各个方面的情况变化及发展趋势，都应该有预期，同时做好针对性的预案，以确保所做决策能够应对可能出现的新问题。

三、行政决策的影响因素

行政决策过程中会受到各种因素的影响，如社会意识形态、民族特点、宗教信仰、传统习俗、已有的法律和政策、信息资料收集和传输技术等，都会对行政决策产生不同方面的影响。但其中最主要的是决策者的价值取向、决策者的素质和能力、社会主要利益集团及社会舆论。

（一）决策者的价值取向

价值取向是影响行政决策第一位的重要因素。价值取向是指行为主体在价值选择和决策过程中的一定倾向性。价值取向是从价值、从定性选择的角度决定做什么和怎么做。价值取向不是行为主体心理偏好或感情冲动的选择，而是行为主体自觉地、有目的地为自己行为方向进行的选择和把握，所以它具有自觉性和能动性的特点。政策的决策者主要是政府，政府是公共权力的执掌者，不能追求自身利益的最大化，而必须把公众的利益、国家的利益放在首位。而且在不同的国际国内条件下，政府的工作重心不同，价值取向也就会不同。比如国际形势紧张以致国家领土主权完整受到威胁时，决策者必须把国家安全利益放到首位，国家全部资源配置都向保证国家安全方面倾斜；而国际形势相对缓和时，决策者就可以把经济工作放到首位，国家的全部政策都要有利于经济发展。另外，公众利益是多元的，如何发展还需要选择，比如是注重公平还是注重效率，抑或注重两者平衡等等。决策者的价值取向直接关系政策的意图和趋势，所以是第一位的问题。

（二）决策者的素质和能力

人的素质是一种为人处世的内在修养，而能力是完成任务所体现出来的综合素质。素质和能力都是在实践活动中才能表现（显示）出来的，素质和能力的不同直接影响工作或活动的效率和结果。素质和能力作为人格特征，其形成有先天因素的影响，也有后天学习训练的作用，而且它们都是多要素的集合体。比如素质按领域可以划分为政治、思想、道德、业务、技术、身体、心理等不同的方面。作为决策者除了需要具备一般的计划、组织、协调、控制能力之外，还要具备政治鉴别、依法行政、公共服务、调查研究、学习创新、应对突发事件等多方面的能力。另外，行政决策还是一门领导艺术，越是高层决策者越是需要具备更强的领导能力和丰富的实践经验，有准确分析、判断能力，有灵活的应变能力和民主的工作作风。决策者的各项素质和能力都会直接或间接地影响决策的质量。

（三）社会主要利益集团

行政决策实际上就是对社会价值和社会资源的调整和再分配。不同的利益集团有着不同的价值和利益诉求，所以无论怎样决策，总会触犯一些利益集团的利益。这时，利益受损的集团就会对决策者施加压力，施加压力的形式可能是单个集团的独立行动，也有可能是多个利益集团联合向政府施压。从另外一个角度来讲，现实中的行政决策是很难让所有的利益集团都满意的，因此，政府在进行决策的时候，有必要衡量社会当中不同利益集团对于当前决策的支持程度。显然，能获得大多数利益集团支持的决策是任何决策主体所期待的。

（四）社会舆论

社会舆论是指社会成员所发表的带有倾向性的议论、意见和看法。社会舆论最突出的特征就是自发性、非组织性和双向性。社会舆论是民众对自身愿望、诉求的大致相同的自发反应，所以是没有组织的个人的言论，但是多数人的诉求汇集就需要予以重视了。而且社会舆论有正向和负向之分，所谓正向是指与决策者意愿大致同向的议论、意见，而负向则是指反对决策者的意见或不同的利益诉求。传统的社会舆论主要是记者、社会评论员利用报刊、广播、电视等媒体形式，反映民众对某个领域政策的意见，以及解决这些问题的建议或意见。现在，在自媒体高度发达的信息化环境下，微博、微信等都可能成为形成社会舆论的途径。而社会舆论一旦形成，对行政决策会产生显著的影响，在特定条件下甚至会对决策产生决定性影响。这种影响可以是双向的，即积极舆论可以促进决策，而消极舆论则会给决策者以极大的压力。

第二节　行政决策模型与方法

一、决策制定的一般过程

政策是为了解决问题或防范问题的出现才制定的，所以一般决策会经过发现政策问题、认定政策问题、建立政策议程、政策采纳与政策合法化几个阶段。

（一）发现政策问题

发现问题，是指发现需要用政策解决或防范的问题，这样的问题也称为政策问题（policy problem）。发现政策问题是行政决策的起点。行政决策一般都是问题导向，即都是为了解决或预防问题而做出的决定。这就要求领导者能够敏锐地发现问题，同时还要能够准确地抓住问题的实质。但是社会问题和政策问题并不是同一个概念，也就是说，不是所有的客观存在的问题都是需要制定政策来解决的问题。为了准确地认识问题往往需要领导者深入调查研究，才能够透过现象看到本质。从本质上解决问题的政策才会是正确的决策。在精英决策体制中，精英的观点和意见起决定性作用，一般参与者的意见只是辅助性的；在民主决策体制中，所有决策参与者对决策目标的认同程度则直接关系决策的正确与否。

另外，需要特别指出的是：(1) 并不是社会多数人都感知了的问题才会成为政策问题。由于统治集团与多数民众所处地位不同，所以在对政策问题的认知上是会有差异的，有时差异还是很大的。比如 20 世纪 70 年代初，中美关系大门的打开，就是两国高层领导做出的重大决策。(2) 一些政策问题尽管是需要依靠政府解决的，但也不等于政府必须亲力亲为解决。政府可以制定政策支持、准许、委托其他社会主体，比如私人企业、社会组织等参与或全权解决问题。

（二）认定政策问题

被认定属于政策问题的问题通常具有如下特征：(1) 政治性。决策目标不同于一般的管理目标，是政府所要达到的理想状态和衡量达到目的的指标，所以决策目标首先是一种特定的政治目标，它集中反映的是决策主体的政治态度。(2) 相关性。一方面，所做决策与所要解决的问题之间是直接相关关系，即是有明确针对性的。另一方面，所做决策与其他政策是有相关性的，这就是通常所谓的“配套政策”。在这方面可能会有两种情况，一是所做决策与已有政策要相关，与其他政策是“配套”的；二是所做决策要求制定其他政策与之适应，即与之“配套”。(3) 可行性。决策目标的确立必须根据客观条件量力而行，要考虑到现实的人力、物力、财力、技术水平等方面的资源和国内外的社会环境，以及公众需求等社会状况。(4) 明确性。明确性要求决策目标明晰具体，概念、时间、条件与数量等方面都有清晰界定。

认定政策问题的途径一般有这样几种：(1) 执政党和政府领导人在政务活动中，凭借自身的政治经验和专业素养，以及掌握的信息资料，能谋善断，能够从众多的社会问题中抓住主要的、实质性的问题，并上升为政策问题对待。(2) 各级公务员在工作中，从接触到的大量现实社会问题中发现并提出政策性问题。(3) 专家学者等政策研究人员在进行自己的专业研究中，发现本领域的重要政策性问题，并向政府有关部门提出政策建议。(4) 社会团体、利益集团等在自己的工作中，或出于对自身利益的考虑，提出认为需要用制定政策的方式解决的重大问题。(5) 一些现实问题已经直接影响到多数人的利益，或将要影响到社会的稳定，需要用政策的方式予以解决或防范。(6) 国际、国内突然发生重大事变，需要立即制定对策。认定政策问题的诸多途径中，领导者的素质能力以及专家学者的智囊作用是关键。

（三）建立政策议程

建立政策议程是指执政党和政府制定政策的系统把一定的政策问题列入政策制定范围的过程[①]。只有将政策问题列入政策议程，才可能使一般的问题成为政策对象，也就是

---

① 刁田丁，兰秉洁，冯静．政策学．北京：中国统计出版社，2000：121.

说，待解决的问题列入政策议程以后，才真正进入政策制定阶段。

通常运用的政策议程有两类：公众议程和政府议程。

公众议程就是指公众普遍关心的某个问题或几个问题，应该由执政党和政府采取政策措施加以解决，从而进入政府决策程序。并不是公众议论的所有问题都能够进入政府决策程序，要成为公众议程需要具备几个条件：（1）该问题已经被社会上相当多的公众察觉，并受到广泛关注；（2）已经有相当多的公众认为政府有必要采取行动了；（3）公众依据法律制度或惯例，认为该问题属于执政党和政府的职责范围内的事务。

政府议程亦称正式议程，是指执政党和政府认为某个问题重要，并已经正式讨论，准备采取有效措施加以解决，从而进入政府决策程序。进入正式议程的问题分为经常性议程和特别议程。经常性议程是指政府按照工作制度、惯例形成的议程，比如经济和社会发展的年度规划、中长期规划的制定等。特别议程是指由于出现新情况，或出现突发事件等需要应对的问题而形成的议程。

（四）政策采纳

政策采纳是指决策机关决定采取某项政策的行动。一个政策问题列入议程后，通常都会由政策研究机关或委托的专家进行政策研究，提出两种以上的政策备选方案，供决策机关和领导人最后做出决策。

所谓备选方案是指决策目标完全相同，但是解决问题的方式方法不同的方案。这些方案一定是各自独立、完整、可行的解决方案。具体说就是将解决问题的主体、时间、地点、手段、方法、策略等要素进行不同的排列组合，同时必须说明，每一种方案各有利弊。因为在现实中，十全十美的解决方案是不存在的，在次优原则下，决策者只能充分权衡利弊后，选择实施后弊端或风险相对较小的方案。

对备选方案的筛选要遵循的标准有：（1）政治价值标准。决策时必须以当时特定的政治价值为决策标准，即任何行政决策都必须符合当时国家的大政方针，这也是首要标准。（2）成本-效益的标准。一般而言，能够尽可能降低政策成本，获得尽可能大的预期效益的政策方案才是高质量的决策方案。这里的政策成本既包括经济的成本投入，也包括政治成本，即决策者威信、社会稳定等。（3）伦理道德标准。良好的政策方案要符合社会普遍认同的道德规范和伦理准则，要得到人们的普遍认同，符合人们一般的社会心理，符合社会一般的公序良俗。

政策采纳是行政决策的关键环节，一般来说，没有充分的专家论证，没有科学的民主测评，不会轻易采纳某项政策方案。但是在处置突发事件、时间紧迫时，来不及反复论证、征求民意，也需要决策机关和领导人果断行事。这时，决策者就需要依靠决策集体和领导者个人的知识、阅历、经验、智慧、能力，迅速做出决定。

（五）政策合法化

政策合法化是指政策采纳以后，通过法定程序，提交有关机关，比如立法机关等审查批准，并以公报、决定、决议等形式正式向社会发布，使政策决定取得合法地位，并获得执行效力的过程。任何政策都必须经过合法化程序，才能成为具有法定约束力的政策。每个国家国情不同，总统制国家、内阁制国家的法定政策合法化程序不同，中国也有自己的特殊程序。

政策的最终决定就是在评估、比较各种备选方案的基础上，最后确定一个政策备选方案为实施方案。当今多数国家都是通过集体选择的方式进行最终决策的。常见的集体选择规则有一致同意规则、多数同意规则、赞成投票规则等。依法依规使政策取得合法的"身份"是各国决策者都希望实现的。合法化程序是规避决策风险的最后一道程序。

二、行政决策模型

决策模型原本是指用于科学决策的数学模型，即运用数学的工具，建立影响决策的变量之间的关系公式与模型，用以反映决策引起未来某种情况出现的概率，从而为决策提供一个简便的工具。在行政决策中广泛使用的决策模型也是同理，只是建立的不是数学模型。本书的决策模型是指决策使用的工具，即建立各影响因素的变量关系后，主要用逻辑推导的方式，分析决策可能引起的某种情况的概率，以此辅助决策。

（一）理性决策模型

理性决策模型也叫合理决策模型。它是根据数字和事实，用合理的科学方法与精细的计算，分析解决问题的各种政策方案的优劣，从而求得最佳的政策或问题解决办法，因此也叫最佳决策模型，其实质是一种政策选优的方法。

理性决策模型的最终目的，是希望能够设计出一套程序，以使决策者能够据此制定出一个效率最高的政策。对于理性决策模型，可以概括出四个基本构成要素，即偏好、备选方案、期望结果和选择。偏好是指个性化的需求，它会受到来自经济、宗教价值、道德观念、意识形态、民族、种族和家庭等诸多因素的影响。备选方案是实现偏好的手段，通常有多种方案可以实现偏好的结果。期望结果是备选方案实施之后可能产生的结果，它涉及对未来状态的预测，通过预测实现偏好方案与结果之间建立一一对应因果关系。选择一般遵循最大化范式，它是对替代方案的不同结果进行评估，并且按照偏好进行排序后做出的决定。

理性决策模型将决策分为七个步骤：问题界定，标准选择，备选方案的比较，政策选择，政治和组织约束的考虑，项目的执行，项目的评估。这七个步骤可以被概括为：理解问题，选择并解释相关的目标和限制，选择解决方法，选择评价标准，说明备选政策，评价，推荐行动。

理性决策模型是决策的基础性模型，其他决策模型都是在此基础上提出的。比如有限理性决策模型、渐进决策模型、垃圾桶决策模型等，都是通过对理性决策模型的批判而提出的替代性模型。

（二）有限理性决策模型

有限理性决策模型是抓住决策问题的本质而简化决策变量条件的决策模型。其实质是不追求完全理性，即最优决策方案，而只追求有限理性决策方案，即次优决策方案的决策模型。

“有限理性”（bounded rationality）理论由诺贝尔经济学奖获得者西蒙完整论述。其主要内容是认为追求完全的理性决策，即要做出最优方案的选择在现实中是不可能的，以决策的次优解代替最优解就是普遍可行的有限理性决策。

有限理性决策理论认为制约最优选择的因素是：第一，决策目标往往不会是单一、明确和绝对的，在公共部门和政府机构，目标表现出了多元化的特征。许多决策问题的总目标往往只是一个不十分明确的大方向，具体的内容还有待于在决策执行过程中逐渐地加以明确。第二，决策者存在理性缺陷，其行为往往受到个人偏好、性格特征等非理性因素的影响。决策者心理动机和权力体系中的诸多不可知因素限制了传统理性决策模型的可行性。第三，决策者处理信息的能力是有限的，比如人对信息的感知能力有限，人的记忆能力有限，等等。第四，决策所面临的情况往往是价值冲突而非价值一致，同时又不存在绝对价值中立的原则。第五，决策总要受制于时间、人力、物力、财力等资源条件的限制。第六，在庞大的官僚机构中，政策制定过程的系统分析受到相互割裂的决策机制的制约，致使协调整个系统的决策会遇到很大的障碍。基于上述认识，有限理性决策模型在 20 世纪 60 年代被提出后，立即风靡世界。

（三）渐进决策模型

渐进决策模型（evolution decision model）是保留对以往政策的承诺，但同时又稳中求变，并积小变为大变的决策模型。

渐进决策模型是美国学者林德布洛姆在批判传统理性模型的基础上提出的。这个决策模型的特点是：第一，主张渐进决策，即主张政策的制定是在过去经验的基础上，经过逐渐修补的渐进过程来实现的。第二，强调质量转换。渐进决策看上去似乎行动缓慢，但它实质是决策效果累积的过程，是量变到质变的过程，其实际变化的速度其实会大于一次激进的变革。第三，追求稳中求变。渐进决策步子虽小，但却可以保证决策过程的稳定性，达到稳中求变的效果。现实中，巨大变革往往会带来诸多不适甚至遭到抵制，从而危及社会稳定，欲速不达。而渐进的方式则比较容易获得支持，可以达到稳中求变的目的。渐进决策模型的这些特点有利于避免因决策严重失误所产生的持久性结果。渐进决策模型主要适用于稳定发展的社会，当前各发达国家都比较推崇这个决策模式。

但是，渐进决策模型也有比较明显的局限。主要是因为其带有明显的保守主义色彩，而不符合需要显著社会变革的需要。在出现人口剧增、资源匮乏、环境污染、货币贬值、物价飞涨、社会动乱、战争爆发这些形势突变的情况下，渐进决策模型会显得无能为力。

（四）垃圾桶决策模型

垃圾桶决策模型（the garbage can model）是模糊性情境下的一种有组织的无政府状态的决策形式或决策逻辑。这个决策模型最早由美国管理学者马奇、科恩、奥尔森等人于 1972 年提出。垃圾桶决策模型不承认理性在决策中的作用，将决策机会比喻为垃圾桶，不同的行动者将问题和解决方案倒入垃圾桶中。任何一个垃圾桶的垃圾融合受到可获得的垃圾桶、所产生的垃圾以及垃圾收集的情境等影响。

垃圾桶决策模型有三个特征：第一，组织目标模糊。通常当一个组织发展到具有相当规模时，组织结构也会愈变愈复杂，它同时也会追求许多不同的目标，这些目标又可分成多项的次目标。当决策者企图将这些次目标加以具体化陈述时，则常会出现目标之间矛盾不一的情况。这样组织目标就变得模糊，这时施政目标的优先级不是一成不变的，而是可以变动的。第二，手段或方法不确定。由于组织成员通常只知道与本身职责相关的业务，对整个组织的运作充其量只有一些很基本和粗浅的认识，所以该种组织是一个松散的结构，有时甚至是先决定了要做什么事或是有了行动，然后再去思考为什么要做这件事，以及做这件事的目标是什么，而不会像理性决策模型所主张的依逻辑思考的决策步骤去解决问题。第三，流动性参与，即参与决策人员具有相当程度的流动性，也就是说参与决策者可能前后完全不同，以致同样的议题由于不同的人员出席讨论，结论就可能与原先的规划完全不同。

上述三个特征表现为决策偏好的不确定性、技术的不明确性还有参与者的流动性，这就是所谓“有组织的无政府状态”。在这样的环境下，决策取决于四支力量（stream，或译“流”）：第一，问题，即待决策问题出现的时间，解决问题所需的能量，有可能解决问题的路径。第二，解决方案出现的速度，即问题出现后“解决方案流”产生的速率。第三，决策参与者。决策参与者不必是特定组织、特定身份者，可以是关心并参与决策的任何人。而且参与者与前一个要素——“解决方案流”产生的速率直接相关。第四，决策的机会。这主要指决策的时机，也被称为“政策之窗”。在恰当的时机，打铁趁热，就可能通过决策，否则，将很难达成一致。只有与决策相关的这四支力量相互融合时，决策才可能发生。

垃圾桶决策模型中存在三种决策结果：第一种是问题得到解决，即恰当的问题、合适的参与者，在恰当的决策机会中，找到了恰当的解决方案。第二种决策结果是“忽略问题的决策”，即在问题不明朗的情形下，解决方案已经做出，这与原来的问题已经没有关系。第三种决策结果是与问题无关的决策，当问题已经转移到其他方案上，原来的方案可以得到采纳。实际上，当组织面临着较大的决策负担时，决策成功的可能性会降低，在垃圾桶决策模型中大多数决策结果会呈现“忽略问题的决策”和“与问题无关的决策”，真正问题得到解决的决策机会比较少。

三、行政决策方法

决策方法与决策模型比较，是较低层级的管理者使用于较为微观的事务决策过程中的方法。比较常用的有头脑风暴法、对演法、德尔菲法等。

（一）头脑风暴法

头脑风暴法（brain storming）是一种以产生新观念或激发创新设想为目的，以无限制的自由联想和讨论为主要形式的群体决策方法。头脑风暴法是美国 BBDO 广告公司（Batten，Barton，Durstine and Osborn）创始人亚历克斯・奥斯本在 20 世纪 50 年代创立的。

头脑风暴法一般以召开小规模（10 人左右）的专家专题会的形式实行。为使与会者畅所欲言，互相启发和激励，达到较高效率，头脑风暴会要严格遵守下列原则：参会者禁止批评和评论，也不要自谦；目标集中，追求设想数量，越多越好；鼓励巧妙地利用和改善他人的设想；与会人员一律平等，各种设想全部记录；主张独立思考，不允许私下交谈，以免干扰别人思维；提倡自由发言，畅所欲言，任意思考；不强调个人的成绩，应以小组的整体利益为重。

头脑风暴能激发创新思维的机理是：第一，产生联想反应。联想是产生新观念的基本过程。在集体讨论问题的过程中，每提出一个新的观念，都能引发他人的联想，相继产生一连串的新观念，产生连锁反应，形成新观念堆，为创造性地解决问题提供了更多的可能性。第二，热情感染。在不受任何限制的情况下，集体讨论问题能激发人的热情。人人自由发言、相互影响、相互感染，能形成热潮，突破固有观念的束缚，最大限度地发挥创造性的思维能力。第三，竞争意识。心理学的原理告诉我们，人类有争强好胜心理，在有竞争意识的情况下，人的心理活动效率可增加 50%或更多。第四，个人欲望。在集体讨论解决问题过程中，个人的欲望自由不受任何干扰和控制，是非常重要的。所以头脑风暴法有禁止批评的原则，这就能使每个人畅所欲言，提出大量的新观念。

（二）对演法

对演法（opposite method）也称“逆头脑风暴法”（anti-brain storming），它虽然仍以产生新观念或激发创新设想为目的，但是一种以无限制的相互批评激发创造性的群体决策方法。

对演法的做法及需遵循的原则与头脑风暴法完全相同，它通过唱对台戏，即提出反对意见的方法进行辩论，攻对方所短，充分揭露矛盾。也可拿出一个方案，人为设置对立面去批评，挑剔反驳，以使一些潜在的危险性问题得到较充分彻底的揭露，使新见解更加成熟、完善。这种方法在竞争型决策中尤为重要。运用这种方法，对筛选方案能起到一定作用。

（三）德尔菲法

德尔菲法（Delphi method）又称专家调查法，与一般召开专家会议调查的方法不同，这是一种反馈匿名函询法。这种决策方法的大致程序是：将所要决策的问题的有关信息分别提供给专家，匿名征求专家意见—归纳、统计—匿名反馈—归纳、再反馈，直至得到一致的意见。所以，德尔菲法就是利用函询形式进行的集体匿名思想交流决策的方法。

德尔菲法是 20 世纪 40 年代由赫尔默和戈登首创的。后来该方法被迅速广泛采用。德尔菲是古希腊地名。相传太阳神阿波罗（Apollo）在德尔菲杀死了一条巨蟒，成了德尔菲主人。在德尔菲有座阿波罗神殿，是一个预卜未来的神谕之地，德尔菲法就是借用了此地名，以寓意其是预卜未来的方法。

德尔菲法有三个明显区别于其他专家预测方法的特点：第一，匿名性。这是德尔菲法极其重要的特点，即为了消除权威的影响，参与决策的专家彼此互不知道，而且是在完全匿名的情况下通过管理者交流思想的。后来改进的德尔菲法允许专家开会进行专题讨论。第二，反馈性。该方法往往需要经过多轮的专家信息交流和反馈才能完成，不过每一轮反馈的目的和方法并不相同。一般首轮调研是开放式的，即首轮调查表是开放式的，不做任何限制，只提出需决策的问题，请专家围绕需决策的问题提出自己的观点。组织者统计专家的意见后形成新一轮调查表。第二轮调研是评价式的，请专家对调查表所列的每个事件做出评价。组织者统计处理第二轮专家意见后形成第三张调查表。第三轮调研是重审式的，即发放第三张调查表，请专家重审争论，对各种对立的意见做一个评价。组织者回收专家们的新评论和新争论，再次形成调查表。第四轮调研是复核式的，即发放第四张调查表，请专家再次评价和权衡，做出新的评价。回收统计第四张调查表，归纳总结各种意见的理由以及争论点。需要指出的是，并不是所有决策都要经过四次反复，反馈次数因事而异。第三，统计性，即汇总专家反馈意见时不是简单地只反映多数人的观点，而是要将每种观点都包含在特殊的统计方法之中。

德尔菲法的决策步骤主要有：第一，挑选专家组成员；第二，编制调查问卷；第三，实施调查；第四，回收、统计和分析问卷信息；第五，调查结果的统计分析。其中决定成败的关键环节是挑选专家。

第三节　行政决策的实施

行政决策一般须经过确定决策目标、设计备选方案、论证评估方案和抉择方案等几个相互联系的环节。

一、行政决策实施的一般步骤

行政决策实施是指将已经合法化的政策付诸实践以达到政策目标的动态过程。行政决策实施是与行政决策紧密相连的环节，决策之后，必须通过实施才能达到政策目标。行政决策实施一般要经过政策宣传、组织实施、监督检查几个步骤，有一部分政策还需要在适当的时候予以终结。

（一）政策宣传

要正确地实施政策，必须从宣传理解政策开始。要顺利地实施政策仅仅靠实施主体理解政策还远远不够，还需要取得政策对象或全社会的支持。例如，有的国家实行鼓励生育政策，另一些国家实行限制生育政策，这些政策实施就都需要从广泛的政策宣传开始。成功的行政实践表明，只有民众知晓政策，尤其是知道了政策的目标、意义及具体内容，才会支持和配合政策实施主体的工作。政策宣传有多种形式，如进行政策宣讲、发放宣传手册、利用各种媒体形式等。要注意的是，在选择宣传方式时需要结合政策内容和政策对象，如果是特殊政策，就直接针对政策对象进行宣传，广泛的、面向全社会的宣传只适合于普遍性的政策。

（二）组织实施

这是政策实施中的实质性工作，实施工作的组织质量直接关系政策实施的成败。组织实施工作一般包括这样几项：（1）制定政策实施计划。制定实施计划的内容主要是分解政策目标，确保参与政策实施的每个人都明确自己的工作内容、工作方法、工作目的等操作性的责任。特别重要的是要制定奖惩制度，要每一位参与政策实施的人员都知道政策执行结果与自身工作评价的关系，这样才可以激励政策的实施。（2）落实政策执行机构。政策实施过程中会有大量的具体工作要做，比如起草文件、下发通知、筹备会议、组织调研等，这些工作都需要有专门的人和机构来落实。通常原有常设机构就是政策实施机构，对于特殊重要的政策或涉及多部门联合实施的政策，需要专门组织实施机构，这样的机构也称为“任务型组织”。（3）确定政策实施方法，亦可称为政策方法。政策方法是政策实施人员为贯彻实施政策，实现政策目标而采取的措施、手段、办法等的总称。传统的政策方法包括行政方法、经济方法和法律方法。现代行政管理也经常运用社会化的手段方法，即行政部门与社会其他主体合作，用政府购买服务或授权社会组织等方法，共同实现政策目标。具体使用何种方法不能一概而论，需要根据政策的目标，本着协调、高效和弹性的原则科学选择。

（三）监督检查

监督检查是政策实施的保障环节。在政策实施中政策实施主体认识上的差异，会造成对政策理解的不同；另外，政策制定者和政策执行者之间的利益差异，还有政策实施的条件限制等，都会导致政策实施中出现目标偏差，所以必须通过及时的监督检查，纠正偏差，解决实施中出现的问题。

对政策实施的监督检查有多种形式，包括组建专门机构实施上级对下级的监督检查；组织内的例行监督检查、专门机构的专业监督检查，如物价检查、财经检查等；国家权力机关的监督检查，比如立法机构的监督检查。另外，社会监督和舆论监督也是非常重要和有效的监督形式。

二、行政决策实施的影响因素

行政决策的实施会受到多重因素的直接或间接的影响，这些因素都会直接关系政策实施的效果。这些因素主要包括政策自身的科学性和可行性、政策实施的必备资源、政策实施机构、政策实施环境。

（一）政策自身的科学性和可行性

政策能否得到有效实施，首先取决于政策自身是否科学合理。政策的科学性要求其必须符合事物发展的客观规律，而且要求符合多数人的利益。比如20世纪80年代初期，中国确定的改革开放政策，就是科学的政策，所以才能取得巨大的成功。政策的科学性还要求政策，特别是重大政策有相对的稳定性、连续性。政策调整过于频繁，不仅会加大政策实施的成本，而且很难取得民众或政策对象的支持，从而加大实施的难度。另外，好的政策还必须具有可行性，即应该是符合多数人利益，能够得到多数人支持的；应该是具体的，能够顺利推行的。这就要求能够和相关的法律法规一致，同时与其他的政策协调、配套。这方面既包括上下级政策要在基本精神、基本内容上一致，也包括同级的相关部门的政策要互相协调、配合一致。

（二）政策实施的必备资源

任何政策实施都是需要基本资源的，比如权威资源、财物资源、人力资源、信息资源等。这些资源中，通过授权取得政策实施的权威资源是第一位的。政策实施主体得到专门授权才可能组织政策实施必需的其他资源，并进行统一的指挥、部署，实现政策目标。行政管理的基本原则之一就是权责匹配一致，授权不足，政策实施主体就无法有效地组织政策活动。人、财、物是政策实施的物质基础。任何政策实施都是有成本的，这个成本首先就是指这些有形成本。当然，需要注意成本控制，科学编制工作预算，既要保证政策实施工作的开展，又要避免过度消耗成本。在信息社会里，信息资源也是政策实施的必备资源之一。信息资源包括实施政策所需要的、足够的相关信息，也包括确保信息渠道的畅通及掌控。信息的及时、准确、充足，可以极大地保证政策的高效实施。

（三）政策实施机构

政策实施机构也就是政策机构，其必要性在于机构是职能的载体，政策实施的职责也需要有相应的、合理的机构和人员来承担。合理的政策机构应该根据待实施的政策目标和任务设置配备人员。一方面，政策实施机构的权责配置要合理，各个部门之间既要分工又要合作，关键是各个部门的权力和职责要匹配，不能出现有机构和个人有责无权或有权无责的情况。另一方面，各个机构之间的纵横关系要协调有序，也就是组织的纵向结构和横向结构的布局要合理，理想的机构布局核心是管理层级要科学合理。合理的职责层级划分是使不同层级的机构分别承担不同的工作，同时还要保证统一领导、统一指挥。管理层次过多会造成有效信息不足、沟通不畅，而管理层次过少，又会导致分工不明、权责不清。另外，要有合格的政策实施人员。政策实施人员的政策水平对政策的实施进展有举足轻重的作用。所以，合格的政策实施人员应当具备实施政策必备的政治觉悟和知识水平，此外，还应该具备实施政策的组织能力、动员能力、协调能力等政策实施能力。

（四）政策实施环境

任何政策都是要在一定的政治环境、经济环境、社会环境中去实施的。这三个方面的环境也会直接影响政策的实施。

政治环境包括多个方面的内容，比如国家政权的稳定状况、国际局势尤其是与周边国家的关系等。首先，国内政局稳定、人民安居乐业的和谐政治环境，会有利于政策的实施。因为国内政治环境宽松，不论是政策宣传，还是政策实施都可以从容进行，平稳推进。其次，国际政治环境也会直接影响到政策实施。现在的世界是一个开放世界，各国在各方面的联系都非常紧密，一旦出现国际局势紧张，甚至发生局部战争，国内的许多工作便不得不服从国家安全的工作，这时实施政策自然会增加许多困难，有时国际情况不好了，甚至政策的实施就会暂停。

经济环境主要指政策实施所需的国内经济能力和经济发展态势。经济的发展水平为政策实施提供了物质保障。一般情况下，经济发展越是具有活力，就越有助于政策实施；反之，经济环境不好，人们对政策的认同会改变，所以会增加政策实施的困难。

社会环境主要指社会的政策心理、民风民俗等，它们是人们在日常生活中形成并积累起来的对物质经济以及生活条件的经验性反应。政策心理是人们对待政策不系统的、不定型的态度、情绪等。在不同的政治制度中，人们的政策心理不同。比如，在传统的中央集权的单一制社会中，人们的政策心理也会比较单一，一般情况下会习惯地认同或服从中央政府的政策。在民风民俗比较朴实的社会环境下，政策实施的社会环境也就比较有利。

三、政策的评估与终结

完整的政策实施还包括对政策实施以后的效果进行评价，经评价确认政策目标完全实现，或环境条件完全改变了，就应该及时终结政策。

（一）政策评估及其作用

政策评估是评估主体依据一定的评估标准，通过相关的评估程序，考察公共政策过程的各个阶段、各个环节，对政策产出和政策影响进行检测和评价，以判断政策结果满足政策目标群体需要、价值和机会的程度的活动[①]。

政策评估的作用主要在于：（1）确定政策实施的去向。包括确认政策是延续，还是调整，抑或终结。无论做何种结论都必须以对政策实施效果的全面、系统的分析为基础。（2）为重新确定政策目标、制定新政策提供依据。任何一个政策都是在对原有政策评估的基础上进行调整、改良确认的，完全新领域的新政策是不多的。（3）为科学配置政策资源提供基础。任何政策资源都是有限的，要争取发挥政策资源的最大化就必须通过评估分析才能做出科学的判断。（4）符合实现政策科学化、民主化的需要。现在各级政府进行的政策评估已经基本是由第三方施行的，也就是说，政策评估的过程实际就是接受社会监督的过程，而且接受评估的政策也有助于验证其科学性。

（二）政策评估的标准

政策评估的标准主要来自其目标，因为政策评估说到底就是评价政策目标的实现程度。所以，政策评估的标准一般包括这样几个方面：（1）政策产出。这是指实施政策后所取得的可见的、实际存在的成果，不仅包括政策成果的数量，还有质量以及时效。时效就是指在规定的时间节点完成政策计划的情况。（2）政策成本。这是指实施政策过程

① 宁骚．公共政策学．北京：高等教育出版社，2004：408.

中各类政策资源的使用和分配情况。一般政策成本主要是指所投入的人员、物资和资金等物质性的可以量化计算的成本，而不包括精力、时间等非物质性的成本。（3）政策效益。这是指实施政策后所取得的效果。按照效果影响到的领域，政策效益可以分为经济效益、社会效益、环境效益等。（4）政策对象的满意度。这是指政策实施后，政策对象对政策实施的满意测评。当政策对象不止一个群体时，就需要分别在这些群体中进行测评。

（三）政策终结

政策终结是政策运行的最后一个环节。政策评估的目的之一就是在确认政策实施效果的基础上，对政策的去向做出判断和选择。也就是说，政策终结一定是发生在政策评估之后。一般有两种情况导致政策终结：一是决策者认为政策目标已经实现，政策问题已经解决，政策没有必要继续。二是通过评估，决策者认为实施的政策是无效的或是失败的，即正在实施的政策不能解决政策问题，需要制定新的政策来实施。这个时候终结政策，可以节省政策资源，即减少无效的人、财、物的消耗，提高政策绩效。

本章学习要点

行政决策，就是指具有行政决策权的机关或个人依据国家的法律，为了国家和公众的公共利益，有效地推行行政管理，为一定的行政行为确定行政目标、制定并选择行政方案的过程。行政决策的特点在于，行政决策的主体是行政机构及其行政领导，行政决策的对象是行政事务，行政决策是行政权力的运用过程。行政决策需要遵循实践性原则、系统性原则、公正性原则以及前瞻性原则。行政决策中最主要的影响因素是决策者的价值取向、决策者的素质和能力、社会主要利益集团及社会舆论。

行政决策的一般过程包括发现政策问题、认定政策问题、建立政策议程、政策采纳及政策合法化。行政决策模型主要包括理性决策模型、有限理性决策模型、渐进决策模型、垃圾桶决策模型等。行政决策方法主要有头脑风暴法、对演法、德尔菲法等。

行政决策实施一般要经过政策宣传、组织实施、监督检查几个步骤，有一部分政策还需要在适当的时候予以终结。政策实施会受到一些因素的影响，这些因素主要包括政策自身的科学性和可行性、政策实施的必备资源、政策实施机构和政策实施环境。

本章思考题

1. 什么是行政决策？
2. 行政决策应遵循哪些基本原则？
3. 行政决策的主要影响因素有哪些？
4. 行政决策的一般过程是怎样的？
5. 行政决策模型主要有哪些？
6. 行政决策的主要方法有哪些？

第八章

行政执行

本章学习目的

行政执行是行政管理的核心环节，是达到行政目标的根本手段。本章将介绍行政执行的概念、特征、基本原则、影响因素和一般的行政执行的手段，帮助读者理解行政执行对行政管理的重要意义，了解行政执行的主要环节，从而认识行政组织如何提高行政执行的效率，以更好地服务人民群众，增强政府的公信力，建设服务型政府。

第一节 行政执行概述

一、行政执行的概念

行政执行的定义可分为广义和狭义两种。广义的行政执行是指国家行政机关或公共组织的全部执行活动和行政活动过程的统称。狭义的行政执行是指行政主体接受决策指令后，组织行政机关及其工作人员付诸实施的过程，即为实现某种具体决策所做的具体工作。

本书认为行政执行是指国家行政机关及其工作人员遵循行政管理的客观规律，为实现行政决策目标，充分调动各种公共资源而进行的全部行政活动和行政过程。这个定义包括以下要点：第一，行政执行的主体是具有合法身份的国家行政机关及其工作人员，或者是经由法定程序授权的其他社会组织。第二，行政执行的依据是已经合法化的国家政策、法律法规和上级决定，行政执行的全过程必须在法律允许和授权的范围内进行。第三，行政执行的目标是实现公共决策目标。第四，行政执行的内容一般可以分为两类，一类是大量的、例行的事务性工作，比如上情下达、下情上达；另一类是执行特定的任务或计划的活动，其中包括应对各类突发事件。

二、行政执行的特征

行政执行活动范围广、形式多，作为行政管理的核心部分，所以随处存在。这些无处不在、纷繁多样的行政执行有着共同特征，主要有以下几个方面：

（一）目标性

行政执行以实现行政决策为宗旨，因此具有很强的目标性。行政执行无论采取什么方式以及人、财、物等任何资源的调动，都要紧紧围绕决策目标来进行，同时，决策目标的清晰性、可行性也会反过来影响和制约行政执行的效率和效果。

（二）经常性

行政执行的主要内容都是例行的、经常性的、循环往复的工作，而国家行政机关及其工作人员正是通过这类经常性的工作保证国家机器正常运转的。

（三）强制性

行政执行是以国家的法律法规、政策为依据的，行政执行主体也是有法律授权的，因此行政执行有鲜明的强制性。行政执行的强制性体现在两个方面：一是行政上级对下级的指令具有强制性，下级必须不折不扣地贯彻执行；二是在行政执行过程中，如果行政执行对象不履行法定义务或拒不服从，行政执行主体可以采取强制执行措施。

（四）灵活性

由于行政执行活动所处的环境是复杂多变的，所以行政执行主体在执行过程中还需要在不改变决策目标的情况下，审时度势，具体问题具体分析，因地制宜，因时制宜，灵活地实施决策方案，实现决策目标。

（五）时效性

行政执行是一项具有明确时限要求的活动，因此，迅速、准确、高效是行政执行活动的基本要求。执行环境的复杂多变，要求决策目标一经确立就要立即开始执行活动，不能有半分拖延。同时，行政执行是一个系统性活动，这就要求行政执行的每一个环节都要协调进行，都要在规定时间内完成规定的工作或任务，从而以最高的效率和最低的成本实现决策目标，增进公共利益。

（六）综合性

行政执行涉及的范围广，牵涉的人力、物力、财力因素较多，这就使得在行政执行的过程中必须要有各机关、各部门的紧密配合，从而形成一个合力来保证行政执行活动的顺利进行。同时，行政执行是一项十分复杂的管理活动，因此，必须综合使用包括行政手段、经济手段、法律手段等在内的各种手段，才能有效地完成行政执行的任务①。

---

① 郭小聪．行政管理学．5版．北京：中国人民大学出版社，2021：137.

三、行政执行的手段

（一）行政干预

行政干预是行政主体以国家权力为基础，依靠行政组织的层级体系，采取行政命令的方式，以实现对执行工作的领导、组织和管理。行政干预是科层制组织体系派生出的执行手段，它强调垂直领导关系、下级无条件服从上级。行政干预命令具体，在特定时间针对特定对象。行政干预分为事前干预、事中干预和事后干预三种。行政干预具有命令统一、集中优势、迅速高效的优点，但同时它也会压抑执行人员的积极性，因此必须辅之以经济手段和法律手段。

（二）经济手段

经济手段是指行政主体按照客观经济规律和物质利益原则，利用利益诱导进行间接管理的手段。具体来讲就是运用包括税收、物价、利润、经济合同等经济杠杆来组织、调节管理对象的管理活动和方法。它具有利益性、间接性、有偿性、平等性、多样性等特征。在市场经济条件下，经济手段是最有效的管理方法，其具有收效快和充分发挥管理对象的自主性使其产生内在推动力等优点；但它也存在强制性不足、效果相对滞后、运用不当容易对意识形态和政治领域产生副作用等局限①。

（三）法律手段

法律手段是指国家行政机关依照法定职权和程序，把国家法律、法规贯彻实施到具体的行政活动中，以达到管理目的。在依法治国的今天，习近平总书记指出：“坚持依法治国首先要坚持依宪治国，坚持依法执政首先要坚持依宪执政……加强宪法实施和监督，健全保证宪法全面实施的制度体系，更好发挥宪法在治国理政中的重要作用，维护宪法权威。”② 法律手段具有权威性、稳定性和规范性的特征，是其他行政手段的保障，同时也是最具有执行力的手段。但也必须认识到，法律手段不是万能的，必须配合其他手段才能实现最有效的行政执行。

（四）科技手段

科技手段主要是指运用现代科学技术所提供的方式方法来达到行政目的的手段。科学技术能够大幅度降低行政执行的成本，提高行政执行效率和质量。最为典型的就是电子政务，电子政务的推广和普及使行政管理摆脱了时间、空间的限制，使人民群众随时随地获取公共信息、使用公共服务成为可能。同时由于计算机和网络的运用，无纸办公、网上审批、电子报关等也大大提高了政府日常工作的效率。

---

① 郭小聪．行政管理学．5 版．北京：中国人民大学出版社，2021：143.

② 习近平．高举中国特色社会主义伟大旗帜 为全面建设社会主义现代化国家而团结奋斗：在中国共产党第二十次全国代表大会上的报告．北京：人民出版社，2022：41.

（五）思想教育

思想教育是指利用说服、鼓励、教育、引导沟通等非强制性手段激发行政执行人员和执行对象的积极性，使其从内心服从行政执行的手段、方式和目标。思想教育手段成本较低，但需要长期工作才能见效；一旦生效，便能从根本上激发人的主观能动性，使其主动约束自己的行为，检视自己的不足并加以改进，全心全意为人民服务。

四、行政执行的意义

（一）行政执行是实现行政管理目标的重要环节

管理的目的是实现组织目标，一般来说，管理包括决策、执行和监督三个环节，三者相互联系、相互承接，构成了一个管理系统，行政管理也不例外。行政决策提出了行政目标和执行方案，而行政目标和执行方案的实现，则由行政执行来完成。行政监督主要是对整个行政过程进行控制和纠偏。行政执行是实现行政目标的核心，没有行政执行，行政决策就只是纸上谈兵，同时，行政执行效能的高低直接决定行政目标的实现程度。

（二）行政执行是检验和修正行政决策的重要手段

行政决策所确定的目标和实施方案正确科学与否，只有在实践中才能得到检验。同时现实环境是复杂多变的，原来决策的条件在实践中可能发生特别大的变化甚至完全改变，只有在实践中才能不断地检验、修正和完善原来的决策，从而使政府决策更加科学化、合理化，增强政府的执行力。

（三）行政执行是检验和评价行政管理工作最主要的依据

行政执行的效果是行政系统综合作用的结果，它不仅能检验和修正行政决策，更能反映行政系统的组织机构是否健全、权责分配是否合理、规章制度是否完备、人员分配是否合适、信息系统是否畅通、监督反馈是否有效，同时还能反映行政领导和行政人员的个人综合素质。以行政执行的效果作为工作标尺来衡量行政管理工作，将有利于改进行政管理，提高行政效率。

第二节 行政执行的主要环节

行政执行主要有指挥、沟通、协调、控制四个环节。这四个环节互为条件，互相依存。

一、行政指挥

（一）行政指挥的概念及作用

行政指挥是指行政领导者在执行政策的过程中，按照既定的目标和计划，对下属和群众进行发令、指导、调度和协调以实施行政管理活动的过程。

作为行政执行的首要环节，行政指挥是保证行政执行活动内外协调一致的重要手段，能够保证高质量达成行政目标，能够保证各种行政资源得以充分利用，是衡量行政领导者组织与领导能力和决策水平的重要标尺。通过有效的指挥，可以调动全体实施人员的积极性和创造性，激发起高昂的工作热情。在行政决策已经做出，计划、方案等已经确立的情况下，唯有通过行政指挥，才能把行政实施从理论变成现实，从观念变为行动①。

（二）行政指挥的原则

行政指挥的原则包括统一指挥、合理授权、指挥得当和权变指挥等四项原则。

1. 统一指挥原则

所谓统一指挥，就是指一个下级只能接受一个上级的命令。只有统一指挥，整个行政机构才能灵活运转，上下同心、左右协力，更好地发挥行政组织的功能，以保证行政目标的顺利实现。

2. 合理授权原则

为了充分发挥下属的长处并调动其积极性，指挥者不仅应给下属分配任务，还要赋予其相应的权力，以使其能调动各种人、财、物资源以满足各种工作需要，高质量、低成本地完成工作任务，实现行政目标。

3. 指挥得当原则

行政指挥将直接影响行政执行的效果。无论采用哪种指挥方式，都要充分发挥民主集中制精神，尊重并吸收下属的合理意见，同时指挥者也要不越位、不缺位、不错位，正确行使自身职责，发挥表率作用。

4. 权变指挥原则

行政执行所处的环境错综复杂、情况瞬息万变，这要求行政指挥者必须解放思想、随机应变，根据现实情况及时调整方案，以保证决策目标的实现。

（三）行政指挥的方式

经常使用的行政指挥方式主要有口头指挥、书面指挥、会议指挥三种。

1. 口头指挥是直接口授指令的指挥方式

这种方式是最常用也最便捷的指挥方式。口头指挥（包括电话指挥）具有简单、明了、快速、直接等优点。但口头指挥要求指挥者注意说话的艺术，还要求被指挥者具有能够适应的理解能力。另外，口头指挥具有多变、无凭据、责任认定困难的局限。

2. 书面指挥就是利用各种行政公文形式的指挥

在时间、地域及指挥层次等因素使口头指挥不便时可以使用书面指挥。书面指挥具有责任明确、信息准确、易于保存、便于核查等优势，但运用书面指挥时必须注意严肃性和规范性。严肃性就是要严格控制文件的数量和质量，避免文牍主义；规范性就是按照国家行政机关公文规范形式进行指挥。

---

① 薛冰，梁仲明，柴生秦．行政管理学．北京：清华大学出版社，2012：171.

3. 会议指挥一般在协调多部门行动时才会使用

会议指挥可以使各部门统一要求、统一思想、统一行动，所以是保证指挥统一的有效手段。但有效的会议指挥必须注意会议的类型、参会的人员、会议的准备、会议的组织技巧、会议的效率以及选择合适的会议主持人。

二、行政沟通

（一）行政沟通的概念及作用

行政沟通是指在行政管理过程中行政信息在行政组织和行政环境之间、行政组织内部各部门之间和行政人员之间进行交流和传递的过程。行政沟通的实质是行政信息的传递和处理，因此掌握准确的行政信息是有效沟通的前提。行政沟通应该是双向的，只有接收者准确接收和理解发出者的信息，才是一个完整的沟通过程。

行政沟通的作用主要体现在：信息交流是行政决策的基础，丰富、准确、全面的信息是行政决策的先决条件；行政沟通是有效推行行政指挥的重要途径，是行政实施的信号灯；行政沟通能够有效协调各部门、各成员的活动，并且动员成员参与，凝聚组织力量；信息反馈是评价执行结果的重要依据；行政沟通还建立起了组织与外部环境的桥梁，使组织能够及时掌握外部环境的变化，并对其做出有效反应，以提高管理效率。

（二）行政沟通的机制

行政沟通的机制主要分为两种：一种是刚性机制，另一种是柔性机制。

行政沟通的刚性机制是指必须按照制度规定的、不以沟通者的意志为转移的沟通机制，行政沟通的刚性机制对于节约沟通成本十分重要。完善行政沟通的刚性机制要求做到：一是要理顺各职能部门的关系，避免职能交叉、推诿扯皮；二是要尽可能地将部门间的沟通变为部门内的沟通，从而使沟通经常化，避免信息失真；三是要使例行项目的沟通制度化，减少重复沟通。

行政沟通的柔性机制主要是指较少受制度约束，具有较大可变性的沟通机制，主要包括两种：一是语言机制。为了保证语言机制的高效，要求行政组织有一套规范化、标准化，为大家都接受和掌握的语言系统，如特定的公文格式、规范用语及特定语言包含的特定含义、公文传输途径、保密级别等。二是心理机制。沟通的本质是人与人之间的互动，人们对沟通的态度、期望和反应方式也会影响沟通的效果，有时这甚至是决定性的影响。因此要注意沟通的方式方法，加强机关民主作风，增强领导与成员的互动，从而避免行政沟通过程中出现一些不必要的问题和障碍，保证沟通顺畅。

（三）行政沟通的分类

一般来说，行政沟通的分类有三种方式。按照沟通的渠道可以分为正式沟通和非正式沟通，按照沟通的方向可以分为下行沟通、上行沟通和水平沟通，按照沟通的方式可分为口头沟通、书面沟通和多媒体沟通。

1. 正式沟通和非正式沟通

正式沟通是通过组织的正式程序，按照组织明文规定的路线和方式所进行的沟通。正式沟通的优点主要是约束力较强，沟通效果较好，缺点主要是程序烦琐，沟通速度较慢。非正式沟通主要是指利用除正式组织渠道和规章制度以外的非正式组织系统或人为渠道进行的沟通，非正式沟通具有灵活、迅速、简便的优点，可以提高沟通效率，同时传达一些正式沟通不方便传达的信息，但要注意对非正式沟通进行控制，避免传播谣言。

2. 下行沟通、上行沟通和水平沟通

下行沟通即自上而下的沟通，主要是指上级对下级发送信息，故又称传递，其主要目的是对下级下达有关工作方面的指示，明确行政目标，即“上情下达”；上行沟通即自下而上的沟通，主要是指下级对上级反映情况和意见，使上级了解执行情况，以做出进一步指导或修正决策，保证行政任务的顺利完成；水平沟通指同级部门或同事之间的沟通，即横向沟通。行政系统内部关系错综复杂，各个部门和成员之间都存在着或多或少的相互联系和依赖关系，通过有效的水平沟通，可以避免推诿扯皮现象，共同完成行政目标。

3. 口头沟通、书面沟通和多媒体沟通

口头沟通即以口头形式出现的沟通方式，如交谈、讲座、座谈会等，它高效、迅速、直接，但容易掺杂个人感情因素。书面沟通即以文字形式出现的沟通方式，如报告、备忘录、信件等，它持久、有效、责任明确、便于核实但缺乏反馈。多媒体沟通即利用现代信息技术所进行的数字符号的传递，如电报、电话、电视等，相比其他沟通方式，它的速度极快、存储量极大、可以远程传递，是提高行政效率的重要沟通方式。

三、行政协调

（一）行政协调的概念及作用

行政协调是指在行政管理过程中，行政领导者、行政机关及其工作人员为了实现行政目标，引导行政组织与环境之间、行政组织内部各部门各人员之间建立良好的分工合作、相互配合、协同一致的和谐关系，以实现共同目标的管理行为。

行政协调的作用主要体现在以下三个方面：一是有利于增强行政凝聚力，产生整体“合力”；二是可以促进各部门合理配置和有效使用人、财、物等资源，提高资源利用效率；三是可以优化和精简办事程序，明确权责，避免内耗，密切配合，从而提高行政效率。

（二）行政协调的原则

行政协调除了应遵循行政管理的基本原则如依法行政、民主集中、精简高效等原则外，还应遵循以下几条原则：

1. 调查研究、实事求是的原则

没有调查研究就没有发言权。在对问题进行协调之前，应首先对问题进行实地调查研究，客观全面地分析问题，抓住问题的本质，不仅要治标，更要治本。同时，协调的手段也应符合客观条件。

2. 客观公允、秉公协调的原则

客观公允就是指要对协调对象进行全面调查，听取多方面意见，全面了解情况，以求得问题的全貌，还原事实真相。秉公协调就是协调时要严格按照规章制度办事，处理问题不徇私情。

3. 坚持原则性和灵活性相结合的原则

现代行政是一个开放的管理系统，面临的环境复杂多变，因此在进行协调时要灵活应对，避免“一刀切”，但灵活性并不意味着要搞自由主义，任何协调工作都要依法进行，都要有法律和政策依据。

4. 统筹全局、服从总体目标的原则

在行政执行的过程中总是会出现局部利益和整体利益的矛盾，这时候我们要冷静分析，正确对待，具体工作应从大局出发，个人服从集体，局部利益服从整体利益，拒绝部门主义和本位主义。

5. 统一领导、统筹兼顾的原则

协调的目的是使各部门协调一致，统一思想和步调。因此协调要注意统一领导，避免政出多门。同时要统筹兼顾，在实现整体目标的前提下合理照顾部门利益。

（三）行政协调的分类

按照不同的分类标准，可以将行政协调进行不同的分类：

1. 按照协调的性质可分为主动协调和被动协调

主动协调是一种积极主动的协调，是指行政领导者在计划执行过程中提前发现问题并在问题暴露之前主动对其进行协调，以避免问题危害扩大，减少工作的反复和曲折。被动协调则是在问题和矛盾暴露之后，为了弥补失误所不得不进行的协调，其目的是通过协调来减少工作损失，使工作回到正轨。

2. 按照协调的范围可分为内部协调和外部协调

内部协调是在机关内部进行的协调，如利用国家法律法规约束、进行思想宣传教育和树立典型等方式对工作人员进行协调的一种方法。外部协调则是利用机关与外部力量的影响来对内部人员和工作关系进行协调，从而达到工作目的的一种协调方法。

3. 按协调对象的性质可分为对事的协调和对人的协调

对事的协调是指对各种行政事务的协调，即寻求各种事务之间的合理匹配，明确各事务的地位和作用，分清轻重缓急，保证各种工作能有条不紊地进行。对人的协调就是协调各种人际关系，追求人与人之间的和谐共处，协调一致，使每个人各司其职，各尽其责，各尽其力。

4. 按照协调的途径可分为会议协调和非会议协调

会议协调是一种最常见的协调方式，具体形式有讨论会、座谈会、汇报会等。使用会议协调的方式要注意控制会议数量，提高会议质量，做好会议准备工作，避免形式主义。非会议协调的方式有很多，如文件协调、组织协调等，应根据具体情况灵活选取合适有效的协调方式。

四、行政控制

（一）行政控制的概念及作用

行政控制是指行政领导者和工作人员按照计划和目标的要求，对计划的执行情况进行监督、检查并纠正偏差，以保证计划执行情况和计划一致从而确保计划目标实现的活动。行政控制与行政指挥、行政协调是有区别的，行政指挥主要是通过明确目标来贯彻管理活动，行政协调是协调组织和环境之间、组织内部人员之间的关系，而行政控制则是纠正计划执行过程中的偏差。也就是说三者的作用对象是不同的，但它们的目标是一致的，即保证计划目标的实现。

行政控制的作用在于，行政控制的目的是纠正计划执行过程中的偏差，因此它有助于完成计划，实现组织目标；行政控制在纠正偏差的过程中保证了行政工作方向的正确性，避免方向性、原则性错误；行政控制对行政行为的约束规范还能贯彻依法行政，建设法治政府。

（二）行政控制的分类

根据不同的标准，行政控制可以分为不同的类型（见表 8－1）。

表 8－1　行政控制的类型

分类标准	控制类型
以控制形态为标准	正式控制、非正式控制
以控制手段为标准	积极控制、消极控制
以控制者和被控制者之间的关系为标准	直接控制、间接控制
以控制主体为标准	内部控制、外部控制
以控制时间为标准	事前控制、事中控制、事后控制

1. 以控制形态为标准，可分为正式控制和非正式控制

正式控制主要是指行政控制主体根据法律法规和规章制度，通过有组织有计划的方式予以实施的控制。正式控制具有直接性、权威性以及强制性的特点。非正式控制主要是指控制主体根据自身理解和环境条件，不按明确规章制度、计划所进行的控制。在依法治国的大背景下，非正式控制越来越少，但它仍然是一种不可或缺的控制方式，在某些情况下可以弥补正式控制的不足。

2. 以控制手段为标准，可分为积极控制和消极控制

积极控制主要是通过各种奖励手段，如记功、表彰、奖励等方法，强化有利于目标实现的行为从而促进目标实现；消极控制则是通过各种惩罚手段，如批评、记过等，弱化不利于目标实现的行为，直至其消失。

3. 以控制者和被控制者之间的关系为标准，可分为直接控制和间接控制

直接控制是指控制者直接对被控制者进行控制，间接控制则是指控制者通过某些中间环节对被控制者进行控制。直接控制迅捷有效，但要注意被控制者的反应；间接控制要注意控制效果是否符合预期。现实中，可根据被控制对象的个性灵活选择合适的控制方法。

4. 以控制主体为标准，可分为内部控制和外部控制

内部控制是指行政组织内部控制主体自觉地检查、纠正自己的行为，外部控制则是指行政组织外部的控制主体对行政组织内部的成员及其行为进行约束。内部控制熟悉执行过程，能够快速、准确地发现偏差并予以纠正，但控制主体可能存在部门主义、本位主义，易徇私舞弊。外部控制的优势是不受内部复杂关系的影响，公平公正，但也存在不熟悉内部情况的弊端。

5. 以控制时间为标准，可分为事前控制、事中控制和事后控制

事前控制，即在计划实施前就对计划进行检查，纠正可能出现的偏差，能防患于未然，将错误扼杀于萌芽之中。事中控制，即在计划实施过程中对控制对象进行检查，以发现问题并及时纠正偏差，确保执行工作按照计划进行。事后控制又称反馈控制，即对计划最终结果的控制，主要是检查计划是否按照预定的方向完成以及资源的利用状况，由于执行过程已经结束。事后控制对结果没有补救作用，但能够通过总结经验和教训为下一次的执行活动奠定基础。

（三）行政控制的方法

要真正做到令行禁止，实现有效的行政控制，必须讲究控制的方式方法。行政控制的方法主要包括工作指导，工作考核，报告、汇报，视察、调查等。

1. 工作指导

工作指导的方式主要有三种：命令、要求、指示或建议。在面对紧急事件需要立即行动时，命令的方式最为有效；在处理正常工作或者对待新进人员时，一般采用要求的方式；若是想激发下属积极性，鼓励其发挥自己的聪明才智，则采用指示或建议的方式。

2. 工作考核

工作考核主要是对执行者工作的实际成果和工作计划进行比较，从而对执行者的成绩做出评定，排出优劣等次。对工作表现好的进行奖励，表现差的进行惩戒。通过检查，可促进被检查单位与个人改进工作，提高效率；通过奖惩，将工作绩效与个人利益相挂钩，以激发工作人员的主观能动性，并为工作人员的培训晋升提供依据。

3. 报告、汇报

一是指下级对上级定期报告自己的工作情况，如年终总结、述职报告等。下级进行自我总结、分析，可以自己发现问题，及时纠正；也可能由上级发现问题，责令下级改正。二是指政府向同级人民代表大会做报告，人大听取并审议政府的报告并对其是否同意政府工作报告做出决议。这是立法机关的监控，从法律上讲，这是政府对人民负责的一种制度。

4. 视察、调查

视察是指上级行政机关到下属机关检查工作，调查则是纪检监察部门对专门事项进行专门调查，如人大代表、政协委员组织的视察、调查团，这是较为正规的监控制度，也是确保人民当家作主的重要形式。

（四）行政控制应注意的问题

行政控制作为实现行政目标的重要方式，对行政效率的提高具有不可忽视的作用，但也应该认识到，行政控制会涉及具体行政人员的利益，从而影响工作人员的工作态度和积极性，因此在行政控制的过程中应注意适时控制、适度控制、客观控制和弹性控制。

（1）适时控制主要是指一旦发现行政执行主体的行为出现偏差要立即予以纠正，以避免偏差的扩大和偏差对执行工作不利影响的扩散。应尽可能地防患于未然，防止偏差出现。及时纠偏要求管理人员及时掌握能够反映偏差产生及其严重程度的信息，如果偏差已经发生而信息姗姗来迟，那无论这种信息多么客观、准确，都将毫无意义。

（2）适度控制主要是指控制的范围、程度和频度要恰到好处，防止控制过多或者控制不足。控制过多会伤害执行人员的积极性、主动性和创造性，控制过少则会达不到纠偏效果，影响执行目标的实现。同时要注意处理好全面控制和重点控制的关系，避免浑水摸鱼，以降低控制成本，提高控制效益。

（3）客观控制主要是指控制应针对行政执行的实际情况进行控制，采取必要的纠偏措施，促使执行工作在计划的轨道上进行，不能无中生有、歪曲事实。客观控制还指采用的控制方法要与执行情况相匹配。

（4）弹性控制主要是针对行政控制的标准。行政环境瞬息万变，控制的标准也应该具有灵活性和弹性，能够随着环境的变化适时做出调整和改变，确保在任何情况下都能发挥控制作用。

第三节　行政执行的基本原则和影响因素

一、行政执行的基本原则

（一）主体性原则

行政计划中的各项任务最终要靠行政人员去落实执行，这就要求在行政执行过程中首先要坚持主体性原则，这是保证行政计划有效落实的前提条件。行政执行的主体性原则主要包括两个方面：一是行政执行人员要增强自己的主体意识，摒弃推诿拖拉的思想，面对困难时要充分发挥自己的主观能动性，克服各种阻碍，完成行政任务；二是行政领导也要尊重和重视行政人员的主体地位，努力为行政人员创造条件，充分发挥他们的才能，以保证行政执行的高质量和高效率。

（二）目标性原则

作为行政决策的落实环节，行政执行必须不折不扣地实现决策目标。行政执行的各个环节、各个主体都要准确领会并实践法律、法规和政策的精神，忠实执行上级决策和命令。要保证一切行动紧紧围绕决策目标的实现，不能有半点偏离。但讲究目标性原则并不是讲究唯上而不唯实，只要有利于目标实现，执行人员可以在法律和权限允许的范围内自主采取行动。

（三）系统性原则

行政执行不仅是一个长期的艰难过程，更是一个复杂的系统过程。习近平总书记在党的二十大报告中指出：“万事万物是相互联系、相互依存的。只有用普遍联系的、全面系统的、发展变化的观点观察事物，才能把握事物发展规律。”① 因此，在行政执行的过程中要坚持系统观念，统筹兼顾、有条不紊。在制定行政计划时要全面考虑各种影响因素，统筹安排，处理好分工和协作的关系。在计划执行过程中既要使所有工作紧紧围绕中心目标，又要分清轻重缓急，安排好先后主次。要系统地安排好事前控制、事中检查和事后评估工作，保证执行活动顺利进行。

（四）迅速性原则

行政执行是一项具有时限性的活动，由于行政环境的复杂多变，原来的决策目标可能会无法达到或失去其原有的效用。因此执行活动必须坚决果断、迅速有效，以免贻误工作。这不仅要求执行人员在行政决策一经做出就要按照其时间和节奏迅速采取行动，也要妥善处理各种临时事务，处理好效率和效果的关系。

二、行政执行的影响因素

（一）行政决策的质量

行政执行要实现的是行政决策所制定的目标，执行的是行政决策所决定的计划。同时，决策质量与执行效能密切相关，决策正确与否，深刻影响着执行方向和执行风险。因此，行政决策的质量将直接影响行政执行的情况，具体来说行政决策的质量包括三个方面：合法性、合理性和可行性。合法性是指越符合法律规定的决策权威越大，执行起来就越顺畅，公众的支持是决策合法性的基础；合理性即科学性，经过扎实调研、科学分析、认真讨论得出的决策，合理性越强，执行目标越清晰具体，越容易得到人民群众的理解和支持；可行性指行政执行机关和人员是否具备执行某项决策的资源和能力，如果一项决策超出了执行人员的能力范畴，这项决策往往会在实际执行中举步维艰。

（二）行政任务的复杂程度

由于行政执行所要实现的行政目标的重要性和复杂程度不一样，对行政执行机关的要求也就不一样。一般来说，重要性和复杂程度越高的行政目标对行政机关的执行能力和人、财、物等资源的要求也就越高，重要性和复杂程度较低的目标则要求较低。也就是说决策要解决的问题越简单，执行难度就越小；决策要解决的问题越复杂，执行难度就越大。这就要求行政执行主体在接受任务时冷静分析，认真对待，合理分配执行资源。

---

① 习近平．高举中国特色社会主义伟大旗帜 为全面建设社会主义现代化国家而团结奋斗：在中国共产党第二十次全国代表大会上的报告．北京：人民出版社，2022：20.

（三）行政执行主体的状况

行政执行主体包括行政机构和行政人员两方面。从行政机构来看，其设置合理与否、组织机构完善与否、信息传递灵通与否、权责体系统一与否都直接影响行政执行的效果。一般来说，机构健全、职责明确、权责统一、信息畅通、风气良好、纪律严明、制度健全的行政机构，执行效率都很高。行政人员分为领导者和工作人员两种。领导者的政治觉悟如何、权威基础如何、综合素质如何、领导艺术如何、工作经验如何、领导能力如何、理解能力如何都对行政执行起着关键作用。而工作人员的工作态度、工作能力以及对决策精神、目标和内容的理解程度，都会直接影响执行效果。

（四）行政执行涉及对象的情况

行政执行涉及对象主要是指行政执行的客体，即人民群众。人民群众对政府的信任度如何、文化水平如何、对决策的理解程度如何、承受能力如何等，都会影响其对执行活动的反应。有时正确的、对大众有利的决策反而不受欢迎，这是因为决策没有被人民群众所理解和接受，导致政策的初衷无法实现。这就需要配合教育、宣传、奖惩等手段提升人民群众对政策的理解程度，推动政策执行。

（五）行政环境的状况

政府组织是一个开放系统，它同外部环境相互作用、相互影响。行政环境是相对于行政机关而言的，它们是独立于行政机关并对其执行活动产生影响的因素的总和，包括政治环境、经济环境、文化环境等。政治环境决定着一个行政组织的目标、性质与方向，同时政治环境的稳定与否、民主化程度如何都会影响行政执行的效果。经济环境是政府部门在执行公务过程中所拥有的各种物质条件，它将决定行政系统的物质基础、部门设置和功能发挥，任何有效的行政执行都需要充足的物质基础作为保障。我国当前最大的经济环境就是社会主义市场经济环境。文化环境会影响人们的思想观念和行为方式，进而影响人们对行政决策和执行的态度和反应，一个讲究工作效率、追求一丝不苟的社会肯定比一个懒散、随意的社会执行效率要高。如果行政组织能和各种环境因素进行良性互动，那么行政组织的行政执行就可以有效展开，反之，则会处处受阻。

三、行政执行的优化

（一）行政执行中容易出现的问题

1. 滥用行政权力

滥用行政权力主要指行政权力的行使不是为了实现公共利益，而是为了实现个人利益、部门利益，从而出现以权谋私、违法乱纪等腐败行为。这将严重破坏正常的行政执行活动，损害人民利益和政府公信力，严重的甚至可能造成政权危机和政权更迭等。

2. 缺乏战略眼光和系统思维

这主要表现为目光短浅、只顾眼前、简单复制和缺乏全局意识。很多领导者只把精力和资源放在任期内能够出政绩的工作上，缺乏前瞻性，而忽视了有利于国计民生的长远建设，造成政策冲突、重复建设、资源浪费等问题。

3. 行政执行透明度低

具体来说，行政执行透明度低包括执行主体不公开、执行内容不公开、执行方法不公开、执行范围不公开、执行程序不公开和执行结果不公开等。造成这些问题的原因可能是结构紊乱，工作作风不民主、不规范，制度不健全等，也可能是执行人员以权谋私，故意“暗箱操作”。

4. 行政执行偏离政策目标

行政执行偏离政策目标，即执行时不能实现预期目标。造成这种问题的原因是多种多样的，如机构臃肿，政出多门，具体执行机关权责不明、执行不力，各部门职能不清、推诿扯皮以及行政执行中的本位主义、利己主义、主观主义等。

（二）优化行政执行

1. 确立执行至上的意识

树立良好的行政执行理念，确立执行至上的意识是行动的先导，要让先进的执行理念指导执行人员的行为。首先要创新执行文化，强化行政职业精神，引导执行人员从被动、消极执行向主动、积极执行转变，培养良好的执行作风；其次要创新落实执行规范，倡导爱岗敬业、求真务实、公平公正、精益求精、创新管理等行为准则；最后要完善行政执行评价机制，在明确执行主体执行责任的基础上运用科学的评价方法对执行人员的工作做出准确评价，完善考核体系和考核方法，将考核结果作为日后培训、奖惩和晋升的依据，激发执行人员的积极性、主动性和创造性，坚持全心全意为人民服务，促使其树立正确的执行理念。

2. 建立有效的行政执行机制

行政执行机制，是指在特定行政执行目标引领下，执行主体依据现存的环境及对未来的预测所建立起的有关执行活动的一系列组织机构以及各种制度的总和①。有效的行政执行机制主要包括三个相互配套且相互独立的环节：一是完善的决策程序，二是有效的执行制度，三是科学的监督问责制度。行政执行机制是实现行政目标的重要保障，决策科学是有效执行的前提和保证，要健全决策机制和程序，坚持从实际出发，实事求是，在法律允许的权限范围内，多渠道保障公众参与决策，同时要全面落实好统一的重大行政决策程序制度，保证行政决策的科学性、民主性、合法性和公正性，将决策行为纳入刚性约束之下，避免“拍脑袋”等随意决策，规范决策行为。建立有效的执行制度，关键在于明确各部门职责划分，减少部门重叠和职能交叉，积极推进大部制改革，精简组织层级，提高行政效率，同时要加强各部门的沟通协调，保证上情下达，实现信息交流的及时准确。没有监督问责就没有执行力。首先各级政府、各部门要依据国家法律法规建立适合本部门的规章制度，制定相应的问责规范；其次要使监督问责过程公开化，使人民群众了解问责情况，提高问责的权威性和合法性；最后要扩大问责主体的范围，进

① 彭向刚，程波辉．论行政执行机制创新．甘肃社会科学，2013（6）：43.

一步扩大社会组织和公众的监督，加强民主参与，增强政府的公信力。

3. 推进政务公开，提高行政执行透明度

现代信息技术的发展为政府管理提供了新的手段和方法，电子政务可以增加行政程序的透明性和可预见性，有效防止各级政府利用手中的权力搞“暗箱操作”，强化对政府的监督管理。利用电子政务提高行政执行透明度，关键在于发挥好政务平台的信息公开功能，要明确公开信息范围、各执行主体的责任权限以及政府工作流程，让权力在阳光下运行，让人民群众看得懂、找得到、办得顺。

4. 提高行政执行人员素质

伟大的斗争、宏伟的事业，需要高素质干部。习近平总书记指出，选什么人就是风向标，就有什么样的干部作风，乃至就有什么样的党风。我们要坚持正确的选人用人原则，真正把优秀人才聚集到党和人民的事业中来①。对此，首先要把好人员准入关，坚持德才兼备、以德领才的用人导向，在公务员考录中要坚持公开、公正、平等的笔试、面试和考核，择优录用，同时要考虑个人的能力特长、兴趣爱好，在干部选拔上要坚持挑选政治坚定、能力卓越、成绩突出的干部，让想干事者有机会，能干事者有舞台，还要建立健全干部交流轮岗机制，让公务员得到充分锻炼。其次要加强对公务员的教育培训，不断提高公务员的执行能力，更新培训理念，整合培训资源，以实际需要为导向，按需培训。在培训内容上要加强理论基础培训，提高实际工作能力，增强业务能力，特别注重提升执行能力，包括政策理解能力、业务操作能力、科学预见能力、沟通协调能力、管理创新能力等，同时要注意培训结果的跟踪考核和反馈改善。

5. 改善行政执行环境

加强行政执行资源的投入，改善行政环境，不仅包括人力、物力和财力等有形的物质资源，还包括创造有利于决策和执行的文化社会环境等无形资源，从而提高行政决策的科学性和行政执行的有效性。要保证执行资源的稳定供给，改革公共财政，确保事权与财权统一，加大财政转移支付力度，完善办公设施和办公条件，确保执行活动的物质需要。文化社会环境方面，首先要重视执行文化的建设，形成有利于执行的理念和氛围，使公务员转变执行作风；其次要构建一个良好的法治环境，使政府依法行政，加强民众对政策的理解和配合，形成良好的社会秩序，促进政府执行力的提升；最后要加强政策宣传力度，培养公民的政治参与热情，增强公民对政策的认同感，减少行政执行中可能存在的阻碍。

四、综合行政执法体制改革的深化发展

自 1996 年“综合行政执法”概念提出以来，综合行政执法改革已实施 20 余年，从最初表现为地方政府部门执法机构之间联合执法的“城市管理综合执法”，到规避多头执法、行政执法重复交叉的“相对集中行政处罚”，又到在相对集中行政处罚权基础上对执

---

① 刘喜发．提高选人用人科学化水平的行动指针：学习习近平在全国组织工作会议上重要讲话的体会．中共南京市委党校学报，2013（6）：6.

法工作进行改革的“综合行政执法”，再到党的十八大以后逐步向各重点领域、各行业部门深入推进的“综合行政执法体制改革”，进一步强化了政府部门间相同相近的执法职能整合，归并执法机构，统一执法力量，减少执法部门，这一系列的举措也凸显出综合行政执法改革任务的重要性和紧迫性，意在探索建立适应我国国情和经济社会发展要求的行政执法体制[①]。

（一）综合行政执法的概念

所谓综合行政执法，是指通过体制和制度创新，将原来由几个执法部门分别行使执法权的领域统一由一个具有行政执法主体资格的执法部门行使执法权的行政执法体制。综合行政执法也称“综合执法”，是以全新的行政执法体系和工作队伍在城市管理、文化市场管理、资源环境管理、农业管理、交通运输管理以及其他适合综合执法的领域统一执法的一种具体行政行为。

（二）深化综合行政执法体制改革的必要性

1. 深化综合行政执法体制改革是全面推进依法治国的迫切要求

习近平总书记明确指出，全面推进依法治国，必须坚持严格执法。行政机关是实施法律法规的重要主体，要带头严格执法，维护公共利益、人民权益和社会秩序。行政执法是行政机关普遍的日常行政活动，是实施法律法规、依法管理经济社会事务的主要途径，是实现政府职能的重要方式。行政执法是否严格公正，直接体现着各级政府依法行政的水平和程度。当前行政执法领域中的有法不依、执法不严、违法不究甚至不作为、乱作为、选择执法、执法犯法等群众普遍关注、各方面反映强烈的突出问题，既破坏了法律的权威和公正，又损害了公共利益、人民权益以及党和政府的形象，造成了恶劣的社会影响，迫切需要通过深化综合行政执法体制改革来明晰职责配置，规范执法行为，强化权力监督和责任追究，促进严格规范公正文明执法，保证法律有效实施，通过依法治国、依法执政、依法行政构建起法治国家、法治政府和法治社会，进一步推进国家治理的现代化[②]。

2. 深化综合行政执法体制改革是实现社会公平正义的迫切要求

在行政机关的所有行政活动中，行政执法与人民群众的切身利益最密切相关，行政执法人员与人民群众打交道最多。这就要求行政执法机关决不能将执法仅仅看作一项孤立、简单的法律技术和法律操作行为，而必须看作保护人民权益、体现公平正义的权力行使行为和社会系统工程。在执法活动中，如何在保护人民群众的利益不受损害的前提下，既完成执法管理任务，又保证社会公平正义，是一项治理难题。当前许多综合行政执法人员仍然缺乏责任意识和服务意识，在执法过程中，处罚的多，硬性管理的多，与人民群众起冲突的多，被社会指责的也很多，既扩大了社会矛盾，又损害了人民群众对于社会公平正义的信心，迫切需要通过深化综合行政执法体制改革来

---

① 谷少传，袁周．积极探索综合行政执法体制改革．中国经济网，2021-01-12.

② 胡仙芝，张庆明，王敬波．国家治理现代化视角下综合行政执法体制改革探析．理论研究，2017（5）.

改变不良状况。

3. 深化综合行政执法体制改革是完善国家治理体系的重要举措

习近平总书记在深化党和国家机构改革总结会议上强调："深化党和国家机构改革是对党和国家组织结构和管理体制的一次系统性、整体性重构。……适应新时代要求的党和国家机构职能体系主体框架初步建立，为完善和发展中国特色社会主义制度、推进国家治理体系和治理能力现代化提供了有力组织保障。"[①] 基层治理作为国家治理的基石，统筹推进乡镇（街道）和城乡社区治理，是实现国家治理体系和治理能力现代化的基础工程。一直以来，基层治理都是我国政府治理体系的重点和难点，基层执法主体的缺失和执法力量的不足，导致行政执法常常难以监管，而且基层治理事关国家社会的稳定安全，迫切需要深化综合行政执法体制改革，以扩大执法领域，推进执法重心下移，有效统筹监管基层执法工作，解决"看得见的管不着、管得着的看不见"的问题，这是完善治理体系机制、保证基层长治久安的重要举措。

4. 深化综合行政执法体制改革是解决综合行政执法中突出问题的必经途径

行政执法作为政府工作最基本的环节，涉及经济、社会、文化和生活等各个领域。传统行政执法体制在制度设计上既不科学也不规范，并且缺乏外部有效监督和内部约束机制，最重要的是缺乏明显的法治特性，执法的方式方法也很难体现民主文明，很大程度上弱化了政府治理能力。改革开放后，政府机构改革已历经数次，取得了一定成效，但政府职能的转变还不够彻底，传统行政执法体制中不同程度地存在着多层执法、多头执法、执法扰民、重权轻责、以权谋私等碎片化问题，严重影响了行政执法的公正性和统一性，干扰了正常的公共秩序和市场经济秩序，并导致了不正之风和腐败行为的频发，这些问题归根结底在于行政体制机制的不完善。对此，推行综合行政执法体制改革，必须着力提高改革的针对性，研究制定与全面深化改革总目标相适应的改革设计方案，使综合行政执法体制改革符合国家治理体系和治理能力现代化的现实需要[②]。

（三）深化综合行政执法体制改革的对策建议

1. 推进行政执法体制机制改革创新

2018 年深化党和国家机构改革有力推动了行政执法体制改革完善，整合组建了综合执法队伍，有效解决了多头、多层和重复执法问题。对于进一步推进行政执法体制机制的改革创新，需要做到以下几点：首先，要构建完善权责清晰、运转顺畅、保障有力、廉洁高效的行政执法体制机制，持续提高执法的质量和水平，大力提高执法执行力和公信力。其次，要加强综合执法、联合执法、协作执法的组织指挥和统筹协调，大力推进跨领域跨部门联合执法，实现违法线索互联、执法标准互通、处理结果互认。在行政许可权、行政处罚权改革中，要健全审批、监管、处罚衔接机制，防止相互脱节。最后，还要完善行政执法与刑事司法衔接机制，加强"两法衔接"信息平台建设，推进信息共享机制化、案件移送标准和程序规范化，加快制定不同层级行政执法装备配备标准[③]。

---

① 习近平．习近平谈治国理政：第 3 卷．北京：外文出版社，2020：105.

② 胡仙芝，张庆明，王敬波．国家治理现代化视角下综合行政执法体制改革探析．理论研究，2017（5）.

③ 中共中央 国务院印发《法治政府建设实施纲要（2021—2025 年）》．中国政府网，2021－08－11.

2. 完善基层综合执法体制机制

党的二十大报告强调扎实推进依法行政，要求“完善基层综合执法体制机制”。基层是社会治理的基础和重心，承担了大量行政管理职责，提升基层综合执法能力和水平对于推进依法行政至关重要。随着经济社会的快速发展，基层行政执法的需求愈发凸显。在过去的执法体制中，行政执法主体多集中配置于市县层级，乡镇和街道并没有执法权限，行政执法权在基层的覆盖和延伸不足，导致基层执法需求与实际权力配置之间存在巨大张力。对此，首先要加强基层政权治理能力建设，切实增强乡镇和街道的行政执行能力、为民服务能力、议事协商能力、应急管理能力和平安建设能力①。其次，要推进行政执法权限和力量向基层延伸和下沉，稳步将基层管理迫切需要且能有效承接的行政执法事项下放给基层，坚持权随事转、编随事转、钱随事转，充实基层执法力量，保障基层有足够的资源履行执法职责。同时，要整合现有站所、分局执法力量和资源，组建统一的综合行政执法机构，按照有关法律规定相对集中行使行政处罚权，以乡镇和街道名义开展执法工作，并接受有关县级主管部门的业务指导和监督，逐步实现基层“一支队伍管执法”②。

3. 加强行政执法队伍建设

首先要完善综合行政执法的属地管理体制，增强基层政府的监管能力，按照“编随人行、人随事走”“精简机关、强化基层”的原则，做好机构撤并和编制划转工作，精简归并部门原有执法队伍。随着执法重心的下移，编制资源应适当地向基层倾斜，相应划转有关部门及其执法队伍人员编制，优化人员编制配置，重点加强基层执法机构编制设置。其次要建立行政执法类公务员独立的职位序列，通过职位分类和聘任制的实施，打通执法人员升职晋级通道，构建更专业、高效、廉洁的职业性执法队伍。随着综合行政执法机构整合的推进，部门工作职责大幅增加，执法对象面广量大，涉及的法律法规数量众多，这对执法人员的综合素质和业务能力提出了更高的要求。执法机构主管部门应通过在职培训、公开招聘、选调等方式，培养选拔执法人员。最后，执法机构内部应以重塑文明执法，规范执法的形象为着力点，自觉接受社会和行政相对人的监督，全面打造人民满意的综合行政执法队伍③。

4. 全面推进严格规范公正文明执法

严格规范公正文明是行政执法工作的生命线，也是有机统一的整体。其中，严格是执法基本要求，规范是执法行为准则，公正是执法价值取向，文明是执法职业素养，要准确把握、全面贯彻，不能顾此失彼④。首先，要强力整治行政执法突出问题。聚焦人民群众反映强烈的运动式执法、“一刀切”执法、简单粗暴执法、野蛮执法、过度执法、机械执法、逐利执法等不作为乱作为问题，开展专项整治和监督行动。其次，要建立健全行政执法标准规范。全面落实行政裁量权基准制度，加强行政裁量权基准的动态管理和

---

① 中共中央 国务院关于加强基层治理体系和治理能力现代化建设的意见．中国政府网，2021-07-11.

② 中共中央办公厅 国务院办公厅印发关于推进基层整合审批服务执法力量的实施意见．中国政府网，2019-01-31.

③ 夏德峰．综合行政执法改革的难题及其破解．中国行政管理，2016（6）.

④ 深化行政执法体制改革，全面推进严格规范公正文明执法．共产党员网，2023-02-24.

备案审查。最后，要完善行政执法工作机制。严格行政执法程序，全面落实行政执法公示制度、执法全过程记录制度、重大执法决定法制审核制度；依法健全以信用为基础的新型执法机制，规范涉企行政检查，完善联合检查、“双随机、一公开”监管、非现场执法等工作机制，推动监管信息共享互认；对直接涉及公共安全和人民群众生命健康等的特殊行业、重点领域，依法依规实行全覆盖的重点监管。

5. 加快构建行政执法协调监督工作体系

一是完善行政执法监督制度。加快出台行政执法监督条例，进一步规范行政执法监督体制、监督职责、监督内容、监督方式、监督程序、责任体系等内容。健全完善行政执法监督配套工作制度，推进行政执法案卷评查、行政执法案例指导等工作。研究制定科学、合理的行政执法考核评价指标体系，提高相关指标的针对性、约束力。二是健全行政执法监督机制。强化上级行政机关对下级行政机关行政执法工作的全方位、全流程监督，严格履行常态化、长效化监督，积极探索司法所协助县级人民政府司法行政部门开展乡镇、街道行政执法监督工作的方式方法。三是创新行政执法监督方式。县级以上人民政府司法行政部门要制定年度行政执法监督工作方案，综合运用行政执法工作报告、统计分析、评议考核等方式，对行政执法工作情况开展经常性监督，督促行政执法机关全面履行行政执法职能。县级以上人民政府部门承担行政执法监督职责的机构，要加强对本部门本系统行政执法工作和重大行政执法案件的统筹协调、日常监督和业务指导。完善重大行政执法案件专项监督调查处理机制。拓宽监督渠道，建立行政执法监督与各种监督渠道的信息共享工作机制。积极推进落实行政执法监督员制度①。

本章学习要点

行政执行是指国家行政机关及其工作人员遵循行政管理的客观规律，为实现行政决策目标，充分调动各种公共资源而进行的全部行政活动和行政过程，具有目标性、经常性、强制性、灵活性、时效性、综合性等特点。

行政执行分为行政指挥、行政沟通、行政协调和行政控制四个环节。行政指挥有口头指挥、书面指挥、会议指挥几种常用的指挥方式。行政沟通按照不同的标准分为正式沟通和非正式沟通，下行沟通、上行沟通和水平沟通，以及口头沟通、书面沟通和多媒体沟通。行政协调按照不同的标准可分为主动协调和被动协调、内部协调和外部协调、对事的协调和对人的协调、会议协调和非会议协调。行政控制的方法主要有工作指导，工作考核，报告、汇报，视察、调查，等等。

行政执行应遵循主体性、目标性、系统性、迅速性等原则。影响行政执行的因素主要包括行政决策的质量、行政任务的复杂程度、行政执行主体的状况、行政执行涉及对象的情况、行政环境的状况等。行政执行目前存在的问题主要是滥用行政权力、缺乏战略眼光和系统思维、行政执行透明度低、行政执行偏离政策目标。应树立良好的行政执

---

① 国务院办公厅关于印发《提升行政执法质量三年行动计划（2023—2025 年）》的通知．中国政府网，2023-09-06.

行理念，提高行政执行人员素质，推进政务公开，提高行政执行透明度，建立有效的行政执行机制，加强行政执行资源的投入，改善行政执行环境。

本章思考题

1. 什么是行政执行？
2. 行政执行有哪些特征？
3. 行政执行主要有哪些手段？
4. 行政执行主要有哪些环节？
5. 行政执行的基本原则有哪些？
6. 影响行政执行的因素有哪些？
7. 深化综合行政执法体制改革的建议有哪些？

第九章

行政监督

本章学习目的

坚持和完善党和国家监督体系，要强化对权力运行的制约和监督。一方面，要重点完善党内监督体系；另一方面，要推动党内监督和其他监督有机贯通、相互协调。行政监督，是党和国家监督体系中的重要组成部分，是对政府机关及其工作人员履行职责、运用权力的监督检查。所以我们还必须研究行政监督，研究行政监督的概念及必要性，研究内部监督与外部监督的主要类型和形式，研究中国特色的国家监察以及预防性行政监督的主要类型和形式。

第一节　行政监督概述

一、行政监督的概念

“监督”在英文中是“supervision”，而“super”本义为“在上”，“vision”的意思则为“看”，所以“监督”的本来含义应该是上级对下级的督察、督导。在我国，“监”和“督”最早都是作为官职出现的，即行使督查、监督职责的官员，比如《后汉书·荀彧传》中就说：“古之遣将，上设监督之重，下建副二之任，所以尊严国命，谋而鲜过者也。”这里所说的“监督”，是指对派出去打仗的将军进行监察、督导的官吏。现在“监督”仍然保留了职务的名词含义，但作为动词则指“察看并督促”[①]。

关于行政监督，目前我国学术界有不同的理解，但总体上认为行政监督有广义和狭义之分。广义上的行政监督是指立法机关、行政机关、司法机关、政党、社会团体、公民、社会舆论等众多的政治力量和社会力量，对国家行政机关及其工作人员所实施的监督。狭义上的行政监督是指国家行政机关内部对自己和自己的工作人员的监督。

---

① 中国社会科学院语言研究所词典编辑室．现代汉语词典．7版．北京：商务印书馆，2016：633.

本书认同广义的定义，即行政监督是指国家机关、政党、社会团体和公民等依据有关的法律法规，对国家行政机关及其工作人员的行政行为进行的监察、检查和督促活动。

二、行政监督的必要性与作用

（一）行政监督的必要性

加强对行政机关及其工作人员的监督是坚持和加强党的领导的需要、制约公共权力的需要、制约人性弱点的需要以及加强民主政治建设的需要。

1. 行政监督是坚持和加强党的领导的需要

中国共产党是最高政治领导力量，党的领导是全面的、系统的、整体的。行政监督是党和国家监督体系的重要组成部分，确保行政工作始终沿着正确的政治方向开展。党和国家通过强化对权力运行的制约和监督，纠正政治偏差，纠正有令不行、有禁不止行为，纠正搞变通打折扣、行动少落实差问题，坚持党的统一领导，确保党的路线方针和各项决策部署全面贯彻落实。

2. 行政监督是制约公共权力的需要

行政主体所拥有的行政权力是公共权力的重要组成部分，制约公共权力的需要也是制约行政权力的需要。公共权力客观上都具有权威性、强制性、扩张性、排他性以及明显的腐蚀性。针对公共权力的这些特性，就“必须以权力约束权力”[①]。正是为了防止管理者把自己的意志等同于公民的意志，进而把自己的意志强加于公民，监督才成为必需的机制。

3. 行政监督是制约人性弱点的需要

现代公共选择理论认为，政府官员是理性“经济人”，天然会追求个人利益的最大化，所以，不能期盼通过人的自我发展、修身养性完全弥补这一缺陷，应当借助有效健全的监督体制和制度来弥补行政主体的缺陷，制约人性中不易克服的弱点。

4. 行政监督是加强民主政治建设的需要

民主是政治文明的核心内容，民主的本质就是多数人执掌国家权力。从发展民主的要求看，人民必须保留对国家管理者的监督权、控制权、管理权，这样才能有效地保证国家机关及其工作人员权力行使的合法性和正当性。为了确保人民公仆遵照人民的意志行使权力，保障人民的合法权益，必须建立一套行之有效的监督制度。现代国家权力向行政权力集中成为趋势，为了在这个趋势中强化民主，也需要加强对行政主体的监督。

（二）行政监督的作用

行政监督的必要性来源于行政监督的功能和作用。这些功能和作用主要是保障政令畅通，提高行政效能，纠正工作偏差，规范权力运行，加强廉政建设。

1. 保障政令畅通

行政监督通过对行政机关及其工作人员的监察和督导，及时跟进中央重大决策部署

---

① 孟德斯鸠．论法的精神：上．北京：商务印书馆，1989：154.

贯彻落实情况，全面把握党的路线方针政策，是提高政府执行力、保证政令畅通的有效途径。

2. 提高行政效能

通过对日常行政管理工作的监督和对监督所揭露出来的问题的处理，促使行政机关及其工作人员认真总结经验教训，不断改进工作方法，坚持依法办事，提高行政效率。

3. 纠正工作偏差

行政监督发现工作中的问题，可及时采取适当的措施予以纠正，使因工作偏差造成的损失得到弥补或减少到最低程度。

4. 规范权力运行

行政监督的实质是对公共权力的监督，使党和人民赋予的权力始终用来为人民谋幸福。严格的行政监督机制的存在本身就可以对公共行政权力形成威慑作用，现实中更是可以将公共行政权力置于无处不在的国家权力和社会公众的监督之下，所以可以制约权力的滥用，促进行政权力规范透明运行。

5. 加强廉政建设

行政监督机关通过发挥其职责和手段，整合政府的行政监察部门、预防腐败部门以及人民检察院的反贪、反渎、职务犯罪预防部门等力量，能够加强廉政建设、反对腐败。

三、行政监督的分类

行政监督的方式很多，可根据不同的要件对行政监督进行分类。需要特别说明的是，同一种监督形式可以因分类依据的维度不同，而对其进行不同的命名。

（一）按监督主体职责的分类

1. 一般监督

一般监督指按照行政隶属关系和机关协作关系而产生的监督。一般监督主要包括两种情况，即行政机关上下级之间的监督和不同行政机关之间的监督。一般监督没有特定指向，一般以遵守纪律、执行政令为主，在存在行政隶属关系的地方，则还负有指导工作的责任。

2. 职能监督

职能监督指政府各职能部门或直属机构依据法定权力，就其主管业务对下级政府对应职能部门的监督，以及对所属企事业单位的监督。职能监督通常围绕着业务职能进行。从世界多数国家的监督实践看，职能监督的权限和范围因业务性质和法律传统而存在差别，一般而论，集权型政治体制职能监督较强，分权型则较弱。

3. 主管监督

主管监督指政府专设的廉政行政机关因特殊授权而对其他行政机关实行的监督。一般说来，主管监督部门享有较大的和较广泛的监督权限，监督对象和监督领域也较复杂和广泛，因此，其监督任务、机构设置和技术手段多具有综合性。

4. 特种监督

特种监督指除主管监督以外的各种普遍适用的专业性行政监督，例如审计监督、环境保护监督等。相对一般监督而言，特种监督的专业技术性较强，通常以某一特定领域为监督对象，并以法律规定保障其监督权的行使。

（二）按监督主体性质的分类

1. 内部监督

内部监督指行政机关内部所进行的监督，即管理意义上的监督，主要包括审计监督、统计监督、上级监督等。

2. 外部监督

外部监督指国家行政机关外部的监督主体对国家行政机关及其工作人员进行的监督，主要有党内监督、人大监督、民主监督、司法监督、群众监督和舆论监督。

3. 国家监察

国家监察指由国家依法对所有行使公共权力的公职人员进行监督调查。其主要职责包括监督、调查和处置，监察方式主要有谈话、讯问、询问、留置、查询与冻结、搜查、调取、查封与扣押、勘验检查、鉴定、技术调查、通缉、限制出境等。

（三）按监督时间的分类

1. 事前监督

事前监督指在行政管理活动开始之前进行的监督。在行政管理活动开始之前，为了防患于未然，减少失误，审查、监督行政机关做出的决策，制定的工作规划、计划，以及为此而制定的实施方案等，尽可能杜绝和防止违法违纪行为和不合理现象的产生。

2. 事中监督

事中监督指对正在进行的行政管理活动的监督。对正在进行的行政管理活动是否按照决策目标或工作规划、计划运行进行监督，目的在于及时发现问题、采取对策，避免造成不良后果。

3. 事后监督

事后监督指行政管理活动完成以后的监督。行政管理活动完成后，对决策目标或工作规划、计划是否按期完成，是否符合质量要求等情况进行监督，目的在于总结经验、吸取教训，对存在的问题及早采取补救措施。

（四）按监督行为的分类

1. 合法性监督

合法性监督是对国家行政机关及其工作人员的合法性的监督，包括两个方面：一是对国家行政机关及其工作人员职务活动合法性的监督；二是对国家行政机关工作人员的非职务活动合法性的监督。

2. 合理性监督

合理性监督是合法性监督的延伸和补充。法律很难对国家行政机关及其工作人员的所有活动都做出规范，还需用社会道德和职业道德进行调整。合理性监督包括两个方面：（1）对其职务活动是否符合总政策和本地区本部门的实际情况，是否从大局出发、维护全局的利益，是否符合行政管理的基本原则等进行监督；（2）对其非职务活动是否遵守社会公德和职业道德，是否有损国家公职人员的形象等进行监督。

（五）按监督结果的分类

1. 督促性监督

督促性监督指对国家行政机关及其工作人员的工作采取有关监督措施，督促其积极工作，恪尽职守，提高工作效率或改进某项工作。

2. 改进性监督

改进性监督指对国家行政机关及其工作提出改进措施，以确保国家宪法、法律、党的路线方针政策和行政管理目标的实现。

3. 惩处性监督

惩处性监督指对违法违纪的国家行政机关及其工作人员采取有关处罚措施，追究其行政责任或刑事责任，以实现对国家行政机关及其工作人员的监督和教育。

第二节　行政监督的类型

尽管对行政监督可以做多维度分类，但通常还是将其分为内部监督和外部监督两种类型。

一、内部监督

（一）内部监督的概念

行政系统内部监督简称内部监督，是指国家在行政机关内部设立的专门从事监督工作的行政机关，根据国家的法律法规，对国家行政机关及其工作人员的行政行为进行全面的监察、检查、督促和指导。

行政内部监督的主体是根据宪法专设的机关，行政内部监督权明载于国家根本大法，只有国家最高权力机关才能确定，由国家强制力保证实施。行政内部监督着眼于依法行政的检查督促，同时更注重合理行政，即科学行政和高效行政的检查督促；注重“照章办事”的检查督促，同时更注重在严格遵守政纪规范的前提下，如何发挥主动性和创造性，灵活地检查督促。

行政内部监督与行政外部监督相比，有利之处在于可以适应现代政府专门化、技术化的发展趋势，可以适应行政管理权兼有委任立法权、司法权的发展特点。

（二）内部监督的主要类型

1. 审计监督

审计监督指由国家专门设立审计机关依法对行政机关的财政财务收支活动、经济效益和财经法纪的遵守情况进行的审核和稽查。审计监督权包括调查权、审查权、建议权、处理权、通报权等。按照审计目的可分为财务、财政审计，经济效益审计和财经违纪审计。按照审计的时间顺序可分为事前审计和事后审计。按照组织审计的形式可分为送达审计、就地审计、委托审计及其他审计方式。

2. 统计监督

统计监督指县级以上地方人民政府依法设立独立的统计机构，在统计调查、取得统计资料并进行分析的基础上，对经济社会运行进行定量检查、监测和预警。统计监督具有独立性、数量性和全面性的特点。其主要任务是开展统计督察、开展统计执法检查、依法独立履行监测评价职能、监督评价高质量发展情况，以及建立健全有利于发挥统计监督职能作用的协同配合机制。

3. 上级监督

上级监督指具有行政隶属关系的上级行政机关对下级行政机关行政行为的再次审查并做出维持、变更或者撤销决定，主要方式是行政复议。行政监督系统中上级机关监督是解决问题效率最高的监督形式。监督主体和对象有直接隶属关系，监督主体可以是上级政府，也可以是上级主管部门。

（三）内部监督的主要形式

国家可以对不同的监督对象使用不同的监督形式，也可以对同一个监督对象使用几种不同的监督形式。

1. 审计监督的主要形式

审计实践中，审计监督具有多种形式，主要包括：要求被审计单位按时报送发展规划、战略决策、财政财务收支等有关资料；参加并召开与审计事项有关的会议；参与制定有关的规章制度；就审计事项中的有关问题，向有关单位和个人开展调查和询问；提出纠正、处理违法违规行为的意见和提高管理绩效的建议；等等。

2. 统计监督的主要形式

统计监督包括权力监督、执法监督、监测评价、管理监督四个层面的内涵，其主要形式有：统计督察、统计执法监督检查、监测评价、统计制度监督、统计数据质量检查评估。每一监督形式都有各自的监督主客体、监督内容，从而形成系统完整、协同高效、约束有力的统计监督体系。

3. 上级监督的主要形式

上级监督主要通过参加会议、开展专项监督检查、行政约谈、考核、评估、听取及审查报告等多种监督形式，加强对下级行政机关及其工作人员的领导和监督，以确保下级行政机关遵守法律法规和政策规定，正确履行职责。

二、外部监督

（一）外部监督的概念

外部监督就是根据国家的法律法规，由行政机关以外的监督主体对国家行政机关及其工作人员的行政行为进行全面的监察、检查、督促和指导。外部监督的实质问题是法定的外部监督主体通过享有和行使监督权，督促和保证行政机关和行政官员遵从法律，对国民尽职尽责，履行行政责任，弥补内部监督的不足。与内部监督相比，外部监督的特点是：

（1）主体多样、独立。外部监督的主体包括立法、司法等国家机关及执政党和社会组织、公民个人等。外部监督主体与客体无依附或隶属关系，因此，监督主体具有相对独立性，便于保证监督的客观性、公正性。

（2）范围全面、完整。党内监督、人大监督、民主监督、司法监督、群众监督和舆论监督构成了多样化的行政监督主体网络体系，且主体间差异性使其能够相互衔接、相互补充。

（3）活动经常、及时。行政管理活动不仅每时每刻都在进行，具有复杂性，而且外部监督主体众多、分布广泛，尤其是越来越多的社会组织和公民参与其中，甚至能够运用行政诉讼法，与行政主体直接“对簿公堂”，从而促进了监督主体民主权利的实现。

（二）外部监督的主要类型

1. 党内监督

党内监督在党和国家监督体系中起着主导作用，这是由党的执政地位决定的。发挥好党内监督的作用，是行政权力正确运行的根本保证。党的各级纪律检查委员会是党内监督专责机关，主要任务包括维护党的章程和其他党内法规，检查党的路线、方针、政策和决议的执行情况，协助党的委员会推进全面从严治党、加强党风建设和组织协调反腐败工作，推动完善党和国家监督体系。

2. 人大监督

人大监督指为保证政府依法行政，全国人民代表大会和地方各级人民代表大会在党的领导下，代表国家和人民进行的具有法律效力的监督。人大监督作为国家权力机关的监督，是党和国家监督体系中的重要组成部分，是国家最高层次的监督。国家行政机关由人民代表大会产生，对它负责，受它监督。人大监督的目的是确保宪法和法律得到有效实施，确保公共权力得到正确行使，确保人民的合法权益得到尊重和维护，不受侵犯。

3. 民主监督

民主监督指人民政协、各民主党派、各人民团体通过提出意见、批评、建议的方式，对行政机关及其工作人员进行的协商式监督。民主监督没有法律约束力，性质上不同于人民代表大会所行使的国家权力的监督。

4. 司法监督

司法监督指国家司法机关依据宪法和有关法律对国家行政机关所实施的监督。我国司法监督的主体是人民检察院和人民法院。司法机关通过独立公正地行使审判权和检察权，防止和查处领导干部失职渎职、滥用职权等行为。司法监督是党和国家监督体系中强制性程度最高的一种监督机制，是党和国家利用监督手段、维护公权力正确行使的“最后一道防线”。

5. 群众监督

群众监督指人民群众依据法定的权利，必要时经过法定的程序，对行政机关及其工作人员进行监督。我国宪法规定，国家的一切权力属于人民。人民群众是国家的主人，对国家机关特别是对行政机关进行监督，是宪法赋予公民的基本权利之一，是社会主义民主的重要体现。群众监督具有广泛性、实时性和多样性的特点，是反映民意、维护公共利益的有效方式，也是对政府行为进行实质性监督的重要手段。

6. 舆论监督

舆论监督是通过新闻媒介来揭示现实生活中存在的问题并促其解决的监督，是新闻媒体拥有的运用舆论的独特力量。舆论监督并不具有强制性，是一种精神的、道德的力量。舆论监督以其特有的公开曝光的形式产生的作用和效果，具有辐射面广、震慑力强的特点。

（三）外部监督的主要形式

1. 党内监督的主要形式

根据监督主体的不同，党内监督可以分为党员监督、党组织监督和纪律检查机关的监督三种具体形式。党员监督，即党员之间、党员领导干部之间、党员与党员领导干部之间的监督。党组织监督，即党的上下级组织之间的互相监督和党组织对党员的监督。纪律检查机关的监督，即党的纪律检查委员会（包括党组纪检组长和支部纪检委员）所实行的监督。

2. 人大监督的主要形式

根据宪法和监督法等规定，人大及其常委会的监督主要有以下形式：听取和审议人民政府、人民法院和人民检察院的专项工作报告；审查和批准决算，听取和审议国民经济和社会发展计划、预算的执行情况报告，听取和审议审计工作报告；法律法规实施情况的检查；规范性文件的备案审查；质询与专题询问；特定问题调查与审议决定撤职案。

3. 民主监督的主要形式

人大代表中的民主党派、无党派人士可发表批评、意见和建议；在政协会上，民主党派、无党派人士可以就各方面的问题提出批评意见，民主党派、无党派人士政协委员还可以通过视察、举报、调查与检查活动以及提交提案来实行监督；民主党派、无党派人士参加政府有关会议、活动，都可以发表自己的意见和批评，同时还可参加政府有关部门组织的调查和检查活动等。

4. 司法监督的主要形式

司法监督包括人民检察院的监督、人民法院的监督。人民检察院对国家行政机关和国家公务人员实行监督的形式主要包括法纪检查、经济检查和侦查监督。人民法院监督的形式主要有：通过宪法诉讼进行的监督，通过行政诉讼进行的监督，通过国家赔偿诉讼进行的监督，通过刑事诉讼进行的监督。

5. 群众监督的主要形式

群众监督的内容非常广泛，形式也多种多样，包括批评、建议、检举、控告和申诉等。最主要的形式为以下两种：一是参加基层居民自治组织，如居民委员会、村民委员等，协助政府办理事务，并且向政府反映群众意见和提出建议；二是直接向各级行政机关、领导写信或面访，反映意见、建议和要求，对各级行政机关及其工作人员的行政行为进行广泛的监督。

6. 舆论监督的主要形式

舆论监督是权力监督、制约权力的重要民主形式和途径，其主要形式为公众和媒体借助新闻等大众传媒对行政机关及其工作人员履行公共职责过程中出现的违法违纪等权力滥用行为和失德言行进行披露，提出批评和建议。此外，游行、集会、演说以及民意调查也属于舆论监督形式。

第三节 国家监察

一、国家监察的概述

（一）国家监察的含义

国家监察是指国家监察机关依法对所有行使公权力的公职人员进行监察调查。具体内容包括以下四个方面：

（1）国家监察是根据宪法规定，由国家最高权力机关依法确定的权力。《中华人民共和国监察法》（以下简称《监察法》）对国家监察机关的产生、组织成员及机构设置、职能、运行程序以及监察机关内部上下级间关系等方面做出了明确规定。

（2）国家监察的对象是所有行使公权力的公职人员。《监察法》规定监察对象为中国共产党机关、人民代表大会及其常务委员会机关、人民政府、监察委员会、人民法院、人民检察院、中国人民政治协商会议各级委员会机关、民主党派机关和工商业联合会机关的公务员，以及参照《中华人民共和国公务员法》管理的人员；法律、法规授权或者受国家机关依法委托管理公共事务的组织中从事公务的人员；国有企业管理人员；公办的教育、科研、文化、医疗卫生、体育等单位中从事管理的人员；基层群众性自治组织中从事管理的人员；其他依法履行公职的人员。监察法所规定的监察对象解决了行政监察体制存在的监察范围过窄的问题，实现了党内监督与国家监督全覆盖。

（3）国家监察的目的是加强对权力的监督，防止腐败滋生。国家监察的监督范围是多角度、全方位的，通过计划、组织、控制、指挥、协调、沟通、监督等职能实现，能够产生良好的政治、经济、文化与社会功能等。

（二）国家监察的特点

“监察”与“监督”仅一字之差，但前者却比后者增加了调查研究、仔细看的含义①。国家监察的目的和作用与行政监督一样，但是其实施主体不同，作用对象不同，工作形式也有所不同。这些与行政监督的不同就是国家监察的特点：

（1）实施主体不同所以权力属性不同。行政监督主体包括国家权力机关、行政机关、司法机关、国家监察机关、执政党、人民群众及新闻舆论等，所以行政监督权既包括国家权力，也包括群众性监督的社会权力。而国家监察主体是由权力机关产生、专门独立的国家监察机关（国家监察委员会），所以国家监察只是国家权力的一部分。

（2）作用对象不同。行政监督对象是国家行政机关及其工作人员的行政行为，而国家监察的对象是所有行使公权力的公职人员，即除了国家行政机关及其工作人员外，还包括国家立法、司法、执政党、政协、人民团体等所有公共权力及其公职人员，甚至包括医院、学校等事业单位及其工作人员等。

（3）工作形式不同。因为实施主体不同，所以行政监督和国家监察的工作形式既有相同之处，也有明显不同之处。国家监察中不存在非权力、非强制性的工作方式。而且国家监察的工作形式明显比行政监察丰富很多，其中讯问、留置、通缉等工作方式都是行政监察所没有的工作形式。

（三）国家监察的基本原则

国家监察的基本原则，是指贯穿于整个监察过程中必须遵循的主要规律。确立国家监察的基本原则，除了坚持党的领导、民主集中制等共同原则，还应当坚持监察部门所特有的原则。这些原则是行使行政监察权必须遵循的原则，必须适用于国家监察的各个方面，并贯穿于国家监察的全过程。

（1）依法独立行使监察权原则。

《监察法》第 4 条规定：“监察委员会依照法律规定独立行使监察权，不受行政机关、社会团体和个人的干涉。”这里包含两方面的内容：一方面，监察委员会独立行使监察权，不受其他主体的干涉。所谓的“干涉”，主要是指行政机关、社会团体和个人利用职权、地位，或者采取其他不正当手段干扰、影响监察人员依法行使职权的行为。另一方面则是，监察委员会依法独立行使监察权。“依法”是前提，监察委员会履行职责必须遵循社会主义法治原则的基本要求，必须严格依照法律进行活动，既不能滥用或者超越职权，违反规定的程序，也不能不担当、不作为，更不允许利用职权徇私枉法，放纵职务违法犯罪行为。

（2）监察工作实事求是原则。

国家监察机关处理其他机关及工作人员的违法违纪行为，必须以事实为依据，坚持实事求是的原则。这是我国监察工作实践的经验总结。《监察法》第 5 条将这一根本经验用法律条文的形式固定下来，并把它视为监察工作的一项基本原则。按照“以事实为根

---

① 中国社会科学院语言研究所词典编辑室．新华字典．北京：商务印书馆，1998：47.

据，以法律为准绳”的社会主义法制原则和辩证唯物主义认识论的指导，监察工作中也必须要求监察机关行使职权时将坚持实事求是作为一项基本原则。具体要求就是，监察机关在开展工作，尤其是查处违法违纪案件中，要尊重客观事实，一切从实际出发，必须深入细致地调查研究，广泛、充分地了解、收集有关的材料和证据，并且认真分析，反复验证，去伪存真，杜绝先入为主、主观臆断。这样才能做出符合实际的判断，做出正确的处理，从而保证监察工作的质量，防止发生差错，使处理的监察事项经得起现实和历史的检验。

（3）法律面前人人平等原则。

《监察法》第5条规定监察工作“在适用法律上一律平等，保障当事人的合法权益”。这项原则是公民在法律面前一律平等的社会主义法制原则在国家监察工作中的具体体现。“在适用法律上一律平等”，是指监察机关对所有监察对象，不论民族、职业、出身、性别、教育程度都应一律平等地适用法律，不允许有任何特权。具体来说它包含以下几个层面：任何监察对象的合法权益都平等地受法律的保护；任何监察对象都必须遵守法律，不得有超越法律的特权；一切违法违纪行为都必须受到追究。“保障当事人的合法权益”，是指要严格遵循相关法律规定，不得违法侵犯公民、法人和其他组织的合法权益。这里的“当事人”，既包括被调查人也包括涉案人员等其他人员。根据法律面前人人平等这一原则，监察机关对于一切监察对象的合法权益都要依法保护，绝不能因为监察对象的地位、身份、职务等的不同而有所区别，应切实做到秉公办事、执纪公平。

（4）惩戒与教育相结合原则。

惩戒与教育相结合，宽严相济。惩前毖后、治病救人，是我们党的一贯方针，是我们党从丰富的实践经验和深刻的历史教训中总结出来的。历史证明，只有坚持这一方针，才能达到既严明法纪又团结同志的目的。监察委员会除了依照宪法、监察法和有关法律法规，监督所有公职人员行使公权力的行为是否正确，党和国家的路线方针政策是否贯彻落实，更重要的是通过对公职人员违法违规行为的检查和惩处，达到纠正国家机关及其工作人员的不良行为，减少和铲除以权谋私、滥用权力的官僚主义等腐败现象的目的，以使国家机关及其工作人员接受教训、改进工作，更好地行使人民赋予的权力。为此，监察机关要坚持惩戒与教育相结合，一方面要求对违法违纪的监察对象，严格执行法律，在弄清事实的基础上，根据违法事实和情节，给予适当的处分；另一方面还要求具体分析其错误性质、情节和严重程度，耐心地帮助其认识错误，做好思想政治工作。坚持两手抓，即一手抓制裁，一手抓教育，二者相结合，既制裁犯错者，又教育其他人。

二、国家监察的职责

党章规定党的各级纪律检查委员会的职责是监督、执纪、问责，这与监察法对国家监察委员会职责的规定基本一致，能够确保国家监察委员会同与其合署办公的纪委在职责上相匹配，避免实际工作中的混乱和职责发散等问题。国家监察委员会的职责包括监督、调查与处置。

（一）监督

国家监察委员会代表党和国家，依照宪法、监察法和有关法律法规，监督所有公职人员，确保权力不被滥用。国家监察机关履行监察职责的方式包括廉政教育和监督检查。廉政教育主要通过加强理想信念教育，使公职人员牢固树立马克思主义世界观、人生观、价值观和正确的权力观、地位观、利益观。监督检查的方法包括列席或者召集会议、听取工作汇报、实施检查或者调阅、审查文件和资料等。

（二）调查

调查公职人员涉嫌职务违法和职务犯罪，是国家监察委员会的一项经常性工作，体现了国家监察委员会作为国家反腐败工作机构的定位。调查的主要内容包括涉嫌贪污贿赂、滥用职权、玩忽职守、权力寻租、利益输送、徇私舞弊以及浪费国家资财等职务违法和职务犯罪行为，这些内容基本涵盖了公职人员的腐败行为类型。“贪污贿赂”“滥用职权”“玩忽职守”“徇私舞弊”等违法行为与刑法规定的罪名和有关法律法规规定的违法行为一致，部分行为则不完全相同，但其实质是一致的，如“权力寻租”，主要指公职人员利用手中的公权力，违反或规避法律法规，谋取或维护私利的行为；“利益输送”，主要指公职人员利用职权或职务影响，以违反或规避法律法规的手段，将公共财产等利益不正当授受给有关组织、个人的行为；“浪费国家资财”，主要指公职人员违反规定，挥霍公款，铺张浪费的行为。

（三）处置

处置指对查出的问题进行处理、处罚。处置主要有五种形式：（1）对有职务违法行为但情节较轻的公职人员，按照管理权限，直接或者委托有关机关、人员，进行谈话提醒、批评教育、责令检查，或者予以诫勉。（2）对违法的公职人员依法做出政务处分决定。国家监察委员会根据监督、调查结果，对违法的公职人员依照法定程序做出警告、记过、记大过、降级、撤职、开除等政务处分决定。（3）对履行职责不力、失职失责的领导人员进行问责。国家监察委员会根据有关规定对不履行或者不正确履行职责的，按照管理权限对负有管理责任的领导人员做出问责决定，或向有权做出问责决定的机关提出问责建议。（4）对涉嫌职务犯罪的，将调查结果移送人民检察院，依法审查、提起公诉。监察机关经调查认为犯罪事实清楚，证据确实、充分的，制作起诉意见书，连同案卷材料、证据一并移送检察机关依法审查、提起公诉。（5）对监察对象所在单位提出监察建议。监察建议是国家监察委员会依照法定职权，根据监督、调查结果，对监察对象所在单位廉政建设和履行职责等方面存在的问题提出具有法律效力的建议，有关单位无正当理由必须履行监察建议，否则要承担相应的法律责任。

三、国家监察的主要形式

（一）谈话

谈话是指对可能发生职务违法的监察对象，监察机关按照管理权限，可以直接或者委托有关机关、人员进行谈话或者要求说明情况。谈话主体是监察机关相关负责人或者承办部门主要负责人，谈话对象是监察对象，谈话要件是监察对象存在相关问题线索反映或有职务违法方面的苗头性、倾向性问题等。谈话工作应当在谈话结束后的规定时间内，由承办部门写出情况报告和处置意见后报批，根据不同情况做出相应处置。

（二）讯问

讯问是指通过监察机关工作人员提问、被调查人回答的方式，取得印证被调查人有关职务违法犯罪事实的口供及其他证据的过程。对于发生职务违法行为，但尚不构成职务犯罪的公职人员，监察机关有权要求其做出陈述，在必要时可以出具书面通知；对涉嫌贪污贿赂、失职渎职等职务犯罪的被调查人，监察机关可以进行讯问，要求其如实供述涉嫌犯罪的情况。讯问权只能由监察机关工作人员依法行使而不能委托给其他机关或个人。

（三）询问

询问措施来源于纪检监察机关多年实践中运用的执纪审查手段。询问的对象是证人，证人是指知道监察机关所调查案件真相的当事人以外的第三人。调查人员可以到证人所在单位、住处或者证人提出的地点询问证人，必要时可以通知证人到监察机关提供证言，证人证言必须在法庭上经过公诉人和被告人、辩护人双方质证并且查实以后，才能作为审判定案的根据。

（四）留置

留置是指监察机关调查涉嫌贪污贿赂、失职渎职等严重职务违法或者职务犯罪时，已经掌握被调查人部分违法犯罪事实及证据，仍有重要问题需要进一步调查，并且具备法定情形，经依法审批后，将被调查人带至并留在特定场所，使其就案件所涉及的问题配合调查而采取的一项案件调查措施。留置包括三个要件：一是涉案要件，被调查人涉嫌贪污贿赂、失职渎职等严重职务违法或职务犯罪与涉嫌行贿犯罪或共同职务犯罪。二是证据要件，监察机关已经掌握部分违法犯罪事实及证据，且仍有重要问题需要进一步调查。三是具备下列法定的情形之一：（1）涉及案情重大、复杂的；（2）可能逃跑、自杀的；（3）可能串供或者伪造、隐匿、毁灭证据的；（4）可能有其他妨碍调查行为的。留置的上述三个要件相互联系、缺一不可。

（五）查询与冻结

监察机关调查涉嫌贪污贿赂、失职渎职等严重职务违法或职务犯罪，根据工作需要，可以依照规定查询、冻结涉案单位和个人的存款、汇款、债券、股票、基金份额等财产，有关单位和个人应当配合。主要包括两个要件：（1）涉案要件，涉嫌贪污贿赂、失职渎职等严重职务违法或者职务犯罪案件；（2）必要性要件，涉案单位和个人为达到伪造、隐匿、毁灭证据的目的，有可能提取、转移其存款、汇款、债券、股票、基金份额等财产，以及其他情形，不采取查询、冻结措施不足以防止这些情形的发生。经审查与案件无关的，应当在查明情况后三日内解除冻结，退还原所有人或者合法持有人、保管人。

（六）搜查

监察机关可以对涉嫌职务犯罪的被调查人以及可能隐藏被调查人或者犯罪证据的人的身体、物品、住处和其他被调查人可能藏身或者隐匿犯罪证据的地方依法进行搜查。搜查前应当出示搜查证，遇到紧急情况时，如可能携带、隐藏危险物品，可能隐匿、毁弃、转移犯罪证据或隐匿其他涉嫌犯罪人员等，可以先搜查，再及时补办相关审批手续。在搜查女性身体时，应当由女性工作人员进行。根据搜查工作需要，监察机关可以商请公安机关或者有关单位协助进行。

（七）调取、查封与扣押

监察机关在调查过程中，可以调取、查封、扣押用以证明被调查人是否涉嫌违法犯罪的财物、文件和电子数据等信息。对调取、查封、扣押的财物、文件，监察机关应当设立专用账户、专门场所，确定专门人员妥善保管，严格履行交接、调取手续，定期对账核实，不得毁损或者用于其他目的。经查明与案件无关的，应当在查明后三日内解除查封、扣押，予以退还。

（八）勘验检查

监察机关在调查过程中，可以直接或者指派、聘请具有专门知识、资格的人员在调查人员的主持下进行勘验检查。应当注意以下内容：(1) 须经监察机关相关负责人审批；(2) 实施主体可以是监察机关工作人员，必要时可指派或者聘请具有专门知识的人，在调查人员主持下进行；(3) 对象是与职务违法犯罪行为有关的场所、物品、人身等，具体包括现场勘验，物证、书证检验，人身检查等。

（九）鉴定

监察机关在调查过程中，对于案件中的专门性问题，包括法医类、物证类、声像资料、会计及技术问题类，可以指派、聘请有专门知识的人进行鉴定。监察机关指派、聘请的鉴定人，须具备法律法规规定的条件，可以是公安机关等侦查机关的刑事技术人员或其他专职人员，或其他具有专门知识的鉴定人。鉴定人在运用科学技术或专门知识进行鉴别、判断后，应当出具鉴定意见，作为证据之一，调查人员应对鉴定意见进行审查，必要时，可以提出补充鉴定或者重新鉴定的意见。

（十）技术调查

技术调查是指监察机关为调查职务犯罪，根据国家有关规定，主要通过通信技术手段对被调查人职务违法犯罪行为进行调查。通信技术手段通常包括电话监听、电子监控、拍照或者录像等。采取技术调查的执行主体是公安机关而非监察机关；案件范围必须是涉嫌重大贪污贿赂或其他重大职务犯罪的案件；采取审慎原则，在使用常规调查手段无法达到调查目的时才能采取技术调查手段，且必须依照规定履行严格的批准手续。

（十一）通缉

依法应当留置的被调查人如果在逃，监察机关可以决定在本行政区域内通缉，由公安机关发布通缉令，追捕归案，通缉范围超出本行政区域的，应当报请有权决定的上级监察机关决定。通缉对象须具备三个条件：（1）被通缉的人必须是涉嫌职务违法犯罪的被调查人；（2）该被调查人依法应当留置；（3）该被调查人因逃避调查而下落不明。

（十二）限制出境

监察机关为防止被调查人及相关人员逃匿境外，经省级以上监察机关批准，可以对被调查人及相关人员采取限制出境措施，由公安机关依法执行。应当注意把握以下内容：（1）适用对象包括涉嫌职务违法或职务犯罪的被调查人与涉嫌行贿犯罪或共同职务犯罪的涉案人员，以及与案件有关的其他相关人员。（2）省级以上监察机关具有审批权。（3）监察机关做出决定后交由公安机关执行。（4）延长和解除。限制出境措施期限届满经省级以上监察机关审批后可以延长，对期限未届满但不需要继续采取限制出境的应及时通知公安机关予以解除。

第四节　预防性行政监督

一、预防性行政监督的概念

（一）预防性行政监督的含义

预防性行政监督是国家机关通过思想教育、道德规范及制度完善等措施，防止行政机关及其工作人员违法或不合理行使职权的一种前置监督机制。预防性行政监督是事前监督或事中监督，考虑到一旦发生违法或不当行为会给国家、集体和公民造成巨大损失，预防性行政监督是行政监督的逻辑重点。

（二）预防性行政监督的特点

（1）主动性。相比惩治性的事后监督，对于各种可能发生的腐败，预防性行政监督具有主动性、前瞻性和预见性。

（2）系统性。建设高效廉洁的行政机关是一项宏大的系统工程，该体系包含教育、制度、监督、惩治等多项内容，而预防性行政监督体系的建设是一项非常重要的奠基性工程。2003 年我国提出，要建立健全与社会主义市场经济体制相适应的教育、制度、监督并重的惩治和预防腐败体系，重点在于预防。

（3）经济性[1]。预防性行政监督付出的成本较少，仅包括预防机构和队伍建设、制度建设的成本以及开展相关工作的成本，所以比惩治性监督更经济。腐败行为的发生对社会的政治、经济等各方面破坏性都是巨大的，惩治腐败也要付出人力、物力、财力等巨大成本。

（4）长效性。预防性行政监督工作的实质是对公职人员加强教育。建立健全监督约束制度和机制，以及加强行政监督的技术性设施的建设，都是可以长期稳定地发挥作用的措施。

（三）预防性行政监督的主要功能

预防性行政监督的功能主要表现在以下几点：第一，明确行政机关及其工作人员的行为规范与行为边界；第二，明确行政机关及其工作人员行使职权的标准，区分违法行为与违纪行为；第三，使行政机关工作人员可以预估违法违纪的成本，以此提高其自我约束力，减少行政违法违纪行为的实际发生。

二、预防性行政监督的主要类型

一些国家和地区根据自己的实际情况，积极探索有效的预防性行政监督的方法和途径，从表面上看措施纷繁多样，但实质上不外乎三种类型，即思想预防、制度预防和技术预防。

（一）思想预防

思想预防主要是对全体公民进行道德教育、廉政教育，对公职人员进行职业道德教育，在全社会形成一个以廉为荣、以贪为耻的社会文化。思想预防的实质是既要使行政人员强化“自律”意识，也要建设一个“自律”的环境氛围。

（二）制度预防

制度预防是通过构建一套科学完整的行政监督制度，使行政权力的行使者没有机会滥用职权。制度预防的实质是规范“他律”，是刚性约束。思想意识是无形的，因此其约束也是无形的，而制度有明确的边界即行为规范，是“有形”的约束，违纪或违法必须受到惩罚。

（三）技术预防

技术预防主要是利用现代信息技术的高效、便捷及透明等特点，拓宽监督范围，强化全方位与全过程的行政监督。技术预防的实质是增加监督主客体之间的信息对称性。

---

① 任建明教授认为，预防腐败局和现有反腐机构之间存在职能重叠的问题，反腐败的绝对成本肯定要增加。但应该从相对意义上来科学理解成本。如果设立一个专门预防机构，不能取得足够的成效或收益，那就是简单的成本增加；而如果成效大于成本，则是可以接受的。

技术预防可行性在于：第一，信息技术可以改变现行权力运行的方式，使政府机关的职权、程序、办事过程、办事结果、监督方式等均为公众监督，避免出现暗箱操作和腐败现象；第二，运用信息技术可以实现工作的全程监控，使监督贯穿于权力行使的全过程，改变传统的人盯人、人盯事的监察手段，使多数违规行为被制止在萌芽状态；第三，借助计算机程序可以减少人为因素的干扰，防止公务员滥用自由裁量权，从而加大制度和规则的执行力度。

三、预防性行政监督的主要形式

（一）思想预防的主要形式

1. 加强对国家公务员的职业道德教育

（1）践行社会主义核心价值观。

党员、干部要做培育和践行社会主义核心价值观的模范。党员、干部特别是领导干部要在培育和践行社会主义核心价值观方面带好头，以身作则、率先垂范，讲党性、重品行、作表率，为民、务实、清廉，以人格力量感召群众、引领风尚。

（2）表彰奖励选树典型、激励奋进。

各地区各部门要用足用活公务员奖励政策，对在攻坚克难中成绩突出、表现优秀的公务员和公务员集体，及时给予适当奖励，使“优者奖”催生更多干事创业的领跑者，开展“人民满意的公务员”、“人民满意的公务员集体”和“最美公务员”等的评选表彰、学习宣传等活动。

2. 加强新时代廉洁文化建设

党中央高度重视廉洁文化建设，强调反对腐败、建设廉洁政治，是我们党一贯坚持的鲜明政治立场，是党自我革命必须长期抓好的重大政治任务。2022 年初，中共中央办公厅印发了《关于加强新时代廉洁文化建设的意见》。新时代廉洁文化体现了中国共产党人克己奉公、崇廉拒腐、尚俭戒奢的价值理念，反映了社会公众对廉洁价值、廉洁规范、廉洁风尚的价值追求。新时代廉洁文化以“廉洁”为核心内容，蕴含于道德操守、家风家教、从政理念、社会风尚等各方面，构成了一个相互联系、相互影响的体系。新时代廉洁文化的丰富内涵包括：廉洁自律的道德操守、崇廉尚洁的家风家训、廉为政本的从政理念、清廉拒腐的社会风尚。

（二）制度预防的主要形式

1. 领导干部个人有关事项报告制度

领导干部个人有关事项报告制度是请示报告制度的重要组成部分，向组织如实报告个人有关事项是领导干部必须遵守的政治纪律和组织纪律。领导干部要深刻领悟“两个确立”的决定性意义，增强“四个意识”、坚定“四个自信”、做到“两个维护”，对党忠诚老实、光明磊落，说老实话、办老实事、做老实人，如实报告个人有关事项，自觉接受组织监督。高级干部要带头执行、模范遵守、以上率下。

2017 年 2 月，中共中央办公厅、国务院办公厅发布了《领导干部报告个人有关事项规定》。党的十八大以来，以习近平同志为核心的党中央，把严格执行领导干部个人有关事项报告制度纳入全面从严治党战略布局，作为严明党的纪律规矩、从严管理监督干部的重要措施，有力推进管党治吏走深走实、落地见效。2023 年 3 月，党中央提出修订《领导干部报告个人有关事项规定》，对于深入贯彻党的二十大精神，健全中国特色领导干部个人有关事项报告制度，完善党的自我革命制度规范体系，进一步加强对领导干部的管理和监督，具有重要意义。

2. 权力清单制度

推行地方各级政府工作部门权力清单制度，是党中央、国务院部署的重要改革任务，是国家治理体系和治理能力现代化建设的重要举措，对于深化行政体制改革，建设法治政府、创新政府、廉洁政府具有重要意义。清单主要包括权力清单、责任清单与负面清单三种，它们确定政府各工作部门的权责内容，划定政府与市场、政府与社会的边界，整体清晰地标注出权力的运行流程。其中：

权力清单关注的是“权力的内容”，通过把地方政府及其工作部门行使的职能、权限以清单方式列举出来，让政府行政有法可依、有规可循，做到“法无授权不可为”，让政府单位明白自己应该干什么、不应该干什么，从中共中央办公厅、国务院办公厅印发的《关于推行地方各级政府工作部门权力清单制度的指导意见》来看，权力清单是地方政府主导建立的。

负面清单关注的是“权力的边界”，中央政府通过以清单方式明确列举禁止和限制企业投资经营的行业、领域、业务等，非列入即开放，让企业家知道什么该干、什么是禁区，也是中央政府给地方政府权力套上制度的笼子。

责任清单关注的是“政府的责任”，是为了防止各级政府把权力清单与负面清单当成自己“懒政”的免责牌，通过制定责任清单，让政府明白该怎么管市场、管社会，“法定责任必须为”，“简政”并非“减政”，“放权”不是“放任”，既要把该放的权力放到位，又要把该管的事务管好。世界各国在反腐败工作中积累了一些有效经验，比如注重相关法治建设，实行财产申报制度、“高薪养廉”制度与官员个人有关事项报告制度等。英国是世界上第一个制定反腐败专门法律的国家，现在美国、新加坡以及一些欧盟国家也都制定并实施了相关的法律。这些法律针对不同类型的官员制定了工作行为准则以及从政道德标准，规定了官员腐败类型和具体惩治措施，对政府官员的行为起到了规范和约束作用。

（三）技术预防的主要形式

1. 全面主动落实政务公开

坚持以公开为常态、不公开为例外，用政府更加公开透明赢得人民群众更多理解、信任和支持。大力推进决策、执行、管理、服务和结果公开，做到法定主动公开内容全部公开到位。加强公开制度化、标准化、信息化建设，提高政务公开能力和水平。全面提升政府信息公开申请办理工作质量，依法保障人民群众合理信息需求。鼓励开展政府开放日、网络问政等主题活动，增进与公众的互动交流。加快构建中国特色公共企事业单位信息公开制度。

2. 加快推进政务诚信建设

健全政府守信践诺机制。建立政务诚信监测治理机制，建立健全政务失信记录制度，将违约毁约、拖欠账款、拒不履行司法裁判等失信信息纳入全国信用信息共享平台并向社会公开。建立健全政府失信责任追究制度，加大失信惩戒力度，重点治理债务融资、政府采购、招标投标、招商引资等领域的政府失信行为。

3. 深入推进“互联网+”监管执法

积极推进智慧执法，加强信息化技术、装备的配置和应用。推行行政执法 App 掌上执法。探索推行以远程监管、移动监管、预警防控为特征的非现场监管，解决人少事多的难题。加快建设全国行政执法综合管理监督信息系统，将执法基础数据、执法程序流转、执法信息公开等汇聚一体，建立全国行政执法数据库。

本章学习要点

行政监督是指国家机关、政党、社会团体和公民等依据有关的法律法规，对国家行政机关及其工作人员的行政行为进行的监察、检查和督促活动。行政监督能够保障政令畅通，提高行政效能，纠正工作偏差，规范权力运行，加强廉政建设。

行政监督通常分为内部监督和外部监督两种类型。内部监督，是指国家在行政机关内部设立的专门从事监督工作的行政机关，根据国家的法律法规，对国家行政机关及其工作人员的行政行为进行全面的监察、检查、督促和指导。内部监督主要是审计监督、统计监督和上级监督。外部监督就是根据国家的法律法规，由行政机关以外的监督主体对国家行政机关及其工作人员的行政行为进行全面的监察、检查、督促和指导。外部监督包括党内监督、人大监督、民主监督、司法监督、群众监督和舆论监督几种类型。

国家监察是中国特色，它是国家监察机关依法对所有行使公权力的公职人员进行监察调查。国家监察的目的和作用与行政监督一样，但是其实施主体不同、作用对象不同，工作形式也有不同。

预防性行政监督是防止行政机关及其工作人员违法或不合理行使职权的一种前置监督机制。考虑到一旦发生违法或不当行为会给国家、集体和公民造成巨大损失，预防性行政监督是行政监督的逻辑重点。

本章思考题

1. 行政监督有哪些类型？
2. 内部行政监督有哪些有效形式？

3. 外部行政监督的类型有哪些？
4. 预防性行政监督的概念及特点是什么？
5. 国家监察的主要形式有哪些？
6. 中国行政监督有什么特点？

第十章

行政法治

本章学习目的

依法治国要求政府做到“法无授权不可为”，所以行政法治是依法治国的重要组成部分。通过本章学习，要在理解和掌握法治、行政行为、行政法治等基本概念的基础上，理解和掌握行政立法、行政执法、行政司法、行政救济的主要内容，了解我国法治政府建设的主要目标、主要举措，理解法治政府建设中形式法治与实质法治的关系、各类主要改革举措与行政法治的关系。

第一节　行政法治概述

行政法治是行政领域的法治，所以它具有法治的基本内涵、基本环节，同时也有行政领域的特殊内涵和特殊原则。

一、行政法治的基本内涵

（一）法治的内涵

“法治”作为与“人治”相对的概念，古已有之。《晏子春秋・谏上九》说：“昔者先君桓公之地狭于今，修法治，广政教，以霸诸侯。”《淮南子・氾论训》说：“知法治所由生，则应时而变；不知法治之源，虽循古终乱。”这里的“法治”是根据法律治理国家的意思，已经不同于“人治”的概念了。

古希腊思想家亚里士多德是最早提出法治优于人治的学者。他在代表作《政治学》中第一次提出“法治”的概念，并论述了法治的两大要素，就是良法与法律至上。他说：“法治应该包含两方面的含义：已成立的法律获得普遍的服从，而大家服从的法律又应该本身是制定得良好的法律。”[①] 亚里士多德的法治二要素理论奠定了西方法治传统的基础。

① 亚里士多德．政治学．北京：商务印书馆，1965：199.

经过历代思想家、理论界人士的补充发展，法治的内涵不断完善，也日益明晰。

尽管至今人们对法治的定义还存在争议，但是本书认同这样的观点，即所谓法治，就是指规范和制约权力，以及尊重和保障权利。理解法治的定义要注意：（1）法治的要义在于通过法律保障公民的各项基本权利和限制公共权力的滥用；（2）实现治理所依据的法律必须是良法，良法最基本的要素就是尊重人的平等、自由和尊严；（3）法治要求国家权力受到法律的制约和限制；（4）具备形式合法性。

（二）行政法治的内涵

行政法治是法治在行政领域的具体化，是从静态到动态、从组织到行为、从程序到实体的整个行政领域对法治精神的贯彻和体现。行政法治理念经常被提及，却极少被明确界定①。本书认为所谓行政法治就是这样一种行政权运作模式和理念：法定之行政主体应当在法治框架下，依法定程序行使法定职权、履行法定职责以实现其社会治理之目的，并依法接受监督。行政法治中有三个基本要素：行政、法、治理。行政法治中的“法”包括两个系统：一是立法机关制定的法，一是由行政机构制定的法。而这里的“治理”则包括三个方面的含义：（1）对行政对象行使行政权力进行治理；（2）国家其他权力主体对行政主体进行专门的或系统的治理；（3）由行政主体主导治理。

行政权是国家公权力的一种，相较于立法权和司法权，行政权具有具体性和主动性，且与公民日常生活联系更为紧密。所以在实践中，行政法治要求：（1）职权法定。行政权的取得必须有法律依据，法无授权即禁止。（2）越权无效。行政权必须要依法行使，其行使必须符合法律规定行政活动的目的、程序和条件。（3）权利救济。受到行政权侵犯的公民合法权益能够获得法律救济。（4）违法有责。违法行政无效且其行为主体应当承担相应的责任。以上四个方面的重点在于对行政权的监督和制约，并以保障公民权益不受行政权的侵犯为目的。

二、行政法治的基本环节

如前所述，行政法治意味着法治精神在整个行政领域的贯彻和体现。按行政活动性质的不同，行政法治由行政立法、行政执法、行政司法及行政救济四个环节组成。

（一）行政立法

行政立法即依法享有行政立法权的行政主体②依法定程序在法律授权范围内制定和发布行政法规和规章的活动。根据传统的法学理论，立法权应当归属于立法机关，行政机关的主要职责是执行法律。但由于立法机关的立法满足不了实践需要，世界各国都通过法律授予行政机关一定范围的立法权。行政立法权既然源于法律授权，自然需要严格遵

---

① 关保英．《行政法典总则》对行政法治理念的整合．法学，2021（9）．

② 行政主体是指享有行政权，能以自己的名义行使行政权并能独立承担由此产生的法律责任的组织。本章统一使用“行政主体”而未采用“行政机关”这一概念，主要是考虑到概念的周延性，虽然实践中行政机关是最主要的行政主体，但是除了行政机关以外，法律、法规授权的组织和社会公共组织在法定情形下也可能成为行政主体。

循法定立法程序并在法律授权的范围内行使。

（二）行政执法

行政执法即行政主体依据法定职权，履行法定职责并将法律规范的内容实施于实践的活动。与行政立法不同，行政执法不是制定规则，而是将规则应用于社会具体实践，因此，行政执法一般有明确的具体指向对象，直接关系行政相对人的权利和义务。在国家权力的分工中，行政权的主要定位就是执法，法律的权威能否树立，一方面取决于行政权能否将法规范文本变成现实，使其在实际生活中得到人们的普遍遵从；另一方面也取决于行政权本身能否依法执法。因此严格依法执法是行政法治的重要环节。

（三）行政司法

行政司法是指具有行政司法职权的行政主体，按照准司法程序裁处行政纠纷和民事争议的司法制度和司法行为。准司法行为一般包括调解、仲裁等行政司法行为。它是享有准司法权的行政行为。行政司法行为的主体是法律规定的具有行政司法职权的行政机关。行政司法行为的对象是和行政管理有关的行政纠纷以及民事、经济纠纷，这些一般都由法律给以特别规定。

（四）行政救济

行政救济即当公民合法权益受到行政权侵害时，依法可获得补救。其中既包括了行政机关内部的补救机制，如行政复议，也包括了由司法机关提供的补救机制，如行政诉讼。一个完整的法治系统，救济机制是必不可少的。行政救济机制的存在既是对公民合法权益的保障，也是对行政权的一种监督。正是因为行政救济机制的存在，违法行政才有了被确认并被追究责任的可能，从而才能从制度上确保行政权真正严格依法行使。因此，行政救济是行政法治的最后一环，也是必不可少的一环。

三、行政法治的基本原则

（一）行政合法原则

行政合法原则是行政法治的首要原则，是指行政权的产生、运行必须以法律为依据，符合法律规定，不得与法律相抵触。

（二）行政合理原则

行政合理原则又被称为行政适当原则，是指行政不仅要合法，而且应当正当、合理，符合一般理性的人对公平正义的合理期待。

（三）正当程序原则

正当程序原则也称正当法律程序，是指正当的法律过程。正当程序原则包括四个方面的内容：（1）行政公开。行政主体实施行政管理，除涉及国家秘密和依法受到保护的商业秘密、个人隐私之外，应当公开。（2）告知和申辩制度。行政主体实施行政管理，应当告知对方，并注意听取公民、法人和其他组织的意见。（3）遵循法定程序。行政行为要严格遵循法定程序，依法保障行政管理相对人、利害关系人的知情权、参与权和救济权。（4）回避制度。行政机关工作人员履行职责，与行政管理相对人存在利害关系时，应当回避。

（四）诚实信用原则

这个原则也是行政法中的信赖利益保护原则，指行政主体对自己做出的承诺应当遵守，已经做出的行政行为不得随意变更或撤销。

第二节　行政立法、执法、司法与救济

行政立法、行政执法、行政司法及行政救济是行政法治的四个基本环节，这四个环节紧密相联、缺一不可。

一、行政立法

（一）行政立法概述

行政立法是指享有制定行政法规或规章权力的行政主体，依法定职权或授权，以及法定程序制定规范性文件的活动[①]。对于这一概念需要从四个方面来把握：

（1）行政立法的主体必须是依法拥有行政立法权的行政机关。关于行政立法主体，一般都会由专门的法律做出规定。比如我国的《立法法》就规定，只有国务院，国务院职能部门以及省级政府，设区的市、自治州的人民政府拥有行政立法权[②]。其他行政机关没有行政立法权，其他行政机关制定的规范性文件一般被称为“其他规范性文件”。

（2）行政立法必须依法定程序进行。即使拥有行政立法权的行政机关，如果不是依据行政立法程序制定的规范性文件，也只能被称为“行政规范性文件”，而不属于法的范畴。立法程序一般也是由专门的法律法规规定的。比如《立法法》、《行政法规制定程序条例》和《规章制定程序条例》是我国行政立法程序的主要法规依据。

（3）行政立法必须限定于法定授权范围之内。由于行政立法主要是为了履行行政管理职能，其范围只限于行政事务，并且限定于法定授权范畴内。依据宪法和法律规定，某些事项只能由法律来进行规范和调整，而不能由行政立法和地方性法规来调整，行政立法不能僭越。

---

① 应松年．行政法．北京：北京大学出版社，高等教育出版社，2010：102.

② 《立法法》第91条规定：“国务院各部、委员会、中国人民银行、审计署和具有行政管理职能的直属机构以及法律规定的机构，可以根据法律和国务院的行政法规、决定、命令，在本部门的权限范围内，制定规章……”第93条规定：“省、自治区、直辖市和设区的市、自治州的人民政府，可以根据法律、行政法规和本省、自治区、直辖市的地方性法规，制定规章……”

(4) 行政立法的主要形式是行政法规和规章。在我国，行政法规是由国务院制定的，根据《行政法规制定程序条例》的规定，其名称一般称“条例”，也可以称“规定”“办法”等。规章分为部门规章和地方规章，前者是由国务院各职能部门制定的，后者是由省级政府，设区的市、自治州的人民政府制定的。根据《规章制定程序条例》的规定，规章的名称一般称“规定”“办法”，不得称“条例”。

(二) 行政立法的分类和效力

按照不同的标准，可以把行政立法分为不同的类型。主要有按立法权取得的方式分类、按立法主体分类和按法的功能分类。

1. 按立法权取得的方式可以分为职权立法和授权立法

职权立法是行政机关根据宪法和法律规定而享有的固有的立法权，它与行政权同时产生、同时存在。但是职权立法受制于法律保留。法律保留是指在宪法等规定的特定范围内，行政职权立法不能涉足。在法律保留范围内，行政立法只能是将法律规定的权利义务规定具体化。

授权立法又可以细分为专门授权立法和法条授权立法。专门授权立法指权力机关或上级行政机关通过专门决议，把应由自己行使的立法权交由行政机关行使，行政机关根据这种授权产生的立法活动。法条授权立法指行政机关根据法律法规中的法条授权而产生的制定相应的实施细则、实施办法的活动。当然授权立法也同样受制于法律保留。

2. 按立法主体不同可以分为中央行政立法和地方行政立法

中央行政立法指中央国家机关依法制定行政法规和规章的活动。地方行政立法指有立法权的地方行政机关依法制定地方政府规章的行为。

3. 按法的功能不同可以分为执行性立法和创制性立法

执行性立法指行政机关为执行法律法规而进行的立法。这样的立法创设新的法律权利义务，不能增加或减少要执行的法律法规的内容。创制性立法是行政机关为了填补法律法规空白，或者补充法律法规的有关规定而进行的立法活动。

4. 行政立法的效力

任何一个法治国家的法律法规，都会是一个由处于不同位阶、具有不同效力的法律法规组成的法律渊源体系。一般来说，上位法优于下位法；同位阶的法律法规具有同等效力，并在制定机关各自权限范围内行使；特别规定优于一般规定；新法优于旧法；法律不溯及既往。不同国家政体不同，国家结构体系不同，法律渊源体系也就不同。

处于第一层次的最高位阶的是宪法，任何法律法规不得与宪法规定相冲突。第二个层次是法律，作为法律制定主体的国家层面的立法机关，一般是议会、国会，在我国是全国人大及其常委会。第三个层次就是行政法规，行政法规的制定主体是国家的行政权力机关，在我国是国务院。在我国，地方性法规处于第四层次。所谓地方性法规，实际包括两个层次，省级地方性法规的层级效力高于较大市的地方性法规，也高于该省地方政府的规章。需要指出的是，地方性法规与部门规章从级别来说是一样的，但是两者的主体是不一样的，一个是地方权力机关，一个是中央行政机关，所以两者不是法律效力级别的比较，而是法律效力范围的比较。部门规章规范本机关行政权限范围内的事项，地方性法规规定地方性事务。第五个层次是规章，包括国务院部门规章和地方政府规章。部门规章之间、部门规章和地方政府规章之间具有同等效力，在各自权力范围内实施。

（三）行政立法的基本原则

行政立法过程中必须遵循合法性、民主性、法制统一、科学性等基本原则，才能保证所立之法的形式合法性和实质合法性，满足“良法之治”的法治精神。

1. 合法性原则

行政立法的合法性原则包括职权合法、内容合法和程序合法。即从职权上来讲，《立法法》对各立法主体的权限有具体规定，非经法定程序授权，行政立法主体不能超越其立法权限进行行政立法。从内容上来讲，行政立法的内容不能与上位法相抵触。从程序上来讲，行政立法必须符合法定程序。

2. 民主性原则

行政立法的民主性原则有两个方面的要求：一是从立法内容和立法目的上来讲要以人民群众的利益为根本出发点，能反映人民群众的利益诉求；二是在行政立法过程中应当广泛听取、吸收公众意见。这既是“一切权力属于人民”这一宪法原则在行政立法中的体现，也是《立法法》、《行政法规制定程序》和《规章制定程序条例》的明文要求。

3. 法制统一原则

法制统一原则是前述法律优先原则在行政立法中的具体体现，是指行政立法不得与上位法相冲突，以保证整个法律制度的统一性与和谐性。相较于上级行政机关和同级立法机关的立法，行政机关的行政立法属于下位法，应当自觉与上位法保持一致。

4. 科学性原则

科学性原则要求立法从实际出发，适应经济社会发展和全面深化改革的要求，科学合理地规定公民、法人和其他组织的权利与义务，国家机关的权力与责任。法律规范应当明确、具体，具有针对性和可执行性。

（四）行政立法以外的其他规范性文件

在行政实践中除了行政法规、规章以外，还存在大量的由行政主体制定的各种规范性文件，俗称“红头文件”，行政法学界一般称之为“其他规范性文件”。这些规范性文件在传统上不被纳入法的范畴，但在现实中却广泛发挥着类似于法的规范作用，因此有学者称之为软法①，并主张这些规范性文件，只要不与法规相冲突，也不能随意违反②。

二、行政执法

（一）行政执法概述

行政执法是指行政主体依法采取的具体直接影响行政相对人权利义务的行为，或者

① 罗豪才，宋功德．软法亦法．北京：法律出版社，2009：2.

② 江必新．国家治理现代化与行政法治．北京：中国法制出版社，2016：39.

对个人、组织的权利义务的行使和改造情况进行监督检查的行为[1]。它与行政立法的区别在于：行政立法的本质是制定规则，行政执法的本质是执行规则；行政立法一般是针对不特定的对象，行政执法一般而言都有具体的指向对象；行政立法对公众设定普遍性、抽象的权利和义务，行政执法则直接影响行政相对人的权利和义务，把普遍、抽象的权利和义务变成具体的、现实的权利和义务。因此，行政执法是法律规范从文本走向实践、从规范变成事实的关键，只有切实做到"有法必依、执法必严、违法必究"，法的规范内容和效力才能真正体现，法的权威才能树立起来。因此，依法执法是行政法治的必然要求。

（二）行政执法的主要形式

根据法定权限、内容和程序的不同，执法方式和手段往往也各不相同。根据行政执法的方式和手段对于相对方是否具有强制执行力，行政执法可以区分为权力性行政执法和非权力性行政执法。

1. 权力性行政执法的主要形式

（1）行政处罚。行政处罚是指行政主体依法对违反行政法规范但尚不构成犯罪的行政相对人给予行政制裁措施的行为。行政处罚的主要形式包括：警告、通报批评，罚款、没收违法所得、没收非法财物，暂扣许可证件、降低资质等级、吊销许可证件，限制开展生产经营活动、责令停产停业、责令关闭、限制从业，行政拘留等。

（2）行政强制。行政强制是指行政主体为了特定的目的依法对行政相对人，或申请人民法院对行政相对人的人身或财产采取强制措施的行为。根据其目的的不同，行政强制可分为行政强制执行和行政强制措施。行政强制执行，是指行政机关或者行政机关申请人民法院，对不履行行政决定的公民、法人或者其他组织，依法强制履行义务的行为。行政强制措施，是指行政机关在行政管理过程中，为制止违法行为、防止证据损毁、避免危害发生、控制危险扩大等，依法对公民的人身自由实施暂时性限制，或者对公民、法人或者其他组织的财物实施暂时性控制的行为。

（3）行政征收。广义上的行政征收是指基于公共利益的需要，行政主体依法强制对行政相对人的财产、劳务予以征收、征用或限制的行为[2]。根据是否发生所有权的转移以及是否需要补偿，广义的行政征收又可分为狭义上的行政征收、行政征用、公用征收。狭义上的行政征收是指依法强制地、无偿地将行政相对人的财产划为国家所有，最常见的是税、费的征收。行政征用是指依法强制地临时使用行政相对人的财产和劳务，使用完毕后将财产归还给行政相对人的行为。公用征收是指依法强制地获得行政相对人的财产所有权，并给予一定补偿的行为。

（4）行政许可。行政许可是指行政机关根据公民、法人或者其他组织的申请，经依法审查，准予其从事特定活动的行为。行政许可的设定一般是基于公共利益、公共安全

---

① 应松年．行政法与行政诉讼法学．2版．北京：法律出版社，2009：162.

② 对于行政征收的概念，学术界仍有分歧，分歧焦点主要在于两点：是否一定以所有权的转移为条件，是否以补偿为条件。具体可参见：王克稳．行政征收//应松年．当代中国行政法．北京：中国方正出版社，2005：943-946.

或者是经济、社会和生态环境协调发展的需要。与行政许可相似但略有不同的另一个概念是行政确认。行政确认是指行政主体对行政相对人的法律关系、法律地位或有关的法律事实进行确定、认可、证明的一种相对独立的行政活动。行政许可与行政确认的区别在于行政许可直接授予行政相对人某种权利，而行政确认只是对既存的法律地位、法律关系等客观事实进行确认。

（5）行政检查。行政检查指行政主体依法定职权，对行政管理相对人遵守法律、法规、规章，执行行政命令、决定的情况进行检查、了解、监督的行为。实践中，行政检查既可能是一个单独的行政行为，也可能会成为其他行政行为的前置过程，譬如经过行政检查，发现行政相对人存在违法情形，往往会伴随着相应的行政处罚。

2. 非权力性行政执法的主要形式

（1）行政给付。行政给付是指行政主体在法定情形下，给予行政相对人物质帮助的行为。行政实践中，行政给付的形式主要有以下几种：特定人员（如烈士或病故军人、因公殉职的警察等）抚恤金，特定人员（如退伍军人）生活补助费，社会救济、福利金，自然灾害救济金及救济物资，等等。

（2）行政合同。行政合同是指为了实现公共目的、履行行政职能，行政主体与行政相对人之间经平等协商达成一致所设立的包含双方权利义务的协议。行政合同最大的特点在于它是双方合意的结果，而非行政主体单方面的意思表示。但与一般的民事合同又有所区别的是，行政合同中行政主体占有主导性的权利，而且为了公共利益的实现，行政主体有单方面解除合同的权利。

（3）行政指导。行政指导是指为了实现特定的行政目的，行政主体采取各种非强制性的措施引导行政相对人主动为或不为的行为。行政指导最大的特点在于其非强制性，它并不为行政相对人设定强制性的义务，而是通过提供信息服务、技术支持、优惠政策等方式方法鼓励、劝告、建议行政相对人为或不为的行为。

（三）行政执法的合法要件

如前所述，合法性原则是行政法治的首要原则，因此行政执法必须满足主体合法、权限合法、内容合法、程序合法四个要件。

（1）主体合法。主体合法首先要求行政执法的主体必须具备行政主体资格。只有依法拥有行政权，能以自己名义行使行政权并能独立承担相应法律责任的组织方才具有行政主体资格。主体合法还要求行政执法的具体公职人员必须有执法资格，例如行政主体所聘用的合同制员工一般只能从事辅助性事务，不能单独执法。

（2）权限合法。权限合法要求行政执法主体必须具备相应的执法权限，越权无效。行政职权一般都有一定事务管辖范围和地域管辖范围，有时还有一定的时间范围。对于法律、法规授权的行政主体而言，还需在授权的范围内行使行政权。

（3）内容合法。内容合法一方面要求行政执法所执之法本身要合法，不与上位法相冲突；另一方面要求行政执法的方式方法以及为行政相对人设定的权利、义务必须符合法律规定和法律基本精神，行政决定的做出必须事实清楚，证据充分，行政自由裁量应当在法定范围之内。

（4）程序合法。程序合法不仅要求行政执法必须依法定程序做出，还要求行政执法应当符合正当法律程序。一般来讲，行政程序包括诸如回避制度、告知制度、说明理由制度、听证制度等。

三、行政司法

（一）行政司法概述

传统意义上，作为中立的第三人来解决纠纷、定分止争是司法机关尤其是法院的职能。但是随着诉讼爆炸时代的到来，司法机关普遍面临巨大的案源压力，行政司法在特定案件领域中以其独特的专业优势和效率优势而作为司法机关"分流阀"的角色越来越受到重视。2019 年，中共中央办公厅、国务院办公厅印发了《关于健全行政裁决制度加强行政裁决工作的意见》，提出要加强行政裁决工作，发挥行政裁决工作"分流阀"的作用。2020 年，中共中央印发了《法治社会建设实施纲要（2020—2025 年）》，提出加强行政复议、行政调解、行政裁决工作，发挥行政机关化解纠纷的"分流阀"作用。2023 年修订的《行政复议法》第 1 条明文规定了行政复议作为化解行政争议主渠道的地位①。

行政司法行为是一种特殊的具体行政行为，它是指行政机关根据法律的授权，按照准司法程序审理和裁处有关争议或纠纷，以影响当事人之间的权利、义务关系，从而具有相应法律效力的行为②。

行政司法具有以下特征：

（1）行政司法行为是享有准司法权的行政行为，即以依法裁处纠纷为宗旨的行政司法行为。它按照准司法程序来裁处纠纷，坚持程序司法化的原则。

（2）行政司法行为的主体是法律规定的具有行政司法职权的行政机关，在我国，主要是指行政复议机关、行政裁决机关、行政仲裁机关及调解机关。

（3）行政司法行为的对象是和行政管理有关的行政纠纷以及民事、经济纠纷，这些一般都由法律给以特别规定。它们是由于当事人不服行政机关的决定，或双方当事人不履行义务，或行政机关、其他当事人侵害相对人合法权益而产生的，在权利和义务方面发生利害关系的争议或纠纷。

（4）行政司法行为是行政主体的依法行政的活动，即行政机关依法裁处纠纷的行为。

（5）行政司法行为不同程度地具有确定力、约束力、执行力。但它对纠纷的解决一般都不具有终局性，所以原则上也具有可诉性，不服行政司法决定的还可以向法院起诉。

由此可见，行政司法行为是一种典型的行政法律行为，是行政过程中典型的适用法律的行为。有效的行政司法行为必须主体合法、内容合法、程序合法，具备法定的形式和规格。行政司法行为也是一种典型的准司法行为。它不仅采取了类似于司法诉讼程序的一些做法，如依申请才受理、调查取证、审理与决定、回避，有的还采用合议制、辩

---

① 《行政复议法》第 1 条规定："为了防止和纠正违法的或者不当的行政行为，保护公民、法人和其他组织的合法权益，监督和保障行政机关依法行使职权，发挥行政复议化解行政争议的主渠道作用，推进法治政府建设，根据宪法，制定本法。"

② 文正邦．论行政司法行为．政法论丛，1997（1）．

论制等，而且在行政司法过程中，行政机关作为第三者充当裁决人即起了“法官”的作用来裁处纠纷。

（二）行政司法的主要形式

在我国，行政司法行为主要是指行政复议、行政裁决、行政调解、行政仲裁等。

（1）行政复议行为是指法定行政复议机关依公民、法人或其他组织的申请，依法对申请人认为侵犯其合法权益的具体行政行为进行合法性和合理性的审查，并做出裁决的制度。根据上述定义可知，行政复议兼具行政司法与行政救济的性质。对行政复议机关而言，它是作为中立于行政纠纷的第三人，充当着类似于法院的角色；而对于申请人而言，则是在申请救济。

（2）行政裁决行为是指行政主体依职权对具有管辖权的民事纠纷依准司法程序进行裁决的行为。与行政复议的区别在于，行政裁决的主要客体是民事纠纷，而行政复议的主要客体是行政纠纷。行政裁决行为主要解决与合同无关的若干民事纠纷，行政裁决行为又可分为确权行为和归责行为两类。确权行为是解决权属争议和权限争议的行政司法行为。归责行为是以裁处损害赔偿纠纷和侵权纠纷为主要内容的行政司法行为，其中包括关于专利、商标的专门行政裁判行为。

（3）行政调解顾名思义，是指行政主体作为中立的第三方为解决民事纠纷依法主持的调解。行政调解是我国大调解制度的有机组成部分之一，它与司法调解、人民调解一起并称我国的三大调解。与行政裁决一样，行政调解的主要客体也是民事纠纷。与行政裁决不一样的是，行政调解欲形成有法律效力的调解协议，必须经过争议各方的同意，而行政裁决的做出并不以此为前提条件。

（4）行政仲裁是行政主体作为中立的第三方依法定职权对特定纠纷进行仲裁的行为。与民事仲裁不同的地方在于，民事仲裁的管辖权是由民事法律关系主体约定的，行政仲裁的管辖权是法定的，即具体哪类性质的纠纷需要行政仲裁以及由哪些行政主体作为行政仲裁的主体是由法律、法规明确规定的。虽然都是处理民事纠纷，但是行政裁决与行政仲裁还是存在一定的区别，行政裁决一般管辖与合同无关的民事纠纷，例如前述的确权纠纷或侵权纠纷，而行政裁决所管辖的民事纠纷多数与合同相关。目前我国行政仲裁的领域主要有三个：劳动争议仲裁、土地承包经营合同仲裁以及人事争议（主要指公务员与所在单位之间因聘任合同所引起的纠纷）仲裁。

在这四种具体的行政司法行为中，行政复议和行政裁决都是典型的具体行政行为，它们通过做出行政处理决定来解决有关纠纷或争议，所做出的行政处理决定具有行政法律效力，同当事人之间发生行政法上的权利、义务关系，因此都可以提起行政诉讼并使其接受司法审查。行政调解和行政仲裁则是不典型的行政司法行为。行政调解是行政机关居间对双方当事人发生的纠纷进行调停，而不是行使行政权力，所达成的调解协议一般不具有法律效力和执行力（除了仲裁中的调解之外），是靠当事人自觉履行，而调解不成或不服调解的还可进行裁决或可申请仲裁，并可向法院提起民事诉讼。行政仲裁是行政机关的特定机构以第三人的身份对特定的纠纷或争议居中做出公断或裁决，它采用合议制，按照特有的仲裁程序，并由特定的机构进行，因此其司法性较其他行政司法行为更为明显，仲裁裁决的法律效力也强于一般行政裁决之效力，不服行政仲裁也可向法院提起民事诉讼。

四、行政救济

（一）行政救济概述

行政救济是指有关国家机关依行政相对人的申请，对有瑕疵的行政行为予以矫正，及对因行政行为造成行政相对人合法权益的损失进行补救的行为。行政救济是行政系统的内部监督，是基于行政监督理论而产生的一种监督制度，其任务和目的是通过这种监督纠正违法或不当的行政行为，弥补行政相对人的损失，它是现代法治社会国家保护相对人合法权益不可或缺的一种制度。

行政救济的特征是：

（1）行政救济以行政相对人的请求为前提；

（2）行政救济以行政争议为基础；

（3）行政救济的最终目的是保护行政相对人的合法权益。

（二）行政救济的主要形式

在我国，行政救济制度主要包括行政复议、行政诉讼、行政赔偿和行政补偿等制度。

1. 行政复议制度

行政复议制度是指法定行政复议机关依公民、法人或其他组织的申请，依法对申请人认为侵犯其合法权益的具体行政行为进行合法性和合理性的审查，并做出裁决的制度。行政复议的特点是：（1）一般情况下，行政复议程序的启动都以行政相对人的申请为条件，所以是一种被动式的行政行为。如果是上级行政机关主动对下级行政机关的行政行为进行审查的行为，一般会被归入行政督查领域。（2）行政复议兼具权利救济和内部监督双重功能。行政复议既是行政体系内部的监督程序，以矫正违法和有瑕疵的行政行为为目的，同时也以保障行政相对人合法权益为目的。（3）行政复议的对象是具体行政行为，但可对抽象行政行为①进行附带审查。行政复议都因具体行政行为而引起，行政相对人不能就抽象行政行为提起复议申请。但一旦进入复议程序，行政复议机关可以对法规、规章以外的其他规范性文件进行审查。

2. 行政诉讼制度

行政诉讼制度是指人民法院根据公民、法人或其他组织申请，对申请人认为侵犯其合法权益的具体行政行为进行审查并做出裁决的一种制度。行政诉讼与民事诉讼、刑事诉讼并称为我国三大诉讼制度，是一种旨在保障公民权益、监督行政机关依法行使职权的司法程序。行政诉讼具有以下特点：（1）行政诉讼是一种司法制度。这是行政诉讼与行政复议最大的区别，行政诉讼是由行政体系以外的司法机关（法院）对行政争议的审

---

① “抽象行政行为”是“具体行政行为”的对称，是指行政机关在进行行政管理中，针对不特定的人和事制定普遍适用的规范性文件的活动。

理，是一种对行政行为的外部监督制度。从程序上来讲，它采用纯粹的司法程序，以公开审理为原则，而行政复议采用准司法程序，以书面审理为原则。（2）行政诉讼的对象只包括具体行政行为，不包括抽象行政行为，申请人如认为具体行政行为所依据的规范性文件不合法，在对行政行为提起诉讼时，可以一并请求对该规范性文件进行审查。（3）行政诉讼主要审查具体行政行为的合法性，而不审查其合理性。只有当具体行政行为明显不当时，法院方可以对其合理性进行审查。

3. 行政赔偿制度

行政赔偿制度是国家赔偿制度中的一种，是指因国家行政机关及其工作人员违法行使职权而侵犯公民、法人或其他组织的合法权益并造成损害时，由国家对此承担赔偿责任的制度。行政赔偿有以下特征：（1）行政赔偿因违法行使行政权引起。有时合法的行政行为也可能导致公民、法人或其他组织合法权益受到损害，但是这时一般适用行政补偿的概念。这是行政赔偿与行政补偿的最主要区别所在。（2）行政赔偿的赔偿责任主体是国家，费用最终由国库支出。（3）赔偿请求权人是认为其合法权益受到违法行政行为侵害的公民、法人或其他组织，而不仅限于行政相对人。（4）赔偿范围不包括行政机关工作人员的个人行为以及因受害人自己行为导致的损害。

4. 行政补偿制度

行政补偿制度是指公民、法人或其他组织的合法权益因合法的行政行为受到损害，或为了社会公共利益而做出特别牺牲，由国家给予补偿的一种活动。行政补偿的特点是：（1）行政补偿是因合法行政行为所引起。这是行政补偿与行政赔偿最大的区别所在。（2）行政补偿一般针对的是公民、法人或其他组织的特别牺牲。所谓特别牺牲是指因公共利益的需要，公民、法人或其他组织遭受的损失超出了一般社会成员所应承担的社会义务。

第三节　当代中国的法治政府建设

一、法治政府建设历程

1978年底党的十一届三中全会在开启中国改革开放大幕的同时，也确立了建设社会主义民主和法制的基本方针。1992年党的十四大确定建立社会主义市场经济体制的改革目标，中国的改革开放迎来了新的春天。中国的法治政府建设历程是中国改革开放的重要组成部分。

（一）行政法治的复苏与酝酿阶段（1978—1996年）

这一阶段是国家改革开放经历了走出计划经济并确立建设有中国特色社会主义市场经济体制的历史阶段。就国家的法治政府建设来说，这近20年的时间里，都是使用“法制”建设的概念，改革的核心都是努力实现党的十一届三中全会提出的“有法可依、有法必依、执法必严、违法必究”的目标。1982年颁布的现行《宪法》强调了法制的统一和尊严，并明确规定一切组织都必须遵守宪法和法律。一切违反宪法和法律的行为，必须予以追究。而且现行宪法诞生以后，以宪法为基础，国家加大了立法的力度，同时着手建立完善的执法机制。1989 年《行政诉讼法》颁布，第一次将公民起诉国家机关的制度引入法律，使公民权利与国家机关的权力第一次在司法审判机制面前有了平等的法律地位。随后在行政诉讼制度的推动下，政府的行为开始关注法治的要求[①]。1990 年《行政复议条例》、1994 年《国家赔偿法》和 1996 年《行政处罚法》先后颁布，标志着我国行政救济制度基本完备，也体现了我国加强依法行政、规范行政行为、保障公民权益的决心和努力。

（二）快速发展行政法治阶段（1997—2011 年）

这是依法治国被确立为治国方略的阶段。这个阶段“法治”取代“法制”，核心在于推进依法行政，建设法治政府。1997 年党的十五大将“依法治国”确立为治国基本方略，将“建设社会主义法治国家”确定为社会主义现代化的重要目标，并提出了建设中国特色社会主义法律体系的重大任务。以党的十五大报告为基础，1999 年“依法治国，建设社会主义法治国家”被载入宪法，这不仅把党的主张上升为国家意志，更意味着我国治国方略的根本转变，是中国法治建设新的里程碑。2004 年国务院颁布《全面推进依法行政实施纲要》，正式提出要在中国建设法治政府，并对推进依法行政、建设法治政府做了具体的部署。在建设中国特色社会主义法律体系的进程中，《行政复议法》（1999 年）、《立法法》（2000 年）、《行政许可法》（2003 年）、《公务员法》（2005 年）、《政府信息公开条例》（2007 年）、《行政强制法》（2011 年）等一系列重要的法律法规先后颁布。2011 年全国两会上，全国人大常委会委员长吴邦国宣布中国特色社会主义法律体系已经形成，这个法律体系以宪法为核心和统帅，以法律法规为主干，涵盖了宪法和宪法相关法、行政法、民商法、经济法、社会法、刑法、诉讼与非诉讼程序法等 7 个法律领域。从此，中国特色社会主义法治建设走上全面发展的快车道。

（三）全面推进行政法治阶段（2012 年至今）

2012 年党的十八大在全面系统总结中国特色社会主义法治建设的经验基础上，提出了“科学立法、严格执法、公正司法、全民守法”法治新理念。这个新理念实际是把法治国家、法治政府和法治社会放到了同一个制度平台，加以全面和系统地建设。此时，党的十五大提出的“依法治国、建设社会主义法治国家”的治国方略也升级为“全面推进依法治国”。2013 年党的十八届三中全会明确提出，建设法治中国，必须坚持依法治国、依法执政、依法行政共同推进；坚持法治国家、法治政府、法治社会一体建设。2014 年中共中央通过《关于全面推进依法治国若干重大问题的决定》，对“深入推进依法行政，加快建设法治政府”做了全面部署，明确提出了“加快建设职能科学、权责法定、执法严明、公开公正、廉洁高效、守法诚信的法治政府”的任务。2015 年，中共中央、国务院印发了《法治政府建设实施纲要（2015—2020 年）》，这是国家第一次在颁布

① 莫纪宏．改革开放 40 年：从公平正义到全面依法治国．中国青年报，2018-10-08.

国家五年发展规划的同时，颁布法治政府建设实施纲要。该实施纲要全面、系统地对当代中国法治政府建设做了战略规划。2017 年党的十九大报告重申，坚定不移走中国特色社会主义法治道路，完善以宪法为核心的中国特色社会主义法律体系，建设中国特色社会主义法治体系，建设社会主义法治国家，发展中国特色社会主义法治理论，坚持依法治国、依法执政、依法行政共同推进，坚持法治国家、法治政府、法治社会一体建设。2020 年 11 月 16 日至 17 日，中国共产党历史上首次召开了中央全面依法治国工作会议，并将习近平法治思想明确为全面依法治国的指导思想。2021 年，中共中央、国务院印发了《法治政府建设实施纲要（2021—2025 年）》，在肯定过去法治政府建设成就的同时，提出了未来五年中国法治政府建设的指导思想、主要原则、总体目标和具体任务。2022 年党的二十大报告在重申法治中国建设任务、目标的同时，更是指出全面依法治国是国家治理的一场深刻革命，关系党执政兴国，关系人民幸福安康，关系党和国家长治久安。

二、法治政府建设成就

（一）行政法律体系基本建成

改革开放以来，中国重新认识了法制的重要性，加快了各领域的立法。经过 40 多年的努力，中国的行政法律体系已经基本完备。《宪法》、《国务院组织法》、《地方各级人民代表大会和地方各级人民政府组织法》以及《公务员法》构建了我国行政组织法的基本法律框架。在行政行为法领域，以《立法法》、《行政处罚法》、《行政许可法》及《行政强制法》为基础，再加上《治安管理处罚法》、《道路交通安全法》、《环境保护法》和《税法》等一系列各领域的单行法，辅之以各类行政法规、规章、地方性法规等，行政行为领域有法可依的目标已经基本达成。在行政救济法领域，《行政复议法》、《行政诉讼法》和《国家赔偿法》构建起行政救济法的基本框架。

（二）党领导下的法治政府建设推进机制基本形成

中共中央全面依法治国委员会的成立为党全面领导法治政府建设提供了组织保障。在全面依法治国委员会的领导下，法治政府建设推进机制基本形成。《法治政府建设与责任落实督察工作规定》构建了法治政府建设的责任机制和督察机制，形成从党政主要负责人到其他领导干部直至全体党政机关工作人员的闭环责任体系，通过对督察主体、对象、内容和方式的规定确保党中央、国务院关于法治政府建设的决策部署落到实处。《市县法治政府建设示范指标体系》为建设法治政府提供了具体指引，使法治政府建设更加可量化和具有可操作性，同时也为法治政府建设成效评估提供了参考。

（三）重大行政决策程序制度初步建立

重大行政决策应当过程公开、程序正当、结果公正、结论科学、执行高效成为社会共识，民主化、科学化、法治化的重大行政决策程序成为法治政府建设的重要目标之一。2019 年出台的《重大行政决策程序暂行条例》明确把公众参与、专家论证、风险评估、合法性审查、集体讨论决定、终身责任追究等制度确定为重大行政决策的法定程序，为重大行政决策的民主化、科学化、法治化提供了法律保障。

（四）行政执法水平明显提高

通过多次的行政体制改革，中国行政执法的法治水平有了明显的提高。政府机构精简、“三定”方案、大部制改革等从源头上为转变政府职能、精简执法队伍提供了保障。通过确立公务员考试制度、执法资格证制度等，中国行政执法队伍的综合素质有了明显提高。通过以“放管服”为核心的行政改革，诸如综合行政执法改革、行政审批的精简和集中行使行政许可权、市场准入负面清单等改革，再利用互联网技术和电子政务，极大提高了行政效率，为行政相对人提供了便利。通过权力清单制度改革，职权法定深入人心，“多头执法、重复执法、执法扰民”等现象得到了较大的改善。行政程序的逐步完善、行政公开透明程度的提高，加强了社会公众对行政行为的监督，公正执法、文明执法深入人心。

（五）行政权力制约和监督全面加强

行政决策权、执行权、监督权既相互制约又相互协调的权力结构和运行机制逐步形成。权力清单和责任清单制度，为行政权力的运作明确了基本边界，基本实现了行政权力的明晰化，职权法定的基本原则得以在行政法治实践中实现。行政程序制度建设取得明显进步，行政程序限制行政权力滥用的作用得到体现。党内监督、人大监督、民主监督、行政监督、司法监督、群众监督、舆论监督等各类监督相结合的系统性监督体系基本建立。政务公开水平明显提高，以公开为常态、不公开为例外原则的政府信息公开制度基本确立，并为群众监督、舆论监督更好地发挥监督作用提供了客观条件。

（六）行政法治观念深入人心

随着法治的推进，以及多年的普法活动、媒体的宣传、学术界的研究和一些重大关键案件的影响，行政法治观念和权利意识深入人心。法律高于权力，“把权力关进制度的笼子”的理念逐渐成为社会共识，宪法法律至上、法律面前人人平等的观念逐渐形成。党政干部领导治理社会的方式、手段从单纯运用行政手段向运用法治思维和法治方式转变。普通公务员、执法人员法律素养、行政法治观念普遍增强，依法执法、文明执法、公正执法从外在的宣传逐渐内化为执法人员自觉的法治意识。由于多年的普法宣传、学历水平的提升以及多年的市场经济建设，普通公民的权利意识和行政法治观念也迅速提升，民众不再是纯粹被动的执法对象，也是自身权利的积极维护者，还是法治建设的参与者。通过法律途径保护自己的合法权益成为越来越多人的选择，信息公开申请、行政复议、行政诉讼案件明显增加。

三、法治政府建设的指导思想、主要原则、总体目标和主要任务

2021 年，中共中央、国务院印发了《法治政府建设实施纲要（2021—2025 年）》，为中国在新发展阶段持续深入推进依法行政，全面建设法治政府，提出了指导思想、主要

原则、总体目标和具体任务。

（一）指导思想

高举中国特色社会主义伟大旗帜，坚持以马克思列宁主义、毛泽东思想、邓小平理论、“三个代表”重要思想、科学发展观、习近平新时代中国特色社会主义思想为指导，全面贯彻党的十九大和十九届二中、三中、四中、五中全会精神，全面贯彻习近平法治思想，增强“四个意识”、坚定“四个自信”、做到“两个维护”，把法治政府建设放在党和国家事业发展全局中统筹谋划，加快构建职责明确、依法行政的政府治理体系，全面建设职能科学、权责法定、执法严明、公开公正、智能高效、廉洁诚信、人民满意的法治政府，为全面建设社会主义现代化国家、实现中华民族伟大复兴的中国梦提供有力法治保障。

（二）主要原则

坚持党的全面领导，确保法治政府建设正确方向；坚持以人民为中心，一切行政机关必须为人民服务、对人民负责、受人民监督；坚持问题导向，用法治给行政权力定规矩、划界限，切实解决制约法治政府建设的突出问题；坚持改革创新，积极探索具有中国特色的法治政府建设模式和路径；坚持统筹推进，强化法治政府建设的整体推动、协同发展。

（三）总体目标

到 2025 年，政府行为全面纳入法治轨道，职责明确、依法行政的政府治理体系日益健全，行政执法体制机制基本完善，行政执法质量和效能大幅提升，突发事件应对能力显著增强，各地区各层级法治政府建设协调并进，更多地区实现率先突破，为到 2035 年基本建成法治国家、法治政府、法治社会奠定坚实基础。

（四）主要任务

（1）健全政府机构职能体系，推动更好发挥政府作用。措施：推进政府机构职能优化协同高效，深入推进“放管服”改革，持续优化法治化营商环境。

（2）健全依法行政制度体系，加快推进政府治理规范化程序化法治化。措施：加强重要领域立法，完善立法工作机制，加强行政规范性文件制定监督管理。

（3）健全行政决策制度体系，不断提升行政决策公信力和执行力。措施：强化依法决策意识，严格落实重大行政决策程序，加强行政决策执行和评估。

（4）健全行政执法工作体系，全面推进严格规范公正文明执法。措施：深化行政执法体制改革，加大重点领域执法力度，完善行政执法程序，创新行政执法方式。

（5）健全突发事件应对体系，依法预防处置重大突发事件。措施：完善突发事件应对制度，提高突发事件依法处置能力，引导、规范基层组织和社会力量参与突发事件应对。

（6）健全社会矛盾纠纷行政预防调处化解体系，不断促进社会公平正义。措施：加强行政调解工作，有序推进行政裁决工作，发挥行政复议化解行政争议主渠道作用，加强和规范行政应诉工作。

（7）健全行政权力制约和监督体系，促进行政权力规范透明运行。措施：形成监督合力，加强和规范政府督查工作，加强对行政执法制约和监督，全面主动落实政务公开，加快推进政务诚信建设。

（8）健全法治政府建设科技保障体系，全面建设数字法治政府。措施：加快推进信息化平台建设，加快推进政务数据有序共享，深入推进“互联网＋”监管执法。

（9）加强党的领导，完善法治政府建设推进机制。措施：加强党对法治政府建设的领导，完善法治政府建设推进机制，全面加强依法行政能力建设，加强理论研究和舆论宣传。

本章学习要点

所谓行政法治就是这样一种行政权运作模式和理念：法定之行政主体应当在法治框架下，依法定程序行使法定职权、履行法定职责以实现其社会治理之目的，并依法接受监督。按行政活动性质的不同，行政法治由行政立法、行政执法、行政司法及行政救济四个环节组成。行政合法、行政合理、正当程序、诚实信用是行政法治的基本原则。

行政法治的四个基本环节紧密相联，缺一不可。行政立法是指享有制定行政法规或规章权力的行政主体，依法定职权或授权，以及法定程序制定规范性文件的活动。行政执法是指行政主体依法采取的具体直接影响行政相对人权利义务的行为，或者对个人、组织的权利义务的行使和改造情况进行监督检查的行为。行政司法行为是一种特殊的具体行政行为，它是指行政机关根据法律的授权，按照准司法程序审理和裁处有关争议或纠纷，以影响当事人之间的权利、义务关系，从而具有相应法律效力的行为。行政救济是指有关国家机关依行政相对人的申请，对有瑕疵的行政行为予以矫正，及对因行政行为造成行政相对人合法权益的损失进行补救的行为。

改革开放以来，我国的行政法律体系基本建成，行政执法水平明显提高，行政法治观念深入人心。法治政府建设的总体目标是，到 2025 年，政府行为全面纳入法治轨道，职责明确、依法行政的政府治理体系日益健全，行政执法体制机制基本完善，行政执法质量和效能大幅提升，突发事件应对能力显著增强，各地区各层级法治政府建设协调并进，更多地区实现率先突破，为到 2035 年基本建成法治国家、法治政府、法治社会奠定坚实基础。

本章思考题

1. 怎样理解行政法治的基本概念？
2. 行政法治的基本原则是什么？
3. 行政立法有哪些类型？
4. 行政执法的基本要件有哪些？

5. 行政司法的主要形式有哪些？

6. 行政救济的主要形式有哪些？

7. 根据《法治政府建设实施纲要（2021—2025年）》，我国法治政府建设的指导思想、主要原则和主要任务分别是什么？

第十一章
行政文化

本章学习目的

行政文化是伴随人类社会的行政实践活动产生的，是一定社会的政治经济的反映，是上层建筑中意识形态领域的一种特殊文化形式，是行政活动之魂。行政文化对当前深化政府体制改革、建设令人民满意的政府具有重大意义。所以，要研究行政管理领域的理论和实践问题，就必须研究行政文化的理论和实践问题。学习本章要掌握行政文化的基本内涵及特点，了解行政文化的作用，研究行政文化的主要内容，还要掌握当前中国的行政文化建设的必要性，了解我国行政文化建设的主要路径。

第一节　行政文化概述

一、行政文化及其特点

（一）行政文化的含义

在中国古代文献中，文化是“以文教化”的意思，即以孔孟伦理教化世人的意思。在英文里，“culture”一词来自拉丁文“cultura”，其本义有耕作、培养、教育、发展、尊重等意思①。《现代汉语词典》（第七版）对文化的解释是：“人类在社会历史发展过程中所创造的物质财富和精神财富的总和，特指精神财富，如文学、艺术、教育、科学等。”不过这是对文化的广义理解，狭义的理解认为文化是人类创造的精神产品的总和。本章采用狭义的文化理解。

对行政文化的含义的理解，学者们一直都有不同的观点，主要可以概括为两种观点：一种是广义的行政文化观点，认为行政文化包括行政精神文化、行政制度文化、行政行为文化和行政物质文化等内容；另一种是狭义的行政文化观点，认为行政文化是行政意

① 陈佛松．世界文化史．武汉：华中理工大学出版社，1990：1.

识形态，主要包括行政意识、行政心理、行政道德等。本章主要研究狭义的行政文化。

（二）行政文化的分类

行政文化是一个庞大的体系，依据不同的需要、不同的视角，可以对行政文化进行不同的分类。

1. 主体行政文化

主体即行政管理主体，主体行政文化就是指在行政管理活动中实际行使行政管理职权的主体的行政意识、行政心理、行政道德等。主体行政文化会对行政活动的内容和方式直接产生影响。同样的行政活动，行政文化不同，行政活动的组织方式、行政职权的行使方式，甚至行政人员的工作态度都会不同。比如行政主体具有管理、统治的行政文化，与其具有服务、治理的行政文化就完全不同，不同的行政文化会直接影响行政活动的方式。

另外，由于行政主体既包括行政人员个体，也包括行政组织，所以主体行政文化既可以指行政人员的行政文化，也可以指行政组织的行政文化。主体行政文化的特点就是以行政权力为核心，包括对行政权力性质的确认、维护和行使。在主体行政文化中，个体的行政文化主要是行政人员在行政活动中所体现出来的价值取向和行为规范，组织的行政文化则是在行政活动和处理行政关系中，行政组织所持有的价值观念、行为准则。个体的行政文化和组织的行政文化是相互依存的，组织的行政文化通过个体行为表现，同时约束、引导个体行为，而个体的行政文化也影响组织的行政文化，或促进组织的行政文化建设，或损害组织的行政文化。

2. 客体行政文化

客体是行政管理的对象，客体行政文化是指行政管理对象在接受行政管理中所持有的，对行政主体行为合理性进行评价的意识、心理等。由于行政客体的利益必定存在差异，所以完全同一的客体行政文化比较难实现。但是在特定时期、特定环境中存在着行政客体的基本利益，会形成同一的客体行政文化。客体行政文化会直接影响行政权力的行使。比如专制社会的客体行政文化一般是服从、畏官，与之相对应的行政权力是统治、集权，而民主社会中的客体行政文化是主权、平等，这样的客体行政文化对应的行政权力就是民主、自由。

与行政主体包括个体和组织两种形式一样，行政客体也有个体和团体（组织）两种形式。如果说作为个体的行政客体会有特殊利益，那么作为团体的行政客体有时候就可以视同为行政环境了。

（三）行政文化的特点

习近平总书记指出："文化是一个国家、一个民族的灵魂。"[①] 行政文化作为意识形态的组成，是在一个比较长的时间里逐步形成的，而它一旦形成，便具有相对的稳定性。行政文化作为行政管理实践的产物，具有以下几个方面的特点：

---

① 习近平．习近平谈治国理政：第 2 卷．北京：外文出版社，2017：349.

1. 政治性与社会性

行政权是国家权力的组成部分，国家是阶级统治的工具，行政第一位的职能就是维护阶级的统治，这样的政治性必然成为行政文化的底色。比如在西方国家的政党制度下，两党轮替执政或多党联合执政，所以把行政人员划分为政务官、事务官，政务官与政治保持一致，而事务官的行政文化就是“政治中立”，以保证行政权的专业和效率。与西方国家完全不同，中国坚持中国共产党的领导，所以中国没有政务官、事务官之分，也绝不会形成“政治中立”的行政文化，中国共产党以全心全意为人民服务作为党的根本宗旨，行政文化也一定以坚持党的领导、服从党的领导为基本内核，深刻体现人民至上的本质属性。但是提供公共物品和公共服务的政府基本职能，又会使行政文化具有社会性的内容，因此不论是什么国体的国家，行政权力都会以服务作为基本的行政文化内容。

2. 民族性与普遍性

任何文化的创造者都是人，人总是归属于民族的，行政文化也不例外。不同的地理环境和历史条件，缔造了不同民族不同的文化传统。作为行政文化或多或少都会带有本民族的特性。但是现代国家行政机构本身所固有的岗位能力要求却不会因人而异，在权力分层、职位分等、层级节制、环环相扣、秩序井然的官僚体制内，服从、高效的行政文化又是带有普遍性的。

3. 时代性与稳定性

文化属于意识形态，所以还会受到时代的影响。不同时代背景会造就不同的行政文化，比如专制社会，君权神授，君臣之间是人身依附关系，基本的行政文化一定是唯权、唯上，而民主社会，主权在民，国家法律规定各级行政人员都是主权者的雇员，因而上下级之间都是法定的职权关系。不过，行政文化总会带有一些行政职业特色的文化内容，比如行政是国家权力的执行，所以集中、服从等文化内容就具有稳定性，不论在什么时代都是基本的内容。

4. 继承性与创新性

任何民族今天的文化一定是对传统文化的传承，但是文化传承本身就是一个选择、取舍的过程，这个过程实际就已经有创新包含其中了。比如中国传统行政文化中的民本、德治等内容，在数千年的传承中，其内涵已经因一代又一代的传承者去粗取精、去伪存真、古为今用，而极大地丰富、完善了。新时代行政文化建设，就是要构建服务型行政文化、效能型行政文化、法治型行政文化和廉洁型行政文化。建设优秀的、健康的行政文化，对于发展社会主义民主政治、建设社会主义政治文明，具有十分重要的意义①。

二、行政文化的形成

（一）行政文化形成和演变的影响因素

行政文化是在行政实践的基础上形成的。行政是国家的产物，在国家没有产生之前，人类就有了生活生产活动，有生产活动就有管理活动，管理者在管理活动中就会形成一

① 黄建．新时代行政文化建设面临的问题及解决路径．中州学刊，2019（8）：16－20．

些基本的理念，比如原始社会氏族组织中的自然崇拜、祖先崇拜、图腾崇拜，还有原始民主、禅让等理念，都成为最初的民族或传统文化的内容。

国家是社会生产力发展到一定阶段的产物。随着私有制的产生，出现了阶级的剥削和压迫，国家作为表面上凌驾于社会之上的力量，为了缓和阶级冲突，为了把冲突保持在"秩序"的范围以内，就作为一种从社会中产生但又自居于社会之上并且日益同社会脱离的力量出现了[①]。正是有了国家才有行政管理活动，才有行政文化。归纳起来影响行政文化的因素主要有国家的政治、经济发展类型，以及民族或地区的文化传统。

1. 国家的政治

行政从属于国家，国家又是有特定的国体和政体形式的，特定的国体和政体就是国家的政治。同样的国体下，会有不同的政体形式。国体、政体直接影响行政文化，比如封建社会实行君主专制的制度，在这样的政治环境中，政治、行政不分，执行君主的旨意就是行政，而君主的权力又是不受约束的，所以行政人员会有"伴君如伴虎"的危机感，行政文化必然是人治、等级、集权。民主政治环境中，政治权与行政权分离，政治权力受到民主政体的制约，行政人员照章办事，行政文化就是法治、制度、民主。

2. 经济发展类型

经济是政治的基础，也是行政文化形成和演变的基础。不过真正直接影响社会政治制度的形成或演变的不是经济发展的程度，而是经济发展的类型。对此，马克思曾经说过一段非常经典的话："社会关系和生产力密切相联。随着新生产力的获得，人们改变自己的生产方式，随着生产方式即谋生的方式的改变，人们也就会改变自己的一切社会关系。手推磨产生的是封建主的社会，蒸汽磨产生的是工业资本家的社会。"[②] 在自然经济、半自然经济基础上形成的小农的生产方式是集权政治产生最好的土壤，当然也是集权行政文化的生存土壤，商品经济基础上出现的现代大机器工业是民主政治出现的基础，也是民主的行政文化的基础。

3. 民族或地区的文化传统

人类的生存环境也是文化形成的客观影响因素，比如学者们习惯以生存地域的濒海性作为划分依据，将民族划分为内陆民族、海洋民族，认为内陆民族保守、平和，而海洋民族勇敢、有个性等等。这些民族的、地域的文化特性一定也会影响行政文化，而且这种影响是有历史传承性的。

（二）行政文化形成的一般过程

就行政文化的形成来看，一般会经过行政心态、行政意志、行政规范和行政评价等几个阶段（见图 11－1）。

1. 行政心态

所谓行政心态是指人们对具体行政活动所持有的情绪、感知方式和态度的总和。行政心态是形成行政活动的初始阶段，行政心态随行政活动的深入而发生变化。例如，对

---

① 马克思，恩格斯．马克思恩格斯选集：第 4 卷．2 版．北京：人民出版社，1995：170.
② 马克思，恩格斯．马克思恩格斯选集：第 1 卷．2 版．北京：人民出版社，1995：141－142.

图 11-1　行政文化形成的一般过程示意图

于一项新的行政决策，是积极响应还是消极抵触，对行政决策的实施效果都具有不同程度的影响。行政心态一般具有自发性、非理性和不稳定的特征。

2. 行政意志

所谓行政意志是人们决心达到某种行政活动目的而产生的精神状态。行政意志是行政心态上升为理性的强化结果。行政意志表现为行政观念与行政活动中的行为倾向。所以，行政意志作为人的主观能动性的重要体现，必然具有强烈的目的性。

3. 行政规范

行政规范就是确定或指导各种行政关系、行政活动的标准和准则。行政规范是行政意志的集中体现，也就是行政意志转化为行政实践后的合理性成果。行政规范作为道德性规范与法律性规范的统一体，对行政行为起着规范作用。与行政心态和行政意志所不同的是，行政规范的控制作用是外在的，是通过由外而内的不断内化实现的。而行政心态和行政意志则是内在的，是由内而外逐渐显现出来的。

4. 行政评价

行政评价是行政活动的总结阶段，是对行政心态、行政意志、行政规范等行政行为所做出的价值判断。行政评价的前提是确立评价的标准。行政评价由社会评价和自我评价两个部分组成。社会评价是社会舆论对行政行为所做出的价值判断，社会评价具有明显的约束优势。自我评价是借助于内心信念或主观意志的作用，自己对自身的行为做出价值判断。在正确的信念和理论的指导下，自我评价会比社会评价更为深刻。

形成行政文化的这几个阶段不会有明显的阶段性，也就是各阶段之间的界限不会是清晰的，各阶段甚至是交织的，只是总体会经过这样的阶段。

三、行政文化的作用

行政文化作为行政主体的精神样式，直接影响行政主体的行政行为，这种作用主要表现为引导方向、凝聚力量、约束行为、示范社会等。同时，我们还要防范陈旧的行政文化的负面影响作用。

(一) 引导方向

行政文化为行政人员提供行为模式和价值取向，行政文化反映行政组织的宗旨、价值理念，又通过具体的工作目标和工作要求引导行政人员的行为。行政文化作为一种行业文化，是群体文化的一种，即通过行政文化建设确立的群体意识、共同的行为准则等，反映行政人员共同的利益和价值取向，引导行政人员融入工作氛围，让个体的利益服从工作的利益需要，即以群体价值观作为个体价值观的标准，由此强化行政组织的组织性，提升工作效率。

（二）凝聚力量

行政文化是一种群体文化，是行政组织和全体行政人员共同创造的群体意识，是得到行业群体认同的心理，所以它可以发挥凝聚力量的作用。习近平总书记在全国宣传思想工作会议上指出："建设具有强大凝聚力和引领力的社会主义意识形态，是全党特别是宣传思想战线必须担负起的一个战略任务。"① 共同的价值观和信念被行政组织和行政人员认同后，就会从各个方面把行政组织和行政人员团结起来形成凝聚力，使行政人员有切实的归属感、使命感，从而实现在工作中的"同心同德、步调一致"。

（三）约束行为

行政文化一旦形成并得到行政人员的认同，行政人员就会形成较为一致的价值取向，会认同何为高尚、何为卑劣，也会很清楚他们应该做什么、不应该做什么。行政文化作为个人内在的意识和道德，会约束行政人员的行为，使之自觉按照行政文化的指引规范自己的言行。受到良好行政文化熏陶的行政人员，会按照行政文化素养行为处事，不会张扬个性，更不会做违法乱纪的事。这也是文化建设的重要意义所在。

（四）示范社会

行政人员是公共权力的执行者，他们的言行受到社会的监督，同时也会在社会中产生示范效应。在良好的行政文化熏陶下，行政组织以人民为中心确定工作目标、制定工作政策、考评公职人员；行政人员对工作兢兢业业，恪尽职守，勤政为民，廉洁奉公。这样的政府不仅能得到社会的支持、赞誉，还会在全社会起到示范作用，有助于净化、优化社会风气。

（五）防范行政文化的负面作用

陈旧的行政文化会有负面作用。行政文化作为意识形态的组成部分，一旦形成以后，就会有一定的稳定性，当社会向前发展以后，行政文化中的某些部分就会成为不合时宜的、陈旧的了。这些不合时宜的部分不仅还会存在，而且还会照旧发挥作用，成为行政文化的负面作用。比如我们已经进入民主社会，但是一些在封建社会形成并流传下来的奴性的、专制的行政文化残余并没有被肃清，它们的存在会影响行政工作的开展。

另外，人性中"利己"意识的存在也是不能回避的现实，中国古代学者称之为人性"恶"的一面，西方学者称之为"理性经济人"的部分。这种"利己"意识不仅可能存在于个人，也可能存在于部门，这就是所谓"个人利益"或"部门利益"产生的根源。对于行政文化的这些负面影响，我们一方面要加以重视，认真予以防范，另一方面要加快优化行政文化建设，用弘扬正气的方式，挤压这些负面作用的空间。

---

① 习近平．习近平谈治国理政：第 3 卷．北京：外文出版社，2020：312.

第二节　行政文化的主要内容

行政文化的内容主要包括行政意识、行政心理和行政道德。

一、行政意识

意识是一个哲学概念，它的本意是指人脑对客观物质世界的反映。也就是说意识虽然是人脑的产物，但其产生的前提是客观物质世界的存在。同时，辩证法还告诉我们，意识对客观世界是有反作用力的，意识可以转化为行动。因为意识是对客观世界最直接的反映，所以它一旦形成会直接转化为人们的行为，中间甚至不需要思考，这就是人们常说的下意识行为。

行政意识也是一样，行政意识是行政活动、行政行为在人脑中的反映。行政意识在行政文化中是最基本、最抽象的范畴。世界上的行政现象纷繁复杂，但是我们可以将其高度概括为两类现象：一类是行政的物质现象，即标志行政权力的行政机构、行政单位、行政工作的行为等；另一类是行政意识，这是指非物质的精神现象。行政思想、行政观念不仅都属于行政意识，而且都是以行政意识为基础的。行政意识一旦形成，也会成为行政人员不需要思考而直接采取的行动。比如，我们说行政人员应该具备勤政、廉政、进取、责任、奉公、法治等行政意识，就是指行政人员在工作和日常行为中，不需要特别告知就知道，哪些事应该做，哪些事不应该做；哪些事应该怎么做，哪些事不应该怎么做；哪些是自己应该承担的责任，哪些是应该自觉抵制的“潜规则”；等等。

二、行政心理

心理是指人的头脑反映客观现实的过程。生物对客观物质世界的主观反映的表现形式叫作心理现象，包括心理过程和心理特性。人的心理活动都有一个发生、发展、消失的过程。人们在活动的时候，通过各种感官认识外部世界事物，通过头脑的活动思考着事物的因果关系，这些折射着一系列心理现象的过程就是心理过程。

行政心理主要包括行政动机、行政态度、行政情感、行政人格等。行政动机是指行政主体以愿望、兴趣、理解等形式表现出来，引起行政人员的行政行为，并维持和指引这种行为去满足一定的行政需要，导向特定的行政目标的心理过程。行政动机是直接推动行政主体行为的内部动力，根据动机的来源，可以分为内部动机和外部动机。行政态度是指行政主体在行为过程中，对行政客体所持有的具有一定结构且比较稳定的评价和行为倾向。行政态度由认知因素、情感因素和价值取向等要素构成。这几个要素相互联系、相互制约，缺一不可，其中认知因素是基础，情感因素是调节器，价值取向是指导。行政情感是行政主体在行政管理过程中对行政客体的一种直观评价或内心体验，表现为好恶、爱憎、美丑感等，以及由此产生的亲疏感和信疑感等。根据强度和持续时间长短，行政情感可以分为一般行政情感和强烈行政情感等。

行政人格是行政人员与社会其他成员相区别的内在规定性，是行政人员在行政活动中表现出来的、相对稳定的尊严、品德、情操，以及个性、气质、能力等心理特征的有机复合体。行政人格既是行政人员个体的人格，又是行政人员区别于社会其他成员的群体人格和职业人格，是行政人员共同拥有的普遍人格①。行政人格是主观与客观的统一，是行政人员与其职位、职务、职责的内在统一。一方面，行政实践“形塑”了行政人格，另一方面，行政人格是行政人员将行政职业活动所必须遵守的法律制度、道德规范等内化了的自觉的人格，这些已经内化了的职业规范最终以行政人员的品质、行为特征等主观形式表现出来。从这个意义上说，行政人格又是自律和他律的统一。不过，这个自律的形成是一个复杂的动态过程，它是在行政人员对行政规范他律性认同的基础上，经过长期的约束和监督，逐步形成的一种自觉、自愿、自为状态②。

三、行政道德

在中国古籍中，道德中“道”的本义是道路，引申义为原则、规范与道理，如孔子曰：“朝闻道，夕死可矣。”“德”，则指按礼法要求行事。而“道”“德”合用，较早可见于《荀子·劝学》中，其曰：“故学至乎礼而止矣。夫是之谓道德之极。”后逐渐发展出特定的含义，指人的品质以及处理人与人之间关系时的行为规范与准则体系等。在西方，道德源于拉丁语的“moralis”，表示风俗、习俗之意。道德是具体的、个别的，一般运用于个体的层面。因而，有学者把道德界定为对人的行为的判断标准。道德按照风俗、习惯和观念直接判定个别的、具体行为的正当性。

行政道德是调节行政组织及行政人员在行政活动中的行为规范的总称，既包括行政活动中应该遵守的道德规范，也包括行政活动中行政主体实际奉行的道德规范。作为一种职业道德，它具有职业道德的普遍特征，即严格的规范性、实践的操作性、社会的公共性、对象的特定性等。行政道德作为行政人员在行政活动中调节行政人员之间、行政人员与社会之间关系时应遵守的行为准则与规范，通过内在的认知认可、外在的教育引导、社会舆论力量的监督，使行政人员形成行政职业所需的意识、情感、信念、意志、习惯，并在行政行为中发挥作用。

行政道德作为约束行政人员的一种约束机制，在行政活动中发挥着极为重要的作用。行政道德既包括行政关系需要遵守的道德规范，也包括行政人员所奉行的道德规范和行政品格。行政道德具有认知功能、规范功能、调节功能。行政道德是法治建设的成果，一般各国都会通过法律法规的形式对行政人员的行政道德做出明确的规范，主要包括：忠于国家、忠于职守；履职尽责，恪尽职守；廉洁奉公；严守国家秘密；回应民众，接受道德监督；等等。职业道德养成是各国行政主体教育培训的重要内容，教育的方式包括进行职业价值体系、行为观念的灌输，当然，其中也要注意调动行政主体的积极性、主动性。

---

① 张康之，杨艳．论行政人格的历史类型．江海学刊，2004（6）.

② 颜佳华，李熠煜．行政文化研究．湘潭：湘潭大学出版社，2009：65.

第三节　中国的行政文化建设

一、中国行政文化建设概述

（一）行政文化建设的含义

行政文化建设是指引导、教育行政人员形成和确立与行政组织职责相适应的行政意识、行政心理、行政道德的过程。

改革开放以来，中国的经济、政治、社会领域已经并继续发生着广泛而深刻的变革，与此同时，我国的社会主义行政文化的建设也成就斐然，通过推进服务型政府建设、法治政府建设、诚信政府建设、效能政府建设，不仅转变了政府职能，还改进了政府作风，净化了行政风气。当前，面临新时代和新要求，党和国家机构改革和职能配置需要同统筹推进"五位一体"总体布局以及协调推进"四个全面"战略布局相适应，因此，随着改革的深入推进，行政文化建设是任务，也是保证。

（二）新时代行政文化的新内容

在新时代，中国行政文化建设是新时代中国特色社会主义文化建设的重要内容。习近平总书记在文化传承发展座谈会上指出："在新的起点上继续推动文化繁荣、建设文化强国、建设中华民族现代文明，是我们在新时代新的文化使命。……担当使命、奋发有为，共同努力创造属于我们这个时代的新文化，建设中华民族现代文明！"[①] 中国行政文化的核心是为人民服务。当前，在行政文化的组成要素中，核心是公仆意识、服务宗旨和与时俱进[②]。行政文化以为人民服务为核心，这是与中国执政党的宗旨相一致的，也是与中国建设服务型政府的目标相一致的。公仆意识和服务宗旨是为人民服务的必然要求，民主政治要求行政人员必须具有公仆意识和服务宗旨，而要真正做到以人民为中心，又必然要求与时俱进，时时关注人民的所思所想，真正做一个称职的公仆，得到满意的服务评价。

二、行政文化建设的必要性

行政文化是公共行政的灵魂，不仅行政制度的运行受行政文化的制约，行政制度的建立和行政组织的设置也受行政文化的影响。行政文化还对公共行政有定向作用、动力作用、评价作用。建设中国特色的先进行政文化不仅是现代行政管理体制改革的必然要求，也是提高我国文化软实力的必然要求[③]。正是基于此，有学者提出，行政文化是提高

---

① 习近平．在文化传承发展座谈会上的讲话．求是，2023（17）．

② 周文彰．建设中国特色行政文化．北京：国家行政学院出版社，2014：259.

③ 陈世香．我国行政文化建设的系统架构分析：功能性构成、现实困境与路径选择．行政论坛，2015，22（1）：47－52.

政府管理水平的“软实力”。行政文化建设的必要性主要体现在以下几方面：

1. 是推进行政体制改革的需要

行政文化与行政体制改革是相互影响、相互促进的关系。行政体制改革发端于行政文化的变革。改革开放以来的成就显示，行政体制改革成功的关键因素之一在于公务员思想观念的转变，而公务员思想观念能否转变，关键在行政文化的影响力、推动力。比如，现在各级政府简政放权，对行政职能进行了持续的重大调整，决策也基本实现了科学化、民主化和制度化。但是政府管理中的越位、错位、缺位现象仍然在一定程度上存在，所以，还必须以行政文化建设来推进政府继续深化职能转变。政府改革只有实现由“管制”文化向“治理”文化的转变，才能更好地实现真正意义上的简政放权，实现政府职能转变，实现深化行政改革的价值目标①。

2. 是实现政府治理能力现代化的需要

提升政府治理能力很重要的内容就是提升行政治理的质量和效率，行政文化建设能够培养公务员良好的行为习惯，比如培养雷厉风行、求真务实、真抓实干的工作作风，勇于担当、果断决策，想群众所想、急群众所急，在工作中不推诿、不扯皮、不回避矛盾的工作态度等。实践证明，行政文化建设能为高质量、高效率的政府服务提供观念上的支持，能为实现政府治理能力现代化提供重要保证。

3. 是激发公务员内生动力的需要

要加强行政文化建设，把行政文化的理念贯穿于公务员业务工作实践活动之中，使公务员确立正确的价值观、权力观、绩效观，把个人理想融入党和人民的共同理想之中，将社会主义核心价值观融入本职工作。同时，公务员要履行好自己的职责，除了具备必要的专业知识和能力外，还必须有理想信念、奋斗目标和价值追求，而做到这些必须依靠行政文化建设。所以，加强行政文化建设，坚定对马克思主义的信仰，坚持对社会主义和共产主义的信念，坚持对中国特色社会主义道路、理论、制度、文化的自信，就能够激发公务员的内生动力和聪明才智，从而更好为人民群众服务。

4. 是营造良好政务环境的重要举措

加强行政文化建设能营造良好的机关文化氛围。各级政府自推进“放管服”改革以来，健全了行政审批、资源配置、公共服务、效能监察“四位一体”的综合服务平台硬件建设，推进了能够促进热心服务、诚信服务、高效服务、阳光服务的行政文化软件建设。硬件、软件结合，开展争创“群众满意的窗口服务单位”“人民满意的公务员”活动，营造干事创业光荣、贪图享乐可耻的舆论氛围，使公务员提升为民办实事的意识和能力。

5. 是树立清正廉洁作风的保障

加强行政文化建设是公务员队伍树立清正廉洁作风的保障。构建廉洁型行政文化对于当前建设社会主义民主政治具有重大意义。廉洁凝聚人心，腐败背离民意。保持清正廉洁，建设廉洁政治，就是要实现干部清正、政府清廉、政治清明，保持一心为民、不谋私利的政治局面。只有做到权为民所用、情为民所系、利为民所谋，才能奠定最广泛、

① 李冰心．重塑与减政放权相适宜的行政文化．行政管理改革，2018（8）：68－72.

最可靠、最牢固的群众基础。在建立行政人员“不敢腐、不能腐、不想腐”的“三不腐”体制机制中，加强治腐惩贪的制度建设是一个重要方面，加强思想教育的行政文化建设是另一个重要方面。公务员要按照“三严三实”的要求加强行政文化建设，即严以修身、严以用权、严以律己，谋事要实、创业要实、做人要实。公务员要保持和发扬艰苦奋斗的优良传统，以身作则，认真遵守廉洁从政行为准则，更加坚定理想信念，牢固树立马克思主义的世界观、人生观和价值观，增强党性修养，提高拒腐防变的能力，为净化社会风气树立表率。

三、行政文化建设的路径

（一）以社会主义核心价值观为统领

价值是对好坏、善恶、美丑、利弊、得失等以功能、功用为标尺进行衡量的理性概括。在哲学上，价值是关于客观世界满足主观需要的意义关系的范畴。价值观则是人们对价值的总看法、总观点。社会主义核心价值是社会成员基于自己的价值观在面对或处理各种矛盾、冲突、关系时所持的基本价值立场、价值态度，以及所表现出来的基本价值倾向。

社会主义核心价值观是社会成员对最重要价值的基本一致的总看法、总观点。习近平总书记在党的二十大报告中指出，“社会主义核心价值观是凝聚人心、汇聚民力的强大力量……把社会主义核心价值观融入法治建设、融入社会发展、融入日常生活”[①]。社会主义核心价值观在国家层面倡导富强、民主、文明、和谐，在社会层面倡导自由、平等、公正、法治，在公民个人层面倡导爱国、敬业、诚信、友善。社会主义核心价值观是行政文化的基础，只有强化这个基础，才能弘扬优秀的行政文化，摒弃腐朽的行政文化。只有以社会主义核心价值观为统领，才能强化先进行政文化和公务员道德体系这个行政“软环境”，为建设服务政府、责任政府、法治政府、廉洁政府提供强大的精神力量[②]。

（二）建立健全行政制度文化

行政制度文化是关于行政组织、行政体制、运行机制、行政关系、行政纪律等方面的观念、规则和规定[③]。行政制度文化体现着党和国家及社会层面对政府管理在文化方面的要求，它通常以国家权力机关和行政机关所颁布的、与行政管理以及与公务员直接有关的法律法规、章程、守则、规定、办法、意见等形式出现，如《宪法》《公务员法》《国家保密法》《公务员法实施细则》《党政机关公文处理工作条例》等。行政制度文化为行政管理提供制度保障，为公务员提供合理有序的学习、工作和生活的行为规范，以保障行政管理的良性运作。

行政制度文化包括四个层次：第一是宪法，它规定了公民的权利义务，以及国家的

① 习近平．高举中国特色社会主义伟大旗帜 为全面建设社会主义现代化国家而团结奋斗：在中国共产党第二十次全国代表大会上的报告．北京：人民出版社，2022：44.

② 高小平，颜佳华，靳江好．行政的价值．湘潭：湘潭大学出版社，2013：3-4.

③ 周文彰．用行政文化创新推动行政体制改革．北京联合大学学报（人文社科版），2013（2）.

权力结构，是国家的根本大法，处于最高层次，也是国家行政机关行使职权的基本依据。第二是国家行政机关制定的法律法规，这是行政机关行使职权的法律依据。第三是政府制定的行政管理法规，如条例、办法、规定等。第四是行政机关依据国家的法律法规制定的规范性文件。这四个方面构成行政制度文化体系。行政文化作为思想意识，其形成是需要客观基础的，而行政制度本身既是行政文化的组成部分，又是确立行政意识、行政心理、行政道德的载体。所以建立健全行政制度是行政文化建设的重要内容。

（三）注重打造行政环境文化

行政环境文化是指物质形态的内涵及其表面附着物所包含的文化，主要指行政管理硬件设施环境所包含的文化内涵。行政文化离不开物质载体，行政环境是行政文化的物质基础和重要载体，完善的设施、合理的布局、各具特色的建筑和场所，能使人心旷神怡，赏心悦目，有助于公务员陶冶情操、塑造美好心灵、激发开拓进取精神，也有助于约束公务员的行为、促进公务员的身心健康发展。大到行政机关的整体规划布局、各个部门办公场所的设置与美化，小到一路、一室、一树、一草，都是行政环境文化内涵的具体表象。比如一些政府所在地门口建有“为人民服务”的影壁或刻石，就是让公务员一进入这样的环境，就强烈地感受到环境传递的文化信息，牢记自己的使命和宗旨。

行政环境文化可以分为三个部分：一是行政机关的建筑文化，包括办公楼的建筑布局、各种建筑物的命名、行政机关大门、人行道路、壁画、会议中心、发展规划展示馆、档案馆等的设计与建设。二是行政机关的绿化、美化，包括机关内部绿化、景点设计、雕塑设计制作，行政楼、会议室、食堂、厅堂等的内部陈设与布置，走廊、过道、墙体等文化空间的打造，比如书画作品、警世名言、照片画像等的选择。三是行政机关的传播设施文化，包括行政机关的标识设计制作，网站建设、宣传橱窗、阅报栏、标语牌、电子显示屏等的设置。如果这些硬件都是独特但不奢华的，而且文化风格、文化内涵鲜明，就不仅能潜移默化地影响公务员的观念和行为，也可以为行政机关营造良好的工作环境。

四、推进公共文化服务体系的建设

“十三五”以来，国家高度重视公共文化服务体系的建设，取得了一系列突破性进展。为贯彻落实《中华人民共和国国民经济和社会发展第十四个五年规划和 2035 年远景目标纲要》、《“十四五”文化发展规划》和《“十四五”文化和旅游发展规划》，加快推进公共文化服务体系建设，文化和旅游部编制了《“十四五”公共文化服务体系建设规划》，对公共文化服务体系建设做出了一系列具体部署。

（一）公共文化服务体系建设的发展目标

“十四五”末，公共文化服务体系将力争达到以下目标：

（1）公共文化服务布局更加均衡。城乡公共文化服务体系一体建设取得重大突破，城乡协同发展机制逐步健全，城乡公共文化服务差距进一步缩小。公共文化服务在保障人民基本文化权益，促进城乡经济社会发展中的重要作用更加凸显。

（2）公共文化服务水平显著提高。城乡公共文化服务供给能力进一步增强，基本公共文化服务水平与经济社会发展水平同步提升。公共文化服务质量明显改善。公共文化服务知晓度、参与度、满意度不断提高。

（3）公共文化服务供给方式更加多元。政府主导、社会力量广泛参与的公共文化服务供给机制更加成熟，来自基层群众的文化创造更加活跃，政府、市场、社会共同参与公共文化服务体系建设的格局更加健全。

（4）公共文化数字化网络化智能化发展取得新突破。公共数字文化资源更加丰富，国家公共文化云等平台互联互通体系更加完善，智慧图书馆体系建设取得明显进展，公共文化数字服务更加便捷、应用场景更加丰富。

（二）公共文化服务体系建设的基本原则

（1）坚持正确导向。坚持党对公共文化工作的领导，牢牢把握社会主义先进文化前进方向，紧紧围绕举旗帜、聚民心、育新人、兴文化、展形象的使命任务，以社会主义核心价值观为引领，促进满足人民文化需求和增强人民精神力量相统一，让人民享有更加充实、更为丰富、更高质量的精神文化生活。

（2）坚持以人民为中心。坚持文化发展为了人民，更好顺应人民群众对美好生活的新期待，推动公共文化服务向高品质和多样化升级。坚持文化发展依靠人民，充分尊重人民群众主体地位和首创精神，着力提高文化参与度和创造力。坚持文化发展成果由人民共享，切实保障文化民生，促进社会公平。

（3）坚持改革创新。进一步加强文化治理体系和治理能力建设，持续增强发展动力和活力。坚持向改革要效益，进一步探索现代公共文化服务体系建设体制机制改革路径，着力解决制约公共文化服务高质量发展的突出矛盾和问题。坚持以创新谋发展，打破体制界限，整合社会资源，提高配置效率，形成开放多元的公共文化服务供给体系。

（4）坚持系统推进。加强前瞻性思考、全局性谋划、战略性布局、整体性推进，统筹发展与安全，统筹城乡、区域协调发展，既要坚持保障基本，普惠均等，稳固发展根基，又要尊重差异，鼓励地方善用优势，率先拓展提升，充分发挥引领、示范、带动作用，形成布局科学均衡，质量梯次提升的公共文化服务发展格局。

（三）公共文化服务体系建设的主要任务

（1）推进城乡公共文化服务体系一体建设。

深入推进城乡公共文化服务标准化服务体系规划建设。全面落实国家基本公共服务标准，进一步明确现阶段基本公共文化服务范围和标准，强化保障能力。

完善城乡公共文化服务协同发展机制。推进图书馆、文化馆总分馆制建设，提升县级公共图书馆、文化馆统筹协调、组织指导、服务援助能力，依托具备条件的乡镇综合文化站、村级综合性文化服务中心和社会性文化机构等，设立分馆或基层服务点。

以文化繁荣助力乡村振兴。全面落实乡村振兴战略，按照有标准、有网络、有内容、有人才的要求，健全乡村公共文化服务体系。

创新培育城市公共文化空间。坚持“人民城市”建设理念，提升城市文化治理能力，努力形成优质均衡，便捷高效的公共文化设施网络，创新拓展公共空间，营造良好的城市人文环境。

（2）建设以人为中心的图书馆。

推进公共图书馆功能转型升级。适应高质量发展要求，推动公共图书馆向“以人为中心”转型，建设开放、智慧、包容、共享的现代图书馆，将公共图书馆建设成为滋养民族心灵、培育文化自信的重要场所。

广泛开展全民阅读活动。将推动、引导、服务全民阅读作为公共图书馆的重要任务，不断丰富以阅读为核心的综合性文化服务，建设书香社会。

加强古籍整理保护和传承利用。结合实施中华文化资源普查工程，深入开展古籍普查，全面掌握海内外古籍存藏情况。

（3）繁荣群众文艺。

广泛开展群众文艺创作和活动。充分发挥文化馆在繁荣群众文艺工作中的重要作用，加强现代文化馆建设。

实施全民艺术普及工程。扎根时代生活，遵循美育特点，深入开展全民艺术普及工作。

培育一批扎根基层的群众文艺团队和文艺骨干。尊重人民主体地位，使广大人民群众真正成为文化建设的参与者、展示者、欣赏者、分享者。

（4）增强公共文化服务实效性。

提高公共文化服务供给能力。全面落实公共图书馆、文化馆（站）、美术馆免费开放政策，进一步完善免费开放信息公开、监督评价、绩效管理等机制，确保“三馆一站”高质量开展基本公共文化服务。

精准对接人民群众文化需求。聚焦供需矛盾，深入开展供给侧结构性改革，注重需求侧管理。

积极推动公共文化服务融合发展。落实开放共享理念，统筹各领域资源，找准关键节点，推动融合创新，进一步优化公共文化服务发展生态。

（5）推动公共文化服务社会化发展。

深入推进政府购买公共文化服务。举办全国或区域性公共文化产品和服务采购大会，搭建购买公共文化服务供需对接平台。

创新社会力量参与公共文化服务方式。稳妥推进县以下基层公共文化设施社会化管理运营，对存在人员缺乏等困难的公共文化设施，鼓励通过服务外包、项目授权、财政补贴等方式，引入符合条件的企业和社会组织进行运行或连锁运行。

提升文化志愿服务水平。构建参与广泛、形式多样、机制健全、灵活高效的文化志愿服务体系，完善文化志愿者注册招募、服务记录、管理评价和激励保障机制，加强文化志愿服务统计，提高志愿服务管理规范化水平。

（6）推动公共文化服务数字化、网络化、智能化建设。

加强数字文化内容资源和管理服务大数据资源建设。持续推动公共文化机构数字资源建设。

加快公共文化网络平台建设。推动实施智慧图书馆统一平台建设，提升国家公共文化云平台，鼓励各地按照统一标准和规范，因地制宜建设本地文化云平台，加强文化云平台之间的互联互通，构建统筹协调发展的公共文化云平台体系。

拓展公共文化服务智慧应用场景。依托云计算、大数据、人工智能、区块链等新一代信息技术，加强云端数据挖掘和分析能力，推动公共图书馆、文化馆（站）实现包括智慧服务、智慧分析、智慧评估和辅助决策等功能在内的智慧化运营，优化数据反馈模式。

（7）推进公共文化服务区域均衡发展。

积极发挥国家重大发展战略引领作用。推动将公共文化服务体系建设纳入京津冀协同发展、长江经济带、粤港澳大湾区、长三角一体化、黄河流域生态保护和高质量发展、成渝地区双城经济圈等国家发展战略。

多措并举推动区域协调发展。健全区域协调发展体制机制，在形成西部大开发新格局、东北振兴、中部崛起和东部地区加快现代化过程中，确保公共文化服务体系建设同步推进。

注重调动激发基层内生动力。进一步完善示范和试点机制，调动和激励基层的首创精神，引导形成基层公共文化服务创新的新格局新风尚。

本章学习要点

行政文化是行政意识形态，主要包括行政意识、行政心理、行政道德等内容。行政文化同时具有政治性与社会性、民族性与普遍性、时代性与稳定性、继承性与创新性。行政文化的作用主要表现为引导方向、凝聚力量、约束行为、示范社会，我们还要防范陈旧的行政文化的负面作用。

行政文化的内容主要包括行政意识、行政心理和行政道德。行政意识包括行政思想、行政观念。行政心理主要包括行政动机、行政态度、行政情感、行政人格等。行政道德既包括行政活动中应该遵守的道德规范，也包括行政活动中行政主体实际奉行的道德规范。

中国行政文化的核心是为人民服务，在行政文化的组成要素中，核心是公仆意识、服务宗旨和与时俱进。加强行政文化建设是推进行政体制改革的需要，是实现政府管理能力现代化的需要，是激发公务员内生动力的需要，是营造良好政务环境的重要举措，是树立清正廉洁作风的保障。当前我们进行行政文化建设，要以社会主义核心价值观为统领，建立健全行政制度文化，注重打造行政环境文化。当前推进公共文化服务体系建设需要明确其发展目标、基本原则以及主要任务。

本章思考题

1. 什么是行政文化？它有什么特点？
2. 行政文化的作用有哪些？

3. 行政文化的主要内容是什么？
4. 新时代中国行政文化的核心是什么？
5. 当前中国为什么要加强行政文化建设？
6. 中国行政文化建设的路径主要有哪些？
7. 加快推进公共文化服务体系的主要任务是什么？

第十二章

政府绩效管理

本章学习目的

政府绩效管理是政府从企业管理中借鉴过来的行政管理新工具。建立绩效型政府已经成为当今世界各国政府改革的潮流，中国也不例外。通过本章学习，要在了解“绩效”概念的基础上，认识和掌握“政府绩效”及“政府绩效管理”的概念，掌握政府绩效管理的基本原则和主要环节。同时，也要了解中国实行政府绩效管理的改革历程，以及现在政府绩效管理的主要形式。

第一节　政府绩效管理概述

一、政府绩效与政府绩效管理

（一）绩效与政府绩效

自20世纪80年代以来，“绩效”（performance）成为管理实践中的一个流行词语。

1. 绩效的含义

人们对企业管理中的绩效内涵有各种理解，现在普遍接受的是“3E”的概念，即认为“绩效”有经济（economy）、效率（efficiency）和效益（effectiveness）三个方面的含义。其中“经济”指输入成本的降低程度；“效率”指一种活动或一个组织的产出与投入之间的关系，也就是劳动生产率或单位成本；“效益”指产出对最终目标所做贡献的大小。

综合各种认识，可以这样定义绩效：绩效就是指组织或员工能够被评价的、与组织目标直接相关的工作行为、工作方式及工作结果。这个定义的要点是：第一，绩效必须是经过评价的工作行为、工作方式及工作结果；第二，强调工作行为、工作方式及其结果能够被评价；第三，强调工作行为、工作方式及工作结果，是与组织目标直接相关的；第四，强调绩效的形式是多样的，它可以是工作行为、工作方式和工作结果。

2. 政府绩效的含义

20 世纪 90 年代以来，绩效概念被引入政府管理，出现了政府绩效（government performance）的概念。不过政府管理中的“绩效”被注入了新的内涵。我们认为，所谓政府绩效就是指政府组织能够被评价的、与组织目标直接相关的工作行为、工作方式及工作结果。与绩效一样，政府绩效也应该是经过评估的工作行为和结果，也强调工作行为和结果的合目标性。

为了便于研究，可以按照绩效所涉及的领域，将政府绩效分为政治绩效、经济绩效、文化绩效和社会绩效等方面①；或者按照管理者的价值取向，将绩效划分为以顾客为中心的绩效、以财务和市场为中心的绩效、运作的绩效等不同类型；另外，还可以按照绩效主体，划分为组织的绩效、个人的绩效等。在政府管理中，可以划分为某一级政府的绩效，比如市政府绩效、县政府绩效；某个政府部门的绩效，比如教育局的绩效、交管局的绩效；以及某一项具体工作的绩效，比如精准扶贫的绩效等。

总之，绩效类型很多，可以根据实际需要进行划分。

3. 政府绩效的影响因素

一般认为，在企业管理中，绩效的主要影响因素有技能、激励、环境和机会②。但是，政府作为公共组织与企业有明显的不同，政府的政治性、权威性以及非营利性等，决定了政府绩效的影响因素不同于企业。影响政府绩效的主要因素有价值取向、管理体制、组织结构、人员素质和技术手段。

价值取向是指行为主体在价值选择和决策过程中的倾向性。政府价值取向在政府管理中居于首要地位，因为它是政府决策的内在依据，也是行政执行的基本评价标准。也就是说，政府什么时候做什么、怎么做都是受价值取向支配的。比如效率与公平就是很难兼顾的两个价值取向。不同国家、不同历史阶段，国家的发展战略不同，追求的目标不同，价值取向就会不同，对具体工作绩效的评价标准就会不同。

管理体制就是对组织整体与部分关系的规制，管理体制适合性的标准就是既能保证各部分协调一致，又能最大限度地调动各部分的积极性。政府组织各个层级、各个部门之间的权力关系有多种配置形式，这些不同权力关系的运行，形成了不同的政府管理体制。实行不同政府管理体制，成本是不一样的，由此形成的管理效率也是不一样的。

组织结构（organization structure）是指组织内各构成要素以及它们之间的相互关系。政府组织中有人、目标、权责这三个基本要素。如果政府组织的工作人员都能够按照组织目标的要求，结成一定的权责分工关系，做到人人有事做，事事有人管，并且能“人尽其才，物尽其用”，工作成本就可以降低。

人员素质是政府绩效的重要影响因素。管理学原理认为，任何组织的业绩都很大程度地取决于组织中人的行为，取决于组织成员的各种能力的发挥。而组织中人员的行为选择和能力大小又是由其自身的素质决定的，所以人员素质能直接影响组织绩效。对政府组织而言，拥有一支积极主动、尽职尽责、精明强干的公务员队伍，是实现治理目标、

---

① 陈振明 . 公共管理学：一种不同于传统行政学的研究途径 . 2 版 . 北京：中国人民大学出版社，2003：273.

② 林新奇 . 绩效管理 . 2 版 . 北京：中国人民大学出版社，2016：6.

提高工作效率的根本保证之一。

技术手段是指实现工作目标时所使用的各种技术工具。政府工作的技术工具从早期的电话、传真机、复印机等，到现代迅速发展起来的各种信息化手段，网络、移动终端、大数据等，这些新型技术手段的运用，对管理的方式方法提出了前所未有的新要求。所以，技术手段也成为政府绩效的重要影响因素。

（二）绩效管理与政府绩效管理

把绩效概念引入管理学，就出现了绩效管理（performance management）的概念。

1. 绩效管理的含义

对于绩效管理的含义，由于各国的管理实践及管理思想存在差异，以管理的范围为划分依据，现在有三种比较有代表性的观点：第一种观点认为绩效管理是管理组织绩效的一种体系，第二种观点认为绩效管理是管理雇员绩效的一种体系，第三种观点认为绩效管理是把对组织的管理和对雇员的管理结合在一起的体系。国内的学者对此也有各种讨论，比较权威的教材将绩效管理定义为管理者用来确保员工的工作活动和工作产出与目标保持一致的手段及过程[①]。

综上所述，我们将绩效管理定义为管理者用来确保组织及员工的工作活动和工作条件与组织目标保持一致的手段及过程。也就是说，绩效管理是指对组织和员工管理的综合系统，绩效管理的突出特点，就是强调组织内所有人和事都要符合组织目标，都要有利于组织目标的实现。对于组织绩效而言，主要就是要创造员工绩效的工作条件，即要通过管理体制、组织结构、技术手段等方面的创新，提高员工的绩效，而不仅仅是靠调动员工的主观能动性。从这个意义上看，绩效管理是一种管理手段，管理工具，但也是管理过程。

2. 政府绩效管理的含义

政府绩效管理（government performance management）的概念是与政府绩效的概念同时出现的。国内外学者给政府绩效管理下的定义各有不同，但是区别也不大，我们接受中国行政管理学会联合课题组对政府绩效管理下的定义，即所谓政府绩效管理，就是运用科学的方法、标准和程序，对政府机关的业绩、成就和实际工作做出尽可能准确的评价，并在此基础上对政府绩效进行改善和提高[②]。这个关于政府绩效管理的定义表明：政府绩效管理主要是对组织的管理；政府绩效管理是一个过程；绩效评估是政府绩效管理的重要环节，也是政府绩效管理的基本依据；在绩效评估的基础上对政府绩效进行改善和提高才是评估真正的目的。

（三）政府绩效管理的特点

政府绩效管理作为一种新的管理技术和管理工具，以政府机构或公共部门为关注对象，以经济、效率、效益、服务质量的提高和公民满意为目标，以提高组织效益为重点，

---

① 方振邦．绩效管理．北京：中国人民大学出版社，2003：7.

② 中国行政管理学会联合课题组．关于政府机关工作效率标准的研究报告．中国行政管理，2003（3）.

注重组织未来的发展。其特点表现为以下几个方面：

1. 重视管理的价值取向和社会效应

政府绩效管理重视绩效管理的价值取向和社会效应，关注管理过程的环境因素和心理因素，以此来激发管理者的使命感和责任感，促进社会治理的公正性和客观性，进而获得更多的社会支持。

2. 强调多元服务主体

在绩效管理理论看来，政府是社会公共产品的供给者，但不一定都是直接生产者，对于那些技术性、具体性的社会事务，应尽可能地交给社会组织承担。社会公共物品和公共服务供给的主体，可以是政府，也可以是社会其他主体，包括私人营利组织。

3. 致力于机制的创新

政府绩效管理以政府应该管什么和怎么管作为中心，致力于寻求一个新的治理模式，创造一种新的管理机制，将不该管的和管不好的事务移交出去，集中精力抓好宏观调控、市场监管、社会管理、公共服务、生态保护等工作。

二、政府绩效管理的原则与意义

（一）政府绩效管理的原则

制定科学合理的政府绩效管理体系，必须首先遵循指标量化、外部评价、目标导向和效能导向的原则。偏离这些基本原则，就不会是真正意义上的政府绩效管理。

1. 指标量化原则

这个原则要求政府将取得的绩效尽可能地用指标的方式量化标识出来，以便于后期的评价管理。这个原则显示了绩效管理与传统的效能管理不同。同时也是政府绩效管理的难点所在。美国管理大师罗伯特・卡普兰（Robert S. Kaplan）认为，任何工作如果不能描述就不能衡量，不能衡量就不能管理。制定量化指标就是为评价政府工作提供依据，对政府工作作了评价才能管理。

2. 外部评价原则

现代政府绩效管理的一个重要特点是强调外部评价，强调公民导向，这一特点是政府组织目标的公共性所规定的。新公共管理运动中出现的政府绩效管理，一个重要成功措施就是由独立于政府的第三方对政府绩效进行评价，如美国的国家绩效评鉴小组及其下设的专门的绩效评估研究组、行政管理与预算局，英国的效率办公室、审计委员会等都是独立的绩效评估机构。

3. 目标导向原则

“目标”是政府工作或服务之后所实现的效果，例如政府部门供给服务之后，社会环境得到改善、人们的需要得到满足、公众满意度得到提高等。目标导向的原则不仅关注政府工作是否完成任务，更关注政府工作是否符合工作目标。按照目标导向进行绩效管理，能够激励政府各部门注重提供公共服务的结果一致性。

4. 效能导向原则

政府绩效要求考虑政府成本的限定和约束，通过政府绩效管理降低政府管理成本。

通过降低行政管理的成本，改革行政管理系统，促使行政管理体制重新建立竞争机制，从而提高政府的工作效率。

（二）政府绩效管理的意义

绩效管理是一种整合多种管理理论和工具的系统框架，可以作为改善政府管理的一种有效工具。具体而言，政府绩效管理具有以下几方面的意义：

1. 有效促使政府进行资源配置

绩效管理在政府运作和管理中引入“成本”和“效益”两个概念，促使政府部门的资金必须按正当的程序支出，资源必须有效率地利用，投资必须达到预期的效果，从而增强了政府机关人员的成本意识和责任感，减少了政府机关的浪费。

2. 有效促使政府进行流程再造

在当今经济全球化、信息化的浪潮中，各国政府所面临的各种内外压力，使得对政府部门进行再造已成为必然的趋势，而在政府再造过程中所注入的各种新管理主义因素，如分权化改革、责任机制、顾客导向、结果为本等，都可以通过绩效管理的框架来加以体现，并通过绩效标准的检验来加以判断和衡量。

3. 有效促使政府进行治道变革

在现代公共管理中，绩效管理代表了一个高效率、负责任的政府形象。对政府部门实行绩效管理，可以促进政府管理从关注内部工作效率，转到回应民众诉求，实现公共部门的本质属性上来，从而推动目标导向工作模式的实行，并建立工作绩效和奖惩联系的评价机制，激发公务员的工作热情和工作创造性。

三、政府绩效管理的主要工具

政府绩效管理本身就是一种管理方法或管理工具，但是在施行绩效管理时，还是需要用到一些更为具体的工具，其中最主要也是最经常使用的有目标管理、关键绩效指标和平衡计分卡。

（一）目标管理

目标管理（management by objective，MBO），其核心是使组织的目标成为组织里每个成员、每个层次、每个部门的行为方向、行为目的，从而使组织能够高效运行。

目标管理的基本内容，就是动员全体员工参加制定目标并保证目标实现，即由组织中的上级与下级一起商定组织的共同目标，并使其具体化，层层分解至组织内的各个部门、各个层次、各个成员。要求在目标执行过程中，每个部门、每个成员都根据组织目标决定上下级责任范围，上级向下放权，下级实现工作过程的自我管理。而最终工作成果的评定标准，就是最初上下共同制定的组织目标。这样的目标管理可使组织形成一个全方位的、全过程的、多层次的，能确保组织目标实现的目标管理体系，不仅显著提高了上级领导能力，也充分激发了下级主观能动性。在绩效管理中，正是运用这样的目标管理工具制定绩效计划的。

（二）关键绩效指标

关键绩效指标（key performance indicator，KPI），是对组织及其运作过程中的成功关键要素进行的提炼与归纳，是衡量组织战略实施效果的可量化、可评价的关键指标。由于 KPI 是组织战略目标经过层层分解产生的可操作的指标体系，所以是组织绩效管理的基础。

KPI 实际是一个指标体系。它基于组织远景、战略、整体效益展开，而且是自上而下层层分解、自下而上层层关联、层层支持的指标系统。这个系统有效地将组织的整体利益、长远利益与员工的个人利益、现实利益结合在一起，具有系统性、可控性和可管理性，从而能够极大提升组织效率。

制定 KPI 需要遵循 SMART 原则。SMART 是 5 个英文单词首字母的缩写，S 代表具体（specific），指建立的是特定工作的绩效指标，不能笼统。M 代表可度量（measurable），指绩效指标值是数量化的，验证这些绩效指标的数据或者信息是可以获得的。A 代表可实现（attainable），指绩效指标在付出努力的情况下是可以实现的，避免设立过高或过低的目标。R 代表有关联性（relevant），指绩效指标与上级和本组织目标具有明确的关联性。T 代表有时限（time-bound），指完成绩效指标有明确的期限。而实现上述原则也是 KPI 的难点所在。

（三）平衡计分卡

平衡计分卡（balanced score card，BSC），是战略管理工具，也是常见的绩效考核方式之一。平衡计分卡是从财务、客户、内部运营、学习与成长四个维度，将组织的战略落实为可操作的衡量指标和目标值的一种新型绩效管理体系。

建立一个以组织战略为评估标准的、结构严谨的平衡计分卡，须遵守三个原则，即具有因果关系，业绩衡量指标与业绩动因紧密联系（目标＋手段），与财务指标挂钩。平衡计分卡管理方法的有效性在于，组织从四个角度审视自身业绩，力求实现五项平衡，即财务指标和非财务指标之间的平衡，组织的长期目标和短期目标之间的平衡，结果性指标与动因性指标之间的平衡，组织内部群体与外部群体之间的平衡，领先指标与滞后指标之间的平衡。

实施平衡记分卡能整体提高组织的管理水平。它克服了传统组织管理中单纯财务评估方法可能导致的短期行为；它采用客观、综合、全面的绩效考核，更有利于组织长期可持续发展；它能有效地将组织的战略转化为组织内各层级、各部门的绩效指标和行动；它有利于各级员工对组织目标和战略的理解，从而能服从战略目标，行动一致；它有利于组织和员工的学习成长和核心能力的培养。

第二节　政府绩效管理的主要环节

绩效管理是由计划、实施、评估、反馈四个环节构成的闭环管理过程。绩效管理实际就是要通过评价“产出”，反推管理目标和过程的科学性、有效性。这四个环节紧密相关，每一个环节都是绩效目标实现的重要保证。

一、政府绩效计划

（一）政府绩效计划的含义

绩效管理四个环节中的首个环节是计划。计划就是依据职责和目标制定绩效评估指标体系，这个环节类似目标管理的目标分解工作。不过，绩效管理中的计划还要满足对“产出”进行评价的要求，所以指标体系中还需要包括指标的标准、权重、评估方式。评估指标具有极强的导向作用，评估指标的内容一定就是被评单位的工作内容。

制定绩效计划，即建立绩效评估指标体系，是政府绩效管理的基础和难点。绩效计划决定绩效评估什么和按什么标准评的问题，所以，绩效评估体系能清楚地反映政府工作的价值取向。比如我国现行的政府工作绩效评估指标体系中，在一级指标“效益”下必定有一个“服务对象满意度”的二级指标，清楚地体现了我国政府绩效管理中“服务型政府”的价值取向。

（二）制定绩效计划的原则

政府绩效评估指标体系体现管理者的价值取向和目的，在实践中会产生鲜明的导向作用，所以应该遵循相关性、系统性、重要性、可测性、简便性的原则。

（1）相关性原则。绩效计划应该与政府总体目标密切相关，绩效指标应该全面、充分、细化且最能体现总体目标实现程度。

（2）系统性原则。指标体系应该是一个由多个子系统构成的大系统，即各个指标不仅应当与绩效目标有直接的联系，而且所有指标都是相互联系、相互制约，能够反映目标的实现程度的。

（3）重要性原则。运用 KPI 原理，优先使用最具绩效管理对象代表性、最能反映绩效管理要求的核心指标。

（4）可测性原则。绩效指标所规定的内容应该是可以用现有的工具直接测量的，其标准也应是客观的、经过努力可以实现的。

（5）简便性原则。指绩效评估工作自身应该是低成本的，即评估各项指标实现程度的支撑材料获取应该不太困难、不太烦琐。

（三）政府绩效计划的构成

建立政府绩效评估指标体系是一项复杂的技术性很强的工作，一般使用二级或三级指标的方式。一级指标是指描述工作的维度，二级指标是对一级指标的细化，三级指标是对二级指标的进一步细化。比如在我国，财政部规定了对政府项目进行绩效评估的指标体系，一级指标是决策、过程、产出、效益 4 个，每个一级指标下有若干二级指标，“决策”的二级指标为：项目立项、绩效目标、资金投入；“过程”的二级指标为：资金管理、组织实施；“产出”的二级指标为：数量、质量、时效、成本；“效益”的二级指标为：经济、社会、生态、可持续影响、服务对象满意度。指标体系中还需要设置“指标值”和“指标权重”，即衡量是否达到工作预期的标准，以及每一项指标在指标体系中的地位。

二、政府绩效实施

（一）政府绩效实施的含义

绩效管理的第二个环节是绩效实施，这是实现绩效计划的环节，所以也是历时最长的环节。这个环节通常也被称为监控环节，这是因为在实施中，管理者会随时监督和控制员工的绩效，同时管理者还会要求员工记录工作中的关键事件或数据，以作为后期评估的依据。

绩效实施的前提是绩效辅导，通过辅导不仅让全体成员都知晓绩效计划，同时还要具体分配工作任务，对员工的工作进行必要的指导，以便在组织内形成横向到边、纵向到底、任务到岗、责任到人的执行格局，这样才能充分调动组织中每个成员的积极性，为实现绩效计划打牢扎实的基础。

（二）绩效实施中的沟通

在绩效实施阶段，绩效沟通是关键。沟通指管理者与组织成员之间的沟通、组织内各个有关部门之间的沟通，以及所有成员之间的沟通。

沟通的主要内容既包括具体的绩效计划，也包括实现绩效计划所必需的人、财、物条件，还有工作的流程、标准等。充分的沟通有利于汇聚力量达成计划。如果缺少了沟通，管理者与组织成员都处于各自为政的状态，既不利于管理者及时发现绩效实施中所存在的问题，也难以保证绩效计划得到正确有效的执行。

（三）绩效实施中的监督

绩效监督是管理者在绩效实施过程中，依据绩效计划对绩效执行的进度、质量进行的检查、指导、督促等工作。绩效监督可以及时发现执行中的问题，如有必要可以及时根据实际情况对绩效计划进行完善或调整。

绩效监督的核心是科学和客观，所以要求监督者自身有较高的专业素质，能够客观公正地分析问题，提出可行的指导性意见。

三、政府绩效评估

（一）政府绩效评估的含义

政府绩效评估是政府绩效管理的第三个环节，是按照绩效计划，运用科学的方法、标准和程序，对政府被评对象的工作做出评价和判断的活动。绩效评估也称为绩效评价、绩效考评等。政府工作普遍实行绩效管理以后，在实际工作中会按照评估对象的特征将绩效评估划分为不同的类型，比如政府部门绩效评估、政策绩效评估、项目绩效评估等。

绩效评估有广义和狭义两种理解。广义的绩效评估可以和绩效管理通用，指制定绩效计划、绩效实施、绩效评估和绩效反馈等几个环节的总和；而狭义的绩效评估则仅指实施绩效评估这一个环节。本书使用狭义的绩效评估概念。也就是说，这里的所谓政府绩效评估是在政府绩效指标体系已经建立后，运用这个绩效指标体系对被评对象进行的评估。

（二）政府绩效第三方评估

所谓第三方评估，是一种强调评估主体特征的评估形式，它适用于任何类型的评估。与传统的组织内部评估相比，对政府及其工作进行第三方评估意义重大。第三方评估可以根本改变政府既当“运动员”又当“裁判员”的状况。第三方评估的优势来自评估主体的独立、专业、权威的基本特征。独立是第三方评估的第一个也是最突出的特征，人们甚至常常将第三方称为“独立第三方”。独立于被评估方是保证评估客观、公正开展的前提。专业是第三方评估的第二个特征。专业一方面指具备评估所需的专业技术，另一方面指深入了解被评估方工作的特点，掌握被评估方工作的核心信息。评估是技术性非常强的专业工作。评估的每一个环节都有很高的专业技术含量，不掌握评估专业理论和技术，就无法完成评估。但是开展评估，仅有评估理论和技术也是不行的，还需要对被评估对象有比较深入的了解，才可能量身制定评估指标和方案。权威是第三方评估的第三个特征。权威是指使人信服的力量和威望，而且这种社会的威望一定不是来自行政权力的强制，它最主要的来源应该是专业技术和工作业绩。第三方评估的这几个特征是互为前提、互相依存的，即因为独立、专业，所以权威；因为权威，所以可以独立。第三方评估的这些显著优势使其成为成熟的政府绩效管理的基本形式。

（三）政府绩效评估的过程

管理学意义上常用的绩效评估方法有多种，但是制度化的政府绩效评估方法是相对固定的，即政府绩效一般使用第三方评估的方法，而且第三方评估的工作过程也是标准化的。要开展绩效评估，先要明确评估主体的资质要求，用委托评估或竞争性评定的方式确定第三方评估机构。确定评估主体以后，具体的评估工作就交由评估主体完成了。评估主体需要结合评估对象的绩效计划搜集相关资料，分别与评估对象负责人、评估对象利益相关方座谈以了解情况，进行实地调研考察。然后在此基础上，阅读分析所有相关材料，核实相关数据，召开专家评估会议，对照绩效计划即评估指标体系，对各个评估要点逐一评分，最后完成评估报告。

第三方评估过程的规范标准是在大量实践的基础上确定，并由政府主管部门作为文件下发和要求执行的。在评估主体完成评估提交的评估报告中，评估过程也是必须写入的部分。实际上，评估过程的规范性也能够直接影响评估结论的客观性、公正性。

四、政府绩效反馈

（一）政府绩效反馈的含义

政府绩效管理的最后一个环节是反馈环节，就是将评估结论向被评对象及其上级主管反馈，同时，要求被评对象将评估中所发现问题的解决方案列入下一轮绩效计划。如此形成的管理闭环，可以有效促进工作的改进提升。

绩效反馈环节是绩效管理最特殊也最有意义的环节。一方面，绩效反馈可以为评估组织者提供对被评对象进行奖惩的依据，在非竞争的政府部门中建立竞争激励机制；另一方面，通过反馈，可以促进被评估对象改进工作。绩效管理与传统的行政管理的不同之处就在于，它着眼于工作改进，而不是评估本身。由于绩效评估指标体系是对被评对象全方位的具体描述，所以可以通过评估，非常深入地查找到具体问题。在制定新一轮工作计划时，这些问题的解决方案会被要求列入其中，政府工作因而得到改进。

（二）绩效评估的反馈机制

政府绩效管理中的绩效评估反馈，是规范化、制度化的绩效评估过程的组成部分，所以是绩效管理必须完成的工作程序之一。

向评估对象反馈评估结论的目的，是帮助被评对象提高工作绩效，所以不能只是反馈一个评定的分数或等级，要向被评对象具体反馈评估的意见和改进工作的建议。向绩效评估的组织者反馈，应是全面地反馈评估结论，既不能报喜不报忧，也不能成为“告状信”。反馈是为了使绩效评估的组织者能及时进行工作调整，具体被评对象能改进工作。

（三）政府绩效改进

绩效管理与传统管理的最大不同，就在于绩效评估反馈能够促进绩效改进。绩效评估反馈只是一种手段，最终的目的是改进和提高政府绩效。

在我国实行了全面预算绩效管理以后，绩效反馈可以为改进预算管理提供依据。长期以来，财政预算管理的重点都是抑制部门无效低效支出需求、提高财政资金分配效率、增强预算透明度等方面，而绩效评估结果的反馈实际上把预算管理的重心从事后移到事前，即从关心“钱是怎么花的”“钱花到哪里去了”，转到关心“准备怎么花钱”“为什么要花这个钱”上来。在我国实行了重大政策绩效评估以后，绩效反馈可以为改进政府战略管理提供依据。绩效评估所依据的指标体系是对政府工作全方位、数量化的描述，所以，评估可以精准地发现问题，找到“病因”，从而为下一步的决策提供科学依据。

第三节　政府绩效管理实践

一、政府绩效管理在国外的发展

20 世纪末以来，政府绩效管理成为西方国家兴起的新公共管理运动的重要组成部分。政府绩效管理在降低政府行政成本、提高公共服务质量、显著提高公众满意度等方面发挥了无可替代的作用。

1. 英国的政府绩效管理

英国是最早将绩效管理引入政府管理领域的国家。20 世纪 70 年代后期，英国政府遇到了严重的财政危机、管理危机和信任危机。1979 年，撒切尔夫人出任英国首相后，果断地以著名的“雷纳评审”（Rayner Scrutiny）为开端，将绩效评估运用于政府管理，在降低政府开支和运行成本，提高工作效率方面取得了立竿见影的成效。在此后 20 多年的政府改革中，英国建立了一套完整的政府绩效评估与管理的体制机制。1999 年，英国颁布《地方政府法案》，正式将政府绩效评估列入法律。

当前英国中央政府绩效管理的主要内容，包括确立战略目标、制定绩效计划、确定绩效指标、运用绩效结果等。按评估主体不同，分为内部评估和外部评估。内部评估由各部门每年开展自我评估，编制年度报告，在网上公布，由公众自行判断其工作绩效。外部评估即英国国家审计署的绩效审计评估，旨在帮助国家高效使用财政资金，代表议会对公共开支进行审计。为了维护绩效管理的独立性、公正性，除了独立于行政部门的议会专门委员会和隶属于立法机关的审计部门外，在行政部门中还存在独立于业务主管部门的其他绩效管理部门。

2. 美国的政府绩效管理

美国对政府工作绩效进行评估至今已有百余年时间。早在 1906 年，美国的纽约市政研究院就发起了对政府工作的效率评估活动。此后，以控制政府财政支出、争取实现财政产出最大化为主要目标的政府评估工作一直持续开展，只是在不同历史时期采用的具体方式方法不同。

20 世纪 90 年代初，英国的政府绩效管理已经取得了显著的改革成效，1993 年，美国总统克林顿上台伊始就颁布了《政府绩效与结果法案》，从而以法律的形式推进美国的政府绩效改革。同时，美国成立以副总统戈尔为首的国家绩效评估委员会，作为联邦绩效改革工作的领导机构，全美的政府绩效管理改革得到推行。美国政府实行绩效改革的目标是综合的，具体包括减少政府开支，强化公共责任，提高政府效率、效益，以及回应民众需求。美国的政府绩效评估内容集中在政府业绩、行政效率、政府效能、行政成本几个方面。绩效评估的主体充分发挥了专家、公众，以及社会组织的作用，不过政府绩效的最终评价权在美国国会①。经过多年施行后，美国 2010 年颁布《政府绩效与结果修正法案》，进一步完善了政府绩效评估制度。现在美国联邦政府已经建立了从项目绩效评估到部门绩效评估，再到跨部门绩效评估的层级式绩效评估体系。

3. 新加坡的政府绩效管理

新加坡政府的绩效管理特点鲜明。新加坡主要在政府绩效审计和公务员的绩效管理方面有特别的经验。

新加坡是 1958 年获得自治地位的，次年新加坡就出台了《政府审计条例》，对审计主管官员的任命及其权力进行了明文规定。20 世纪 80 年代，英国政府改革的经验很快进入新加坡，但是新加坡不是简单地照搬英国的做法，而是坚持了自己的方向。当时，新加坡颁布了《审计法》，在原来传统的政府财务审计中，增加了程序审计和绩效审计。绩效审计特别关注政府支出行为是否达到预期目标，以及支出本身是否能够获得收益最

---

① 寇博．美国政府绩效评估的实践和启示．公共管理评论，2007（1）.

大化。新加坡审计总署在对政府项目和政府部门进行审计的时候，特别遵循经济（economy）、效率（efficiency）和效益（effectiveness）这个“3E”原则。审计的结果提交总统和国会，也要定期向公众公布。新加坡1983年在公务员管理中引入潜力评价体系，1995年对公务员管理制度进行了重大改革。现在新加坡政府的绩效管理主要通过两个系统实现：一个是公务员绩效报告系统，这个系统包括工作任务表、工作评价报告，还有发展评价报告；另一个是公务员的绩效排名系统，这个系统作为绩效报告系统的补充，包括工作质量、工作能力、团队合作、责任感、抗压能力等内容。绩效评价的结果直接与公务员的晋升和薪酬关联。

4. 国外政府绩效管理的特点

以美、英等为代表的发达国家，在实行政府绩效管理方面具有的共同特点是：

（1）重视法治化建设。英、美等国都制定了政府绩效管理相关的法案，通过法律进行顶层设计，为有效推行绩效管理奠定了法治基础。

（2）注重外部控制机制。尽管美、英等国均有行政部门内部控制和监督的绩效管理机制，但实际上侧重独立于行政部门的外部控制机制，以保证绩效管理的独立性、公正性、客观性。

（3）重视公务员个人的绩效评估。政府的绩效评估最终取决于公务员个人的绩效。发达国家将对公务员的绩效评估结果与公务员的经济待遇、职务升迁直接挂钩，以提高绩效评估的效度。

（4）科学制定绩效评估指标。在建立绩效评估指标体系时，注意处理结果类指标与过程类指标的关系、主观指标与客观指标的关系，以及评价标准的统一性和因地制宜的灵活性的关系。

（5）突出绩效评估结果的正面引导作用，避免因为将奖惩作为评估结果利用的唯一形式，引发弄虚作假等消极后果。

二、政府绩效管理在中国的发展

改革开放以来，我国从精简机构、提高政府效率入手，开启了中国式的绩效政府建设。此后，在借鉴西方国家政府绩效管理成功经验的基础上，加快了政府绩效管理的体制机制建设。现在我国已经全面实施了预算绩效管理，各级政府、政府各个部门对工作绩效进行第三方评估也已经成为特定的工作制度。

1. 以效能建设为核心的政府绩效管理

20世纪70年代至90年代初，是中国改革开放的第一个阶段，也是我国以政府效能建设开启政府绩效管理改革的阶段。

改革之初，我国各级政府机构臃肿庞大，官僚主义严重，工作效率不高，成为经济放开搞活的羁绊。1980年，邓小平发表题为“党和国家领导制度的改革”的长篇讲话，直接指出机构臃肿、人浮于事、办事拖拉、不讲效率的弊病必须改革。为此，中央下决心从两个方面进行改革。一是进行大力度的国务院精简机构的改革，即所谓“拆庙”“搬菩萨”。二是明确行政机关内部的岗位责任，狠抓机关工作作风。1982年，劳动人事部下发《关于建立国家行政机关工作人员岗位责任制的通知》，促进了政府机构内岗位责任制的建立，随后目标管理的理念和工作方法也很快在全国政府机构中得到推广。1989年，全国监察工作会议召开，会议首次将效能监察列入监察机关的重要工作内容。效能监察是中国特色的绩效评估形式，其特殊之处在于，效能监察的主体是党和政府的纪检和监察部门，而且监察的对象是侧重于查找党政机关和国有企事业单位履职和管理中存在的问题，是问题导向。在党和政府的双重推进下，各级政府都把效能建设放到工作的重要位置。

这一阶段，在精简机构的基础上，政府机关内部的工作效能，即机关工作作风、工作效率、工作质量有所转变和提高。但是由于政府职能没有转变，尤其是传统的计划经济体制没有改变，在传统的体制机制下，不论是政府机构还是人员的效能发挥都受到不同程度的制约。

2. 以民众评价为重点的政府绩效管理

20世纪90年代初至21世纪初，中国的改革进入建设社会主义市场经济体制的新阶段，在这个阶段，我国的政府效能建设内涵也从单纯提高内部的工作效能，拓展到提高公众的满意度。20世纪90年代不仅是我国进入改革开放的新阶段，也是西方国家先后进入政府绩效管理制度化阶段的时期。一方面，许多学者将国外的相关理论和实践经验介绍到国内；另一方面，各级政府和政府部门也都派出人员到国外考察、学习，将国外一些相对成熟的政府绩效管理工作方式方法借鉴到本地、本部门的工作中。一是在明确政府职能转变内涵的基础上，大刀阔斧地进行国务院机构改革。二是明确提出建设人民满意的政府，将提高政府效能的概念引申为提高行政相对人的办事效率。1994年，烟台市政府率先试行了社会服务承诺制。两年后，烟台的服务承诺制被国家部委推向全国，全国各级政府、各个"窗口"部门普遍实行了服务承诺制。90年代末，随着民众参与意识的增强，政府绩效管理出现了民众评议政府的新形式，沈阳、珠海、广州、南京等许多城市政府持续开展"万人评政府"的活动，评议的结果与部门和部门领导个人的年度考评结论，甚至任职资格直接挂钩。这种大规模的公民评议政府的活动对政府转变工作作风、提升工作效率，起到了立竿见影的作用。2004年至2007年，甘肃、武汉、杭州等省市政府先后运用第三方评估的方式，请专业评估机构对政府的专项工作或本级政府的全部工作进行绩效评估，成效显著，影响广泛。

在这一阶段，党的十五大明确提出建立"办事高效、运转协调、行为规范的行政管理体系"的政府改革目标。在学习、借鉴国外经验的基础上，各地创新出多种中国特色的政府绩效管理的具体方式方法，对实现政府改革目标颇有成效。

3. 以制度建设为特点的政府绩效管理

2008年至2017年，是我国政府绩效管理进入科学化、制度化和法治化的阶段。2008年，中共中央、国务院发布《关于深化行政管理体制改革的意见》，第一次将"推行政府绩效管理和行政问责制度"正式写入党和国家文件。国家"十二五"规划纲要也提出了"建立科学合理的政府绩效评估指标体系和评估机制"的目标，这是政府绩效管理进入科学化和制度化发展阶段的标志。在这个阶段，政府绩效管理改革主要从四个方面深化。一是政府内部工作绩效管理的制度化、规范化。2011年，监察部印发了《关于开展政府绩效管理试点工作的意见》，选择北京、四川等 8 个省（区、市）、国土资源部等 3 个国务院部门，进行以“严格绩效管理，突出责任落实，确保权责一致”为核心内容的绩效管理试点。二是政府的外部评价工作制度化、规范化。2013 年，国务院将“全面评估重大决策执行效果”列入《国务院工作规则》，还要求国务院及各部门要推行绩效管理制度和行政问责制度。2014 年的政府工作报告正式将第三方评估确定为政府工作评价的基本形式。三是预算绩效管理从规范化、制度化上升到法治化。2009 年，财政部下发《财政支出绩效评价管理暂行办法》，要求“建立科学、合理的财政支出绩效评价体系，提高财政资金使用效益”。2015 年《中华人民共和国预算法》，将对预算实行“绩效目标管理”、对预算支出“开展绩效评价”等列入法条，预算绩效管理率先走上法治化道路。四是将政府绩效管理与信息技术结合。2016 年“互联网＋”概念运用于政府绩效管理，云计算及大数据处理等技术手段的运用，创新出“多证合一”“一网办”“一表通”“一窗办”“自助办”等众多便民、利民、惠民的工作形式。在提升群众办事效率的同时，也极大地提升了群众对政府的满意度。

在这一阶段，政府职能转变目标明确后，政府绩效管理既是改革的主要抓手，也是改革的主要内容，虽然借鉴了新公共管理运动以来的政府绩效管理方式，但是随着改革的深入，政府绩效管理的中国特色日益鲜明。

4. 以提升治理能力为目的的政府绩效管理

2018 年至今，我们以国家治理体系和治理能力现代化为目标的改革进入了新的时期。在深入开展党和国家机构改革的同时，作为党和国家现代治理工具的绩效管理，也在完全制度化施行过程中，不断得到普及和完善。其具体表现为：一是用国家治理体系的现代化，提升政府绩效。党的十九大以后，我们坚持优化协同高效的原则，进行了力度空前的党和国家机构改革。党的二十大以后，再次进行了党和国家机构改革，用优化党和国家机构设置和职能配置的方式，极大提升了国家机关的工作绩效。二是将政府工作绩效管理的重点聚焦于对重大决策的评估。继党的十九大明确提出要建立重大政策评估制度后，“健全重大政策事前评估和事后评价制度”被写入了国家“十四五”规划。各级政府、各个领域工作的第三方评估工作机制日臻完善。三是基本建成全方位、全过程、全覆盖的预算绩效管理体系。2018 年，中共中央、国务院下发《关于全面实施预算绩效管理的意见》，提出用 3～5 年时间，“实现预算和绩效管理一体化，着力提高财政资源配置效率和使用效益”的总体要求。四是数字政府建设助推政府绩效管理。数字技术全面融入国家的经济、社会生活，也广泛应用于政府管理服务，推动了政府治理流程再造和模式优化，不断提高决策科学性和服务效率，从而也提高了人民群众的满意度。

“转变政府职能，优化政府职责体系和组织结构，推进机构、职能、权限、程序、责任法定化，提高行政效率和公信力。”[①] 这是党的二十大提出的建设法治政府的主要内容，也是完善政府绩效管理的主要内容。

---

① 习近平．高举中国特色社会主义伟大旗帜 为全面建设社会主义现代化国家而团结奋斗：在中国共产党第二十次全国代表大会上的报告．北京：人民出版社，2022：41.

本章学习要点

政府绩效是指政府组织能够被评价的、与组织目标直接相关的工作行为、工作方式及工作结果。这个定义强调政府绩效应该是经过评估的工作行为和结果，也强调政府工作行为和结果的合目标性。所谓政府绩效管理，就是运用科学的方法、标准和程序，对政府机关的业绩、成就和实际工作做出尽可能准确的评价，并在此基础上对政府绩效进行改善和提高。这个定义强调，政府绩效管理是一个过程，绩效评估是政府绩效管理的重要环节；在绩效评估的基础上提高政府绩效才是真正的评估目的。指标量化、外部评价、目标导向和效能导向是政府绩效管理的基本原则。

政府绩效管理是一个大系统，主要包括计划、执行、评估、反馈四个环节，每一个环节都是一个子系统，这些子系统紧密相关，缺少哪一个环节都不可能实现绩效目标，任何一个环节做得不好，都会严重影响预期绩效目标的实现。

20 世纪末以来，政府绩效管理成为西方国家兴起的新公共管理运动的重要组成部分。优化政府绩效管理也是中国行政体制改革的重要内容。政府绩效管理在降低政府行政成本、提高公共服务质量、显著提高公众满意度等方面发挥了无可替代的作用。

本章思考题

1. 绩效与效率有什么区别？
2. 如何理解政府绩效“3E”原则的含义？
3. 如何理解政府绩效管理的特点？
4. 政府绩效管理有哪几个主要环节？
5. 政府绩效评估指标体系的构成是怎样的？
6. 如何理解政府绩效第三方评估的重要意义？

第十三章
电子政务

本章学习目的

电子政务是信息化和全球化发展的产物。今天，电子政务已经成为各国政府的基本工作形式，它对政府改革所带来的深刻影响还在继续显现。通过本章学习，主要了解电子政务的基本特征，电子政务兴起的历史条件；掌握电子政务建设中基础设施的总体框架；理解电子政务的发展能够极大促进政府工作体制机制改革，能够提升公共服务质量的原理；了解中国从电子政务到数字政府发展的概况及发展前景。

第一节　电子政务概述

一、电子政务的基本概念

电子政务即“electronic government”或“government online”（简称“E-government”或“E-gov”）。“E-government”的概念最早出现在美国，当这个概念进入中国后，对它的翻译和理解一直存在一些分歧。有学者认为“government”在英文中是“政府”的意思，而中文“政务”则应该译为“government affairs”。另外也有学者主张将“电子政务”译为“E-governance”或“E-governing”。本书采用“电子政务”即“E-government”的观点。

（一）电子政务的定义和特征

“E-government”的概念最早由美国总统克林顿在 1993 年 1 月的就职演说中提出。此后，随着克林顿政府对电子政务建设的大力推进，越来越多的人、越来越多的国家了解并接受了这个概念。20 世纪 90 年代，“E-government”概念进入中国时，西方新公共管理运动的理论和实务也正被介绍到中国。把电子政务放到西方新公共管理运动的大背景中，我们就比较容易理解，电子政务不是简单的“电子”加“政务”这种政务技术和手段的革新，电子政务将通过政务技术的改变，建立一种新型的政务管理模式和政府管理体制。

1. 电子政务的定义

在充分借鉴各种观点的基础上，我们这样定义电子政务，即所谓电子政务就是政务机构运用现代信息技术，打破原有组织机构界限，优化或再造原有工作流程，办理公务、管理政务、提供公共服务的一种模式。在理解这个概念时需要注意：第一，电子政务的实施主体是政务机构。在中国，政务机构的范围就是被列入行政编制的机构，即政务机构不仅包括党委、人大、政府、政协等序列的机构，还包括一些特殊的、列入行政编制的人民团体，如工会、青年团等。第二，电子政务实现的前提是现代电子信息技术的运用，这也是电子政务区别于传统政务的根本依据。现代电子信息技术的核心就是计算机技术和网络技术，以及现代通信技术。第三，电子政务的重点在"政务"，"电子"只是技术手段，是为"政务"所用的。电子政务中"电子"技术能力发挥的程度和速度，完全取决于使用这个技术的主体。第四，电子政务不仅可以处理政府机构内部、政府机构之间的所有事务，也可以被广泛应用于政府对企业、政府对公众个人的全部事务。第五，电子政务不是某种固定的工作模式，而是一种受到技术进步和工作需求的不断推动，在实施中不断完善、发展的进程。

2. 电子政务的特征

电子政务具有虚拟、开放和透明三个特征。

(1) 虚拟是指在电子政务条件下，以计算机、网络以及通信技术为主要载体形式的电子政务虚拟了所有政务机构，从而也就彻底改变了传统政务机构的面对面办公方式。计算机的巨大信息存储和处理能力，网络的实时、大容量的信息传输能力，还将社会信息资源充分共享变成现实。

(2) 开放是指在电子政务条件下，虚拟的政务机构可以超越时空限制，将政务机构的"大门"全时段、全天候地向世界所有联通网络地方的公众开放，不论是查询信息、咨询政策、办理事务，还是了解当地的历史文化、民风民俗、旅游景区都可以，甚至包括查询政要的个人信息，监督政务，无所不能。

(3) 透明是指在电子政务条件下，政府机构设置、人员编制、政策法规、办事流程、工作进度等政务机构及其工作的过程全部上网，彻底打破了政府机构的神秘性，在保证公众知情权的同时，也接受公众的实时监督。公开、透明是电子政务的重要特征，这个特征使电子政务成为廉政建设的重要工具。

电子政务的这三个特征是密切联系、互相依存的。虚拟是核心，因为虚拟，所以才可以开放和透明。需要特别指出的是，电子政务特征是固有的，但是这些特征是否明显，或者说，能否在电子政务中充分发挥信息技术的功能，完全取决于实施电子政务主体的主观意愿。

(二) 电子政务的主要功能

电子政务实质就是计算机和网络技术在政务领域的运用，所以电子政务最主要的功能就是网上提供服务、内部办公自动化、网上交互式办公，以及部门间资源共享和协同办公。

（1）网上提供服务，即建立政府网站后，可以使之成为各类市场主体和公众获取政府信息，以及在网上接受政府提供的各种服务的网络平台。比如，我国现在各级政府、政府各个部门建设的政务网站，以及设置的网上“政务办事大厅”。

（2）内部办公自动化，即可以进行文字（图像）处理以及文件传输。这是电子政务的基础内容，比如一些政府机关已经实现了的“无纸化办公”。但是内部办公自动化的功能绝不仅仅是把传统办公模式搬到网上，这个功能不仅推进了业务流程的优化和再造，甚至促进了政府部门的重组。

（3）网上交互式办公，即可以实现政府不同部门，甚至是不同地区的不同部门之间的网上办公（办事）。由于有安全认证等技术做保证，所以电子政务具有安全性、可靠性、保密性、不可抵赖性等特点，在交互式办公中，可以实现网上虚拟政府与公众或企业的远距离便捷办公，如国内的异地办证、异地续保等。

（4）部门间资源共享和协同办公，即多个政府部门实现网上联合办公，资源共享。这个功能与网上交互式办公的不同在于，它不再需要办事人依次进入各个政府的网站办事，而是可以实现“一网通办”“一站式服务”。公众或企业只需从一个政府的网站进入办事程序，后台的运作由政府各机构整合流程，协同办公，最后办结也统一出口。各政府机构的资源也可以由社会共享。

电子政务这些功能发挥的过程，就是对原有的政府行为乃至政府形态进行信息化改造的过程。电子政务的发展，最终将催生一个与信息化时代相适应的数字政府。

（三）中国建设全国一体化政务大数据体系

中国的全国一体化政务大数据体系的建设，是从全国一体化的电子政务总体框架开始的。2006 年，国务院国家信息化领导小组发布了《国家电子政务总体框架》。电子政务总体框架由五个部分组成：服务与应用系统、信息资源、基础设施、法律法规与标准化体系、管理体制。这五个部分中，服务是宗旨，应用是关键，信息资源开发利用是主线，基础设施是支撑，法律法规与标准化体系、管理体制是保障。

2014 年，国家在基本建成电子政务总体框架之后，又启动了电子政务标准化指南的编制工作，意在用电子政务的标准化建设，解决电子政务建设中出现的“信息孤岛”、互不联通问题。2020 年《国家电子政务标准体系建设指南》正式印发，极大地推动了电子政务全国“一张网”的发展。此后，我国的数字政府建设大大提速。2022 年，国务院办公厅印发《全国一体化政务大数据体系建设指南》，提出电子政务建设的目标是：2023 年底前，全国一体化政务大数据体系初步形成，基本具备数据目录管理、数据归集、数据治理、大数据分析、安全防护等能力，数据共享和开放能力显著增强，政务数据管理服务水平明显提升；到 2025 年，全国一体化政务大数据体系更加完备，政务数据管理更加高效，政务数据资源全部纳入目录管理；政务数据质量显著提升，“一数一源、多源校核”等数据治理机制基本形成，政务数据标准规范、安全保障制度更加健全；政务数据共享需求普遍满足，数据资源实现有序流通、高效配置，数据安全保障体系进一步完善，有效支撑数字政府建设；政务数据与社会数据融合应用水平大幅提升，大数据分析应用能力显著增强，推动经济社会可持续高质量发展。

全国一体化政务大数据体系包括三类平台和三大支撑。三类平台指国家政务大数据平台、32 个省级政务数据平台[①]和 N 个国务院部门数据平台。三大支撑包括管理机制、标准规范、安全保障三个方面。

建设全国一体化政务大数据体系，就是要充分整合现有政务数据资源和平台系统，重点从统筹管理、数据目录、数据资源、共享交换、数据服务、算力设施、标准规范、安全保障等 8 个方面，加强数据汇聚融合、共享利用，促进数据高效流通使用，充分释放政务数据资源价值，不断提高政府管理水平和服务效能，为推进国家治理体系和治理能力现代化提供有力支撑。

二、电子政务兴起的条件和意义

（一）电子政务兴起的技术条件

信息技术的飞速发展是 21 世纪的重要特征。进入 21 世纪，信息技术的发展重心从计算机转向网络，互联网的普及不仅日益改变了人们的生活和工作方式，也改变着政府的行为方式。信息技术提供了大规模信息收集、处理、传递与共享的可能。信息技术以“信息”命名，表明其核心就是有关信息收集、处理、传递与共享的技术。由于信息可以同时被不同主体享有，不仅可以被重复使用，在使用中不会损耗，而且还可以在信息共享和信息反复使用中形成新的信息，所以，信息技术的发展，革命性地提高了信息的收集、处理、传递能力，也就极大地增强了信息所具有的共享性、再生性和倍增性。在信息日益成为重要的社会资源、成为重要的生产力要素的同时，政府再也不能用传统方式、手段履行职能了。

信息技术的飞速发展引发了一场生产和生活方式的深刻变革，极大地推动着经济和社会的发展。作为信息高速公路五个应用领域中的首要应用领域，电子政务在全球范围内受到广泛的重视，成为未来国家核心竞争力的重点要素之一。

（二）电子政务兴起的历史条件

20 世纪 80 年代以来，以经济全球化为先导的全球化进程对世界各国的经济、政治、文化、社会等产生了广泛而深刻的影响。各国政府管理深受全球化的影响，电子政务就是全球化的重要结果之一。全球化对传统的行政权力体制提出了挑战，全球化要求政府提高效率和反应能力。全球化在使各国联系愈来愈密切、交往愈来愈频繁的同时，也使国家之间出现不和谐因素、发生突发事件的可能性增大，所以，政府必须有足够的能力来处理好相关事件，必须具有灵活、快速的反应能力。

（三）电子政务兴起的意义

20 世纪 70 年代末，发达国家都程度不同地出现了政府财政危机，社会福利政策难

---

① 指 31 个省（自治区、直辖市）和新疆生产建设兵团统筹建设的省级政务数据平台。

以为继，政府机构日趋庞大臃肿，运行效率低下，公众对政府能力失去信心。为解决这些问题，回应公众对政府的需求，一场大规模的政府改革从英美等国先后展开，这在以后被称为新公共管理运动。这场大规模的政府改革成为推动电子政务兴起的又一重要背景。

1. 电子政务成为推进政府管理体制改革的重要手段

新公共管理运动要减少政府管理成本，主要是要减少政府部门人员、撤并政府机构，但同时要求提高政府管理效益。电子信息技术运用于政府工作，就可以通过无纸办公、网上办公、限时办结、信息共享等改革举措，使政府改革收到满意效果。

2. 电子政务成为提高公众满意度的重要途径

新公共管理运动的另一个重要目标是提高公众对政府的满意度。电子政务利用计算机、网络技术，实现信息公开、民主决策，以及虚拟政府的一天 24 小时、每周 7 天的全天候办公，大大方便了公众，还不断创新出网上咨询、"一网通办"、"一表通办"、电子监察等新的便民、利民措施，从而大大提高公众对政府的满意度。

3. 电子政务成为促进政府职能转变的重要手段

在新公共管理运动中，强调以企业精神重塑政府，建立以顾客为中心的经济、高效和有效的政府。后来在该理论基础上发展起来的新公共服务理论又掀起了一场"后新公共管理的革命"，主张兼顾社会公平，以公民为中心建设服务型的政府，由管制型政府转变为服务型政府成为一个总趋势。无论是新公共管理理论对效益的重视，还是新公共服务理论对服务的重视，都加快了电子政务产生的步伐。

4. 电子政务促进政务公开和廉政建设

电子政务为公开政务提供了良好的实现条件，从而也就为加强廉政建设提供了技术支持。传统政务总是显得很神秘，各种腐败也因"暗箱操作"的存在而滋生。电子政务为政务公开提供了全面的技术保障，大大推进了廉政建设。

总之，电子政务带来的不仅是经济效益，还有重大的社会效益。电子政务能够增强政府运作的透明度、减少腐败、提高政府公信力、提高民主参与等。

三、电子政务发展规律与发达国家的经验

（一）电子政务发展的一般规律

电子政务的发展有规律可循，它是一个由政府内部到外部、由政府到社会、由低级向高级逐步发展推进的过程。一般说来，电子政务发展要经历以下四个阶段：

1. 办公自动化和信息发布（posting of information online）阶段

这一阶段是电子政务的起步阶段，即政府实现办公自动化并通过网络发布与政府有关的公共服务的静态信息，如政策法规、办事指南、机构设置、职能介绍、成员名单、联络方式等。

2. 单向沟通（one-way interaction）阶段

政府除了在网上公布公共服务的信息，还向用户提供某种形式的服务，如用户可以从政府网站上下载表格、保税单等。

3. 双向互动（two-way interaction）阶段

政府和用户可以在网上实现双向互动，如用户可以从政府网上下载表格，也可以提交表格，反馈信息和意见等。

4. 全方位网上事务处理（full online transaction）阶段

政府与公众、社会、企业实现全面的互动，完成事件的处理。进入这一阶段，政府的运作方式必然发生改变，需进行政府业务流程的再造，政府公共服务呈现全方位的电子化特征。

（二）发达国家的电子政务发展经验

电子政务的兴起始于 20 世纪 80 年代前后，经过几十年的发展，世界范围内各主要国家电子政务建设水平都得到了不同程度的提高。这些国家的电子政务建设之路各有特色，但顶层设计、法制保障、服务导向、市场多元、技术支持是它们的共同经验。

1. 顶层设计，整体规划

所谓顶层设计是指电子政务建设的总规划和设计直接来自国家最高决策层，并通过相关专业机构的设置以及指派专人来管理和协调。在这种自上而下的模式之下，电子政务的建设在人力、物力和财力上均有充足保证。例如，美国电子政务的理念成形于克林顿政府时期。克林顿政府在进行“重塑政府”的改革中，提出了《运用信息技术改造政府》的工作报告，明确提出对信息技术的运用。再如，金大中就任韩国总统后，亲自主持国家信息化战略会议，把建设以信息和知识为基础的经济列为五大目标之一，成立由国务总理主持的信息化促进委员会具体指导制定国家信息化政策、信息化计划，监督计划执行。

2. 法制先行，标准统一

从各国的具体实践来看，电子政务相关法律法规建设都得到了不同程度的重视。立法内容主要在四个方面：第一，规范电子政务行为及电子政务标准化的法律法规。如美国通过了《电子政府法案》，英国制定了《电子通信法》，新加坡制定了《通信和多媒体法》，日本制定了《IT 基本法》等。第二，规范政府信息公开、信息共享和信息安全的法律法规，如日本的《关于公开行政机关所保留的信息的法律》、瑞典的《获取公共管理文件法》，以及挪威的《信息自由法》、美国的《个人隐私与国家信息基础设施》白皮书和《计算机欺诈及滥用法案》等。第三，规范信息知识产权的法律法规，如美国先后颁布实施的《联邦商标反淡化法》《经济间谍法》《技术转让商业化法》《美国发明人保护法》《反电子盗窃法》等；欧盟以“指令”形式发布的框架文件，如《出租权指令》《软件保护指令》等。第四，规范电子商务的法律法规，如美国政府于 1996 年制定的《全球电子商务政策框架》、欧盟制定的《欧洲电子商务提案》等。

3. 服务为本，用户至上

服务为本，用户至上就是以公众的需求作为电子政务相关服务设计的基础。尽管各国的实践存在一定程度的差异，但是在电子政务建设中，确立公共服务理念的改革是一样的。这种变革主要表现在：第一，由简单地满足公众需求向深入调查和真正理解公众需求转变。例如，澳大利亚政府制定“服务提供框架”，由政府信息管理办公室组织开发用于研究用户需求和服务满意度的软件，以便能够更好地回应用户需求。加拿大政府也引入了“公共部门服务价值链”的概念，用以指导政府服务提供的改革。第二，由访问单个部门向访问统一门户转变。例如，澳大利亚、韩国都在重新评估和整合政府网站后，形成了新的政府门户网站体系，将所有的政府服务进行集成，并在统一的网站上提供。第三，由单一渠道服务向多渠道一体化服务转变。一方面，公众可以通过多种渠道获取政府信息和服务；另一方面，对于同一项服务，公众可以根据自身需求和条件选择合适的渠道。

4. 政府主导，市场多元

国外电子政务发展的实践表明，以政府主导为前提，鼓励、支持、引导多元市场主体参与到电子政务建设的全过程主要有两个途径：第一，与电子商务融合的市场多元。如美国国家信息财团公司和18个州政府合作，共同建设政府信息港，不仅未花费联邦政府一分钱，每年还有大量利润用于电子政府发展和股利分配。第二，电子政务运营不断涌现出诸如技术外包、众包等多种新的市场化模式。如新加坡政府实行的“众包”(crowd-sourcing)，就是借助互联网的覆盖率，将指定任务分配出去，从而集思广益，在改善社区设施或加强社区凝聚力等方面，特别有发展空间。

5. 技术支持，人才培养

各国都积极利用新技术推进电子政务的发展。如加拿大完成“政府在线”和美国完成“first. gov”网站建设后不久，就运用新技术转向交互式和一站式的网站资源整合，此后，又追踪技术发展注重移动通信技术、绿色技术和云计算等的融合。它们提出，利用新信息技术提供与民共创更高价值的平台；善用在民间日益扩大的网络社交媒体，推动民众积极参与公共咨询活动；建设新一代信息技术基础设施。此外，信息化人才的培养在电子政务的建设过程中也是不可忽略的因素。日本的“i-Japan2015”战略就将“教育人才”放到核心地位，提出要强化、提高孩子的学习欲望、学习能力和信息利用能力，以及教师在信息利用方面的指导能力，实现双向易懂的教育。

第二节 电子政务的应用系统

一、电子政务的基础设施

电子政务的基础设施是整个电子政务体系的最终信息承载者，是为电子政务系统提供政务信息及其他管理信息的传输和交换平台，位于整个电子政务体系结构的最底层。围绕着信息这一核心，电子政务的基础设施可以分为网络基础设施、政务信息资源目录和政务信息交换体系等多个组成部分。

（一）网络基础设施

一般而言，可以将电子政务基础设施分为软件设施和硬件设施两类。

软件设施是指计算机系统中的程序及其文档，其中程序是计算任务的处理对象和处理规则的描述，文档是为了便于了解程序所需的阐明性资料。具体而言，软件设施包括：（1）网络协议。常用的协议有 TCP/IP 协议、IPS/SPX 协议、NetBEUI 协议等。（2）操作系统。这是负责对计算机软件和硬件直接控制及管理的系统软件，是用户和计算机之间交互的界面。常见的操作系统有 Windows 系列操作系统、UNIX 操作系统和 Linux 操作系统等。（3）网络管理系统。这是一个软硬件结合、以软件为主的分布式网络应用系统，包括配置管理、性能管理、计费管理、故障管理和安全管理等系统。（4）数据库管理系统。这是位于用户与操作系统之间的一层数据管理软件，它能够解决如何科学地组织和存储数据，如何有效地获取和维护数据等问题。常见的数据库管理系统有 MySQL、Oracle 数据库系统、Sybase 数据库系统、IBM Informix 系统等。

硬件设施则是指计算机系统中由电子、机械和光电元件等组成的各种物理装置的总称。具体包括：（1）网络基础设施。这是电子政务系统实施的基础硬件平台。服务器、存储设备等基础硬件设施由网络传输介质和网络设备连接起来，形成基础网络层，包括局域网（local area network，LAN）、广域网（wide area network，WAN）和国际互联网（Internet）几个类型。（2）数据存储与备份。这是为了防止系统出现操作失误或系统故障导致数据丢失，而将全系统或部分数据集合从应用主机的硬盘或磁盘阵列复制到其他存储介质的过程。数据存储与备份包含备份和管理两个方面。

（二）政务信息资源目录

政务信息资源是一切产生于政府内部，或虽然产生于政府外部但对政府各项业务活动有影响的信息的统称。当电子政务系统已经拥有了充足的信息，并且构建了较为完善的元数据（meta data）库以后，政府部门必须对这些已有的信息资源进行有效管理，充分实现政务信息资源的价值。政务信息资源目录体系就是实现这种功能的结构体系，以元数据为基础，将处理过的政务信息资源进行逐一标识与分类，实现信息资源的有效管理。

资源目录体系是数据、文档等资源的管理和控制体系，是记录资源结构和资源属性的数据体系。资源目录体系包括两部分内容：资源结构和资源属性。资源结构通过树状的目录结构，展现资源之间的相互关系；资源属性实际上是元数据的属性，它描述资源的管理属性（包括来源、去向和版本等），用于控制和管理资源。制定政务信息资源标准规范是建立政务信息资源目录体系、信息交换体系的核心。政务信息资源标准规范包括数据标准规范、技术标准规范、管理标准规范和业务标准规范。

（三）政务信息交换体系

在构建了政府信息资源目录体系之后，就必须进行相应的信息交换，以达到电子政务信息共享的目的。按照使用范围的不同，电子政务中的信息交换可以分为：政府部门内部办公的信息交换，政府部门之间的信息交换，以及政府与企业、公众之间的信息交换。这三类信息交换分别对应电子政务中的内网、专网和外网，是电子政务系统中必须设计的信息交换机制。一般而言，政务信息交换体系是由信息交换原理、信息交换技术和信息交换系统共同构成的。

二、电子政务的内部应用系统

电子政务内部应用系统是指在政府系统各部门内部及其之间利用先进的网络信息技术实现办公自动化、管理信息化、决策科学化和服务一体化的信息系统，其主要内容涵盖政府内部办公自动化系统及部门之间的协作系统。

信息化管理的应用系统包括内部应用系统和外部应用系统两大部分，其中公共组织内部应用系统是信息化管理的基础和前提。

公共组织内部应用系统即“government to government”（G2G），是指在公共组织各部门内部，以及部门之间利用信息技术实现办公自动化、管理信息化、决策科学化和服务一体化的信息系统，其主要内容包括公共组织内部办公系统、协同政务系统、电子监察系统三个部分。

（一）内部办公系统

政府管理绩效的提升最终依靠政府办公效率的提高，办公自动化系统是将办公人员与现代网络信息技术和办公设备结合起来所构成的人机信息处理系统，其目的在于创造一个集成的办公环境，实现无纸化办公、信息共享和业务协同，为提升管理效能和辅助决策提供支撑。因此，办公自动化系统是政府内部应用系统的核心组成部分。

政府内部办公自动化系统的类型主要有三种：

（1）事务型办公系统。主要辅助公务人员完成常规性工作活动，比如文件流转、档案管理、流程监控等。电子公文处理系统即可以实现公文的创制、流转和归档。

（2）管理型办公系统。是在事务型办公系统基础上结合管理信息系统功能的进一步发展，能对大量的各类政务信息资源进行综合管理，满足政府系统内部对信息的共享需求，提高政府管理水平和决策能力。政府信息资源管理系统属于管理型办公系统的应用之一。

（3）决策型办公系统。综合事务型和管理型两种系统的数据和能力，并集成专家系统和人工智能，具有辅助决策功能。决策支持系统是决策型办公系统的主要应用之一。

（二）协同政务系统

实现政府系统内部各部门和各层级之间的业务协同，是电子政务内部应用系统的一项主要功能，也是电子政务的核心目标之一。这项功能可以打破政府各部门各层级间固有的封闭性，从技术上为部门间协作提供保障。与此同时，通过信息技术构建集成一体化的网络平台将多个政府机构进行连接，实现信息共享和业务协同，公众只需进行一次操作便可获得多个政府部门提供一站式的服务。协同政务系统就是政府内部应用系统中着重实现这一目标的应用子系统，比如通过信息资源目录体系和交换体系满足跨部门、跨地区信息资源整合和信息共享的需求，支持各级政务部门的业务协同；又比如通过基于工作流的协同政务系统，实现业务系统的跨部门整合。

（三）电子监察系统

政府运行全过程包括决策、执行和监督，要想通过电子政务内部应用系统的实施来提高政府管理绩效，除了在决策和执行环节下功夫，在监督一环也必须充分运用信息技术提高监督效能，促进政府决策和执行更加高效。

电子监察系统正是利用现代网络信息技术将执法监察、效能监察和廉政监察融为一体，在线动态监控各政府部门及其行政人员服务状况，深化行政权力网上公开透明运行，提高行政效能的重要举措。电子监察系统是一套综合性的应用系统，主要包括行政审批电子监察系统、政府采购电子监察系统和信访办理电子监察系统等。

三、电子政务的公共服务系统

公共服务系统包括公共部门对企业和对公众两个大的方面，即“government to business”（G2B）和“government to citizen”（G2C）。公共服务系统的具体形式主要有：统一专用号码的电话服务，政府门户网站服务，政务大厅“一站式”窗口服务，政务大厅触摸屏服务，实现了“一卡通”的卡服务，政府及各部门的公众微信号、政务微博、手机政务大厅服务等。

（一）政府门户网站

政府门户网站俗称“官方”网站，我国政府网站统一以“gov. cn”为域名后缀。政府门户网站是在政府各部门信息化建设基础上建立起来的跨部门、综合性的业务应用系统。

政府门户网站是政府的形象“窗口”，门户网站建设的质量直接体现政府的工作质量和水平。政务信息公开、在线办事和公众参与是政府门户网站的三大功能。国内外电子政务发展的经验都表明，政府门户网站建设一般都会经过信息发布、双向交流和网上办事三个阶段。到网上办事这个阶段就已经实现了信息化管理，它不仅使本级政府虚拟化了，而且使网上的政府成为“超级政府”，即网站不仅可以链接国内所有地方、所有级别的政府网站，而且可以链接外国的政府网站。这三个阶段的实质就是从政府静态的、单方公布信息，到政府和公众双向互动，再到政府多部门联动回应公众。

政府门户网站在技术上是一个多平台的集合，政务网络平台、应用支撑平台和信息发布平台是政府门户网站最基础的三个平台，其中政务网络平台是核心。另外，政策法规与保障、安全保密两大体系发挥着支持和保障政府门户网站顺利运行的作用。

围绕实现和拓展政府门户网站的基本功能，各国政府的门户网站的发展趋势是完善三个机制，即整合机制、发现机制和应答机制。中国政府在2016年正式提出“互联网＋政务服务”的工作目标，同时制定和颁布了《“互联网＋政务服务”技术体系建设指南》，这个信息化管理目标和技术规范指导的提出，极大地推进了中国的政府管理信息化。现在各级政府充分利用信息技术和移动终端设备，普及了政务公众号、政务微博、政务微信、手机政务服务大厅，另外政府与金融和企业合作，开通了微信、支付宝政务服务、公共服务缴费。信息化管理还在更多领域发挥着越来越普遍、越来越重要的作用。

（二）公共服务应用系统

公共服务的应用系统由政务公开系统、信息交换系统和电子治理系统三个系统组成。

1. 政务公开系统

主要包括：第一，政策法规公开系统。权威地发布各级政府的政策法规，这实际也起到了宣传和普及法律法规的作用。第二，政府信息公开系统。及时、准确和有效地发布政务信息，为社会公众或企业提供帮助。提供有效的信息服务，对于防止出现信息真空或信息泛滥，从而保证社会稳定是至关重要的。第三，政务流程公开系统。将政府的工作流程和方式公之于众，同时也将政务工作置于公民、企业和其他组织的监督之下，以促进“阳光政务”的构建。

2. 信息交换系统

现在比较成熟的功能主要有网上审批、网上办税和网上政务咨询。第一，网上审批系统。现在各地已经建立了具有“一号申请、一窗受理、一网通办”功能的整体平台，即一个身份证号码，一次生成、多方复用，一库管理、互认共享；统一窗口受理出件，后台分类并联审批；畅通政务服务网上渠道，运用网上办事大厅、移动 App、自助服务终端、服务热线等，多渠道、无差别、全业务、全过程提供服务。第二，网上办税系统。税务部门通过互联网，以远程方式为纳税户办理涉税业务，并方便纳税户网上查询纳税信息及完税情况。这个系统可以办理税务登记、申报缴税、文书申请、发票管理、涉税查询、公众服务等项内容，另外，税务机关还可以提供个性化的服务。第三，网上政务咨询系统。能够对公众个人或法人及其他组织的咨询做出及时、准确、权威答复。

3. 电子治理系统

电子治理（E-governance）有两方面的含义：一是应用电子的理论、技术与方法对社会、政治、经济、文化等各个方面，以及人类与自然的各个层面进行互动管理；二是对一切应用电子的事物与情况进行主动的、积极的管理。电子治理系统就是政府主导的公共治理系统，主要包括限时办结系统、电子监察系统和网络舆情监控系统。限时办结系统是对行政审批、行政复议、行政赔偿、信访事件等事务，按照政策和公开承诺的规定标准，在承诺的时限内办结或者予以答复的规定，进行时间、回执等方面的自动考评、督察的信息系统。电子监察系统是具有信息跟踪、报表统计、形象展示等功能，可以对政务工作进行过程监察、异常监察、咨询投诉监察，以及进行绩效管理功能的信息管理系统。网络舆情监控系统是对互联网上新闻评论、BBS 论坛、博客、播客、聚合新闻（RSS）、新闻跟帖及转帖等各种社会现象、问题所表达的态度、意见和情绪实时监控的信息系统。

第三节　电子政务在中国的发展

一、电子政务在中国的发展历程

改革开放以来，中国电子政务建设在发展环境、基础网络设施、网站建设、应用系统、数据治理、标准规范等诸多方面取得了长足进展。中国电子政务的发展历程可以分为四个主要阶段。

（一）电子政务萌芽孕育阶段（1978—1992 年）

20 世纪 80 年代初，中国进入"六五"计划阶段，"六五"计划明确提出要在政府管理中使用计算机，当时的国家计委、财政部等中央政府部门开始建立数据中心并进行电子数据处理。为迎接世界新技术革命的挑战，加快我国社会主义现代化建设进程，国务院于 1986 年批准建设国家经济信息系统并组建国家信息中心。1987 年，原国家计委所属的计算中心、预测中心和信息管理办公室合并，组建国家经济信息中心，全面负责国家信息系统规划与建设工作。1988 年，国家经济信息中心更名为国家信息中心。这一时期，"电子政务"的概念还没有正式提出来，政府信息化多以"办公自动化""部门信息化"为表现形式，主要特点就是办公自动化的普及应用，基本的办公自动化系统日趋成熟，微型计算机应用逐渐普及，综合采用文字、图像、声音的通信网络得到广泛应用。

（二）电子政务开始起步阶段（1993—2001 年）

在全球快速建设信息高速公路的潮流中，1993 年我国成立国家经济信息化联席会议，由分管副总理任主席，统一领导和组织协调全国信息化建设工作。同年中国政府正式启动了金桥、金关和金卡工程，当时也被称为"三金工程"，是国民经济信息化起步的标志。其中，金桥工程是建设国家公用经济信息通用网，金关工程是建设外贸信息网联网，金卡工程是建设金融货币电子化。1994 年，中国正式接入国际互联网。1996 年我国组建了由 20 多个部委参与的国务院信息化工作领导小组，还是由分管副总理任组长。该小组明确提出了"统筹规划，国家主导；统一标准，联合建设；互联互通，资源共享"的 24 字指导方针。1998 年，国务院机构改革，正式组建了信息产业部，取代原国务院信息化工作领导小组。1999 年，国家 40 多个部委一起启动了"政府上网工程"，目标是到 2000 年实现 80％的各级政府和政府各部门建立自己的政府网站，并提供信息服务和便民服务。到 2001 年，全国政府网站建设范围已经延伸到乡镇级政府，公共信息基础设施建设、政府专网、业务系统建设开始铺开。为了加强统筹领导，2001 年，中共中央、国务院决定重新组建国家信息化领导小组（1999 年，首次成立国家信息化领导小组），同时成立国务院信息化工作办公室，负责制定电子政务总体规划，协调、指导和推进电子政务建设，并负责建立科学的审议和评估机制，同时还组建了国家信息化专家咨询委员会。自此，我国电子政务建设进入快车道。

（三）电子政务全面建设阶段（2002—2013 年）

2002 年 8 月，《国家信息化领导小组关于我国电子政务建设指导意见》下发，第一次系统提出了我国电子政务建设的指导思想和原则、主要目标和任务，并规划了"两网一站四库十二金"的具体建设目标。"两网"，是指政务内网和政务外网；"一站"，是指政府门户网站；"四库"即建立人口、法人单位、自然资源和空间地理、宏观经济等四个基础数据库；"十二金"，则是"三金工程"的延伸，即要重点推进办公业务资源系统及金税、金财、金盾、金审、金农、金保、金质、金水等十二个业务系统。“两网一站四库十二金”覆盖了我国电子政务亟须建设的各个方面，涉及信息资源开发、信息基础设施建设与整合、信息技术应用等领域。其特点各异，又相互渗透和交融，初步构成了我国电子政务建设的基本框架。2006 年，《2006—2020 年国家信息化发展战略》颁布，系统规划了我国电子政务未来发展的整体方向、基本路径、基本框架、重点领域。2008 年，国信办并入工业和信息化部，进一步完善了电子政务建设的体制机制。2013 年，工信部印发《基于云计算的电子政务公共平台顶层设计指南》，积极推动云计算在电子政务中的应用。

（四）数字政府创新发展阶段（2014 年以来）

2014 年 2 月，党中央成立中央网络安全和信息化领导小组，2018 年改为中央网络安全和信息化委员会，习近平总书记担任委员会主任。在这一阶段，党中央、国务院从推进国家治理体系和治理能力现代化全局出发，准确把握全球数字化、网络化、智能化发展趋势和特点，将电子政务纳入国家信息化发展战略，围绕实施网络强国战略、大数据战略等国家战略，将电子政务直接提升为数字政府建设战略。

在这一阶段，各级政府业务信息系统建设和应用成效显著，数据共享和开发利用取得积极进展，一体化政务服务和监管效能大幅提升，“最多跑一次”“一网通办”“一网统管”“一网协同”“接诉即办”等创新实践不断涌现，数字技术在疫情防控中发挥重要支撑作用，数字治理成效不断显现，为迈入数字政府建设新阶段打下了坚实基础。2022 年，国务院下发《关于加强数字政府建设的指导意见》，在我国开启全面建设社会主义现代化国家的新征程之际，为推进国家治理体系和治理能力现代化、适应人民日益增长的美好生活需要，对数字政府建设提出了新的、更高更明确的要求。

2023 年，中共中央、国务院印发《数字中国建设整体布局规划》，从顶层设计的高度对数字中国建设进行了整体布局，其中对数字政府建设的要求总结起来就是：以数字政务提高数字为人民服务能力；将数字技术广泛应用于政府管理服务，推动政府治理流程再造和模式优化，不断提高决策科学性和服务效率；加强公共数据开放共享，推进数据跨部门、跨层级、跨地区汇聚融合和深度利用；加大政务信息化建设统筹力度，坚持集约建设数字政府；全面推进政府运行方式、业务流程和服务模式数字化智能化，不断提高国家治理体系和治理能力现代化水平。

二、电子政务在中国的发展成就

改革开放以来，中国电子政务发展顶层设计逐步完善，由最初部门领导、推动的政务工具革新，提升为由党中央、国务院直接规划、设计的数字中国的重要组成部分，数字政府在推动国家治理体系和治理能力现代化方面的作用也更加凸显。

（一）电子政务建设已经被纳入国家发展战略

党的十八大以后，经过中央网信委的顶层设计、总体布局、统筹协调、整体推进，电子政务已经被纳入数字中国建设的整体布局规划，变身“数字政府”。从电子政务到数字政府，不仅是概念的转变，更重要的是，其建设的核心目标从转变政府职能提升为实现治理现代化，决策者的顶层设计理念从流程范式向数据范式转变，治理架构也从分散化模式向平台化模式转变。

（二）电子政务成为建立现代政府的重要抓手

如今推行电子政务、建设智慧城市等成为各级政府的工作重点，以数据集中和共享为途径，打通信息壁垒，实现跨层级、跨地域、跨系统、跨部门、跨业务的协同管理和服务，让“数据多跑路，群众少跑腿”，正在通过电子政务建设，不断提升公共服务均等化、普惠化、便捷化水平。电子政务建设还加快推动了法治政府建设。电子政务针对“不作为、乱作为”的权力“任性”问题，着力打造网上电子监察、权力运行平台，亮出权力清单、责任清单，通过信息化网络技术把政府权力进一步关进制度的笼子里，集中解决政府“该干什么”“如何干”“干不好怎么办”三大问题。

（三）电子政务增强了人民群众的获得感

电子政务始终贯彻以人民为中心的发展思想，把增进人民福祉作为出发点和落脚点，加快推动服务型政府建设。电子政务建设促进了社会信息平等。现在省市县乡各级政务外网的覆盖率已达到100%，各个地方的人口、地理信息等基础数据库和政务信息资源库建立起来，通过信息交换平台，实现了跨部门间政务信息资源共享与开放。尤其是推动“互联网＋政务服务”以来，助力了政府“放管服”改革，以政府权力清单为基础，以信息化技术为支撑，群众和企业在接受网上申报、网上办理、办事查询、服务送达等政务服务时既可到网上服务大厅办理，也可以借助淘宝、支付宝和微信办理，在很大程度上实现了便企利民，真正激发了市场活力和社会创造力。

（四）电子政务推动了经济社会发展

电子政务为政府部门履职施政提供了根本保障，核心业务信息化覆盖率快速提升。自2002年以来，国家围绕重点行业应用投资建设了40多项“金”字工程，线上线下相融合的全国政务服务体系初步形成，保障经济社会和谐发展的能力不断提升。在电子政务被纳入国家数字化建设体系后，全国一体化政务大数据体系建设更是取得了显著成就。在经济调节方面，利用大数据加强经济监测分析，提升了研判能力。在市场监管方面，通过数据共享减轻企业负担，提升了监管能力。在社会管理方面，推进了城市运行“一网统管”和社会信用体系建设。在公共服务方面，促进了政务服务模式创新，提升办事效率。在生态环保方面，强化了环境监测和应急处理能力。特别是在疫情防控中，及时响应并解决各地区提出的数据共享需求，推动各类防疫数据跨地区、跨部门、跨层级互通共享，为有效实施精准防控、助力人员有序流动，坚决筑牢疫情防控屏障，高效统筹疫情防控和经济社会发展提供了有力支撑。

三、电子政务在中国的发展前景

党的二十大以后，国家加快数字化发展及建设数字中国的部署，将提高数字政府建设水平列入“十四五”规划，明确提出在“十四五”期间“提高数字政府建设水平”。2022 年，国务院下发《关于加强数字政府建设的指导意见》，对数字政府建设的各项工作做出了具体部署。

（一）数字政府建设工作目标

到 2025 年，与政府治理能力现代化相适应的数字政府顶层设计更加完善、统筹协调机制更加健全，政府数字化履职能力、安全保障、制度规则、数据资源、平台支撑等数字政府体系框架基本形成，政府履职数字化、智能化水平显著提升，政府决策科学化、社会治理精准化、公共服务高效化取得重要进展，数字政府建设在服务党和国家重大战略、促进经济社会高质量发展、建设人民满意的服务型政府等方面发挥重要作用。

到 2035 年，与国家治理体系和治理能力现代化相适应的数字政府体系框架更加成熟完备，整体协同、敏捷高效、智能精准、开放透明、公平普惠的数字政府基本建成，为基本实现社会主义现代化提供有力支撑。

（二）数字政府建设的基本原则

《关于加强数字政府建设的指导意见》明确提出了数字政府建设的基本原则，这就是：

（1）坚持党的全面领导。充分发挥党总揽全局、协调各方的领导核心作用，全面贯彻党中央、国务院重大决策部署，将坚持和加强党的全面领导贯穿数字政府建设各领域各环节，贯穿政府数字化改革和制度创新全过程，确保数字政府建设正确方向。

（2）坚持以人民为中心。始终把满足人民对美好生活的向往作为数字政府建设的出发点和落脚点，着力破解企业和群众反映强烈的办事难、办事慢、办事繁问题，坚持数字普惠，消除“数字鸿沟”，让数字政府建设成果更多更公平惠及全体人民。

（3）坚持改革引领。围绕经济社会发展迫切需要，着力强化改革思维，注重顶层设计和基层探索有机结合、技术创新和制度创新双轮驱动，以数字化改革助力政府职能转变，促进政府治理各方面改革创新，推动政府治理法治化与数字化深度融合。

（4）坚持数据赋能。建立健全数据治理制度和标准体系，加强数据汇聚融合、共享开放和开发利用，促进数据依法有序流动，充分发挥数据的基础资源作用和创新引擎作用，提高政府决策科学化水平和管理服务效率，催生经济社会发展新动能。

（5）坚持整体协同。强化系统观念，加强系统集成，全面提升数字政府集约化建设水平，统筹推进技术融合、业务融合、数据融合，提升跨层级、跨地域、跨系统、跨部门、跨业务的协同管理和服务水平，做好与相关领域改革和“十四五”规划的有效衔接、统筹推进，促进数字政府建设与数字经济、数字社会协调发展。

（6）坚持安全可控。全面落实总体国家安全观，坚持促进发展和依法管理相统一、安全可控和开放创新并重，严格落实网络安全各项法律法规制度，全面构建制度、管理和技术衔接配套的安全防护体系，切实守住网络安全底线。

（三）数字政府建设的具体工作

（1）构建协同高效的政府数字化履职能力体系。全面推进政府履职和政务运行数字化转型，统筹推进各行业各领域政务应用系统集约建设、互联互通、协同联动，创新行政管理和服务方式，全面提升政府履职效能。

（2）构建数字政府全方位安全保障体系。全面强化数字政府安全管理责任，落实安全管理制度，加快关键核心技术攻关，加强关键信息基础设施安全保障，强化安全防护技术应用，切实筑牢数字政府建设安全防线。

（3）构建科学规范的数字政府建设制度规则体系。以数字化改革促进制度创新，保障数字政府建设和运行整体协同、智能高效、平稳有序，实现政府治理方式变革和治理能力提升。

（4）构建开放共享的数据资源体系。加快推进全国一体化政务大数据体系建设，加强数据治理，依法依规促进数据高效共享和有序开发利用，充分释放数据要素价值，确保各类数据和个人信息安全。

（5）构建智能集约的平台支撑体系。强化安全可信的信息技术应用创新，充分利用现有政务信息平台，整合构建结构合理、智能集约的平台支撑体系，适度超前布局相关新型基础设施，全面夯实数字政府建设根基。

（6）以数字政府建设全面引领驱动数字化发展。围绕加快数字化发展、建设数字中国重大战略部署，持续增强数字政府效能，更好激发数字经济活力，优化数字社会环境，营造良好数字生态。

本章学习要点

电子政务就是政务机构运用现代信息技术，打破原有组织机构界限，优化或再造原有工作流程，办理公务、管理政务、提供公共服务的一种模式。电子政务具有虚拟、开放和透明三个特征。电子政务最主要的功能是网上提供服务、内部办公自动化、网上交互式办公，以及部门间资源共享和协同办公。电子政务由服务与应用系统、信息资源、基础设施、法律法规与标准化体系、管理体制五个部分组成总体框架。电子政务兴起主要得益于信息技术发展的技术条件，以及全球化发展的历史条件。发达国家电子政务的发展有一个由政府内部到外部、由政府到社会、由低级向高级逐步发展推进的过程。

电子政务的基础设施位于整个电子政务体系结构的最底层，可以分为网络基础设施、政务信息资源目录和政务信息交换体系等多个组成部分。信息化管理的应用系统包括内部应用系统和外部应用系统两大部分，其中公共组织内部应用系统是信息化管理的基础和前提。内部应用系统包括内部办公系统、协同政务系统、电子监察系统三个部分。公共服务系统包括公共部门对企业和对公众两个大的方面。

改革开放以来，中国电子政务建设在发展环境、基础网络设施、网站建设、应用系统、数据治理、标准规范等诸多方面取得了长足进展。中国电子政务的发展历程可以分为四个主要阶段。当前电子政务建设已经变身数字政府建设，并被纳入国家数字中国建设的整体布局。

本章思考题

1. 如何理解电子政务的基本特征?
2. 电子政务的主要功能有哪些?
3. 电子政务兴起的基本条件是什么?
4. 电子政务的应用系统包括哪几个部分?
5. 公共服务的应用系统包括哪几个部分?

第十四章

行政改革与发展

本章学习目的

任何一个国家的经济社会发展，必然要求政府进行相应的改革。20 世纪 70 年代末，英国开始了一场持续的、深刻的行政改革，在英国改革成功的示范效应带动下，欧美各国也相继展开了大规模的行政改革。通过本章的学习，要从理论和实践两个方面，了解这场后来被称为新公共管理运动的行政改革的前因后果，并在此基础上，探讨行政改革的基本规律，了解我国进行中国特色社会主义行政管理体制改革的基本历程及经验。

第一节　行政改革概述

一、行政改革的定义与特点

（一）行政改革的定义

近年来，行政改革备受关注，中外学者已从不同的学术立场出发，对其下了不同的定义。但较趋一致的理解是：行政改革是国家行政机关为了适应内外部环境的变化，有意识地对行政管理的诸要素进行调整、变革的活动。行政改革可以实现行政系统与行政环境之间的动态平衡。

（二）行政改革的特点

行政改革是任何历史时期、任何政体形式的国家都会开展的活动。它与革命有着明显的区别，行政改革的性质是事物的自我调整和自我完善，其内容是在量变中包含部分质变，其目的是巩固政权，而不是改变政权，所以它具有目的明确、顶层设计、分步实施、整体推进的特点。

（1）目的明确。行政改革总是在行政主体行使行政权力遇到困难或阻碍时，为克服困难和消除障碍时进行的改革，以此来达到行政主体的目标。所以，行政改革的目的非常具体、明确。

（2）顶层设计。行政改革涉及组织机构的调整、政府职能的转变、人事制度等方面的改变，因此必须是顶层设计的。没有顶层设计，改革就会短期化、碎片化。一方面，行政改革的对象是各级行政机关，不进行顶层设计，改革就无法开展；另一方面，行政改革的内容是行政管理的诸要素，政府的工作是“法无授权不可为”，所以需要从顶层予以立法授权，保证改革的顺利推行。

（3）分步实施。行政改革是一项复杂的系统工程，这是由改革的内容决定的。为保证改革期间国家的正常有序运转，改革必须在目的明确的基础上，分步骤、分批次地实施。

（4）整体推进。行政改革的工程十分浩大，涉及方方面面。因此改革在重点突破后必须整体跟进，否则局部的改革不能持久，不能深入。单边推进往往容易形成“头痛医头，脚痛医脚”的局面，效果不佳。

二、行政改革的动力与阻力

（一）行政改革的动力

社会每前进一步，都会向行政系统提出新的要求，促使政府系统推陈出新。行政改革的动力，来自对行政改革的愿望和需求，源自行政系统内外各种因素的变化。发生于政府系统外部环境因素的变化形成行政改革的外部动力，发生于行政系统内部的变化形成行政改革的内部动力。

行政改革的外部动力一般包括政治、经济、意识形态、文化、社会等方面[①]。

（1）政治动力。行政系统是政治系统的重要组成部分，政治变动对政府系统的影响最为直接。政体的变更必然要求政府系统做出相应的变化，政权的更替也要求政府系统发生相应的变化。

（2）经济动力。经济的发展或衰退必然引起政府系统的相应变革，经济政策的变化会对政府系统提出不同的要求，财富分配和贫富差距也会通过行政人员和公众的心理状态导致行政系统发生相应的变化。

（3）意识形态动力。意识形态是社会的一个重要组成部分，属于社会动力的范畴，但另一方面，意识形态具有相对独立性，它会强烈影响人们的行为及行为评价标准，因此有必要将其单独列为一项。对领袖思想的不同态度会引发对政府系统的不同态度，对社会主义和资本主义认识的深化也会影响对行政改革内容和方式等方面的重新决策。

（4）文化动力。任何一个行政系统都会直接或间接受到行政文化的制约和影响。行政文化也是行政系统的重要组成部分，当一种旧文化转变为一种新文化时，必然要求行政系统做出相应的改变。

（5）社会动力。阶级、阶层关系的变化会引起政府系统功能的变化，社会权力的再分配也会带来政府系统权力力量、权力范围和权力领域的变化。此外，社会的流动性也

---

① 吴江．行政管理学．重庆：西南师范大学出版社，2016：261－262.

要求行政系统具备相应的管理功能。

行政改革的内部动力一般包括观念转变、技术更新和利益诉求等多种。

（1）观念转变指各级行政首长和行政人员在充满危机意识和创新意识时，所产生的改变行政系统的功能、机构及运作方式的愿望。

（2）技术更新指行政系统通过运用新技术和现代化手段转变工作方式，由此不仅会影响行政人员的工作方法、态度和观念的转变，而且会使得组织机构、工作流程等方面发生相应的变化。

（3）利益诉求指当行政人员以自己的努力获得自身利益需求的满足时，或实现了自己的人生价值时，改革的内在驱动力也就因此而产生。

行政改革的这些内外动力通常都是交织在一起的，它们不一定会全部出现，其实只要有一两种动力聚集到一定程度时，改革就可以启动了。改革后，各种动力不断耦合，从而也加速了改革的步伐。

（二）行政改革的阻力及其克服

当然，改革绝不会一帆风顺，面临着众多的阻力或障碍因素。澳大利亚政治学家维纶斯基认为行政改革的主要阻碍深深扎根于政府机构之中，在“改革中可能蒙受损失的那些主要利益集团”，特别当政府的核心成员是主要利益集团的一分子时，改革的阻力会更加强大。在改革中蒙受损失的人们会想尽一切办法来阻挠改革，而那些不确定改革会给自己带来利益的人们，通常会持观望态度，采取“搭便车”的方法。

然而，必须清醒地意识到改革遇到的阻力是可以克服的。当改革来临时，改革者一方面要努力争取持观望态度的人员，使他们尽可能成为改革的积极推进力量，另一方面应采取相应的措施，尽量减少改革的阻力，以此减少改革带来的种种不确定性。

一般而言，克服障碍可以采取的措施主要有以下四个方面：

（1）提高全体行政人员对改革的参与度。行政人员是推动改革的关键力量，改革措施能否落地主要依赖行政人员对改革措施的理解程度和推行力度。心理学研究表明，人们对某项事物了解参与的力度越大，就越会感受到自己身上的责任重大，因此应积极鼓励与改革相关的行政人员参与其中，变阻力为动力。

（2）建设勇于改革、勇于创新的组织文化。组织文化是组织成员所共有的信念和追求，具有持久性和稳定性。通过广泛宣传和深入动员，可以改变组织成员的态度，进而影响他们的行为规则或行为模式。

（3）通过积极有效的沟通，达成关于改革的共识。政府要向社会各界分享有关改革的信息资料，提高全社会对改革的目标、步骤等方面的理解和认知水平，使行政改革成为全社会的广泛共识，增强人们改革的愿望，推动行政改革顺利实施。

（4）对受损者的利益进行相应补偿。改革是对利益的再分配，不可避免地会损害部分人的利益，对利益受损者进行补偿有助于得到其支持。补偿既可以是物质方面的补偿也可以是精神方面的补偿。虽然从短期来看，有时补偿需要付出高额的经济代价，但是从长远来看，可以加快改革进程、提高改革效果。

三、行政改革的目标、内容和方式

（一）行政改革的目标

行政改革是一个有目的、有意识的过程。行政改革的目标是由改革者确立的，是改革的出发点和归宿。一项改革成功与否，主要的评判标准就是改革达到预定目标的程度。不同行政环境中政府的改革目标也不尽相同，此外，政府能力也会显著地影响改革的目标。

一般而言，改革的目标主要包括提高行政效率、减轻财政负担、优化行政系统等方面。主要表现为所有的行政改革都是为了克服目前政府系统与内外部环境的不适应性，保持政府的有效性。比如，我国2008年提出的行政管理体制改革的总体目标是，到2020年建立起比较完善的中国特色社会主义行政管理体制。通过改革，实现政府职能向创造良好发展环境、提供优质公共服务、维护社会公平正义的根本转变，实现政府组织机构及人员编制向科学化、规范化、法制化的根本转变，实现行政运行机制和政府管理方式向规范有序、公开透明、便民高效的根本转变，建设人民满意的政府[①]。

（二）行政改革的内容

行政改革的内容是由改革的目标所决定的，内容广泛而复杂，涉及社会的各个领域、方方面面。一般而言，行政改革的具体内容包括职能调整、机构重组和行为改变三个方面[②]。

（1）职能调整，即通常所说的政府职能转变，具体包括职能重心、职能关系和职能行使方式的调整。在不同的社会环境中，政府所扮演的角色不同，进而表现为职能的差异。

（2）机构重组，即政府行政机构的拆分、整合、职责的调整，这就必然引起行政管理体制机制的改革。行政机构是物化了的行政权力和行政职能，当行政职能发生变化时，必然要求行政机构进行重组。主要是行政权力机构、行政组织机构和人事管理制度的变革，也涉及中央与地方之间、地方各级政府之间、同级政府各部门之间关系的变更、权限的重新划分等。

（3）行为改变，即行政机关和行政机关工作人员实现行政职能的行为方式的变革。自第二次世界大战后，行政改革开始转向生态学和行为学方向，即强调行政人员的观念、态度对政府工作有效性的影响，强调行政人员与行政组织的互动、行政人员与工作对象的互动。行政改革对行政机关来说改变的是规章制度和工作程序，而对行政机关工作人员来说改变的是工作观念、态度和方式。

行政改革的这三方面相互联系、相互依存。在行政改革的不同时期，这三方面的具体形式会有所不同，并且改革的侧重点也可能会不一样。在实际改革中，三方面应有所

---

① 关于深化行政管理体制改革的意见．中国政府网，2008－03－04.

② 赵宏斌，叶常林．行政管理学概论．合肥：中国科学技术大学出版社，2016：242－243.

侧重并协同推进，以此来保证改革最大程度实现预定的目标。

（三）行政改革的方式

行政改革按不同的标准可以分为不同的类型。

（1）根据不同国家国情特点不同，行政改革有“调适型”改革、“转轨型”改革和“发展型”改革三种。

“调适型”改革是指发达国家在原有政治、经济、社会、文化框架范围内的适应性改革。此种改革的类型较为温和、稳妥，进程相对缓慢。“转轨型”改革是指实行计划经济体制国家向市场经济体制转变中的行政变革。这是一种对行政体制进行大幅度调整和变革的改革类型，对国家的影响较大，同时阻力和风险也较大。“发展型”改革是指欠发达的第三世界国家在经济社会发展过程中所进行的改革。此种行政改革与一个国家的发展进程相一致。

（2）根据推进的方式划分，行政改革可以分为自上而下、自下而上、上下结合三种方式。

自上而下就是由最高领导层发布改革指令，明确所要进行的改革内容和下级在改革中具体承担的职责。这种改革的特点是顶层设计、统一指挥，改革进行得迅速、彻底。但是，它也具有很明显的强制性，不能充分兼顾各地区的实际情况，有可能会受到下级或直接或变相的抵触，从而使改革受阻。自下而上就是经中央或上级政府特许，改革由基层发起，并在试点取得明显成效后逐步向上推进。此种改革可以充分发挥基层的积极性和创造力，改革方案也能够兼顾地方特点，但是也容易出现改革目标不清，甚至偏离全局方向，以及各地改革不能协调一致等情况，从而使改革的整体效果不佳。上下结合就是改革由中央和地方共同发起、相向而行。这是一种扬长避短的改革方式，其最大的优点在于，既可以确保改革的大方向正确，又可以调动各个地方的创造力和积极性。但是上下结合也对领导者的素质提出了更高的要求，领导不仅要能识大局、谋大事，还要能具备很好的协调、控制能力，确保上下形成合力，而不会出现上级迁就下级、跑偏方向的问题。

第二节　西方国家的行政改革

一、西方国家行政改革兴起的背景

第二次世界大战后，西方国家经历了一段高速发展的黄金时期。然而，到了 20 世纪 70 年代，西方国家先后从发展的高峰跌入低谷，许许多多的新问题涌现出来，政府已无力应付，行政改革成为各国政府的必然选择。始于英国撒切尔政府和美国里根政府的改革迅速扩展到世界，并一直持续到现在。但是，行政改革不可能自动发生，其发生必然有着深刻的国际、国内背景。

（一）西方国家行政改革兴起的国际背景

全球化是行政改革兴起的重要外部因素。第二次世界大战后出现的经济全球化趋势加剧了各国间的竞争，对各国政府的工作质量和效率提出了新的和更高的要求。而传统的科层制、程式化的政府管理体制和机制不能适应变化了的国际环境，迫切需要改革。

科技革命是行政改革兴起的另一重要外部因素。20 世纪 70 年代以后，信息技术的快速发展和普及，在极大提高政府对各种公共信息的收集和处理能力的同时，也打破了决策层对公共信息的垄断，为民众和各种社会组织参与公共事务管理提供了可能，政府也因此可以利用社会力量分担公共事务的管理职责。

（二）西方国家行政改革兴起的国内背景

一般认为，直接导致西方国家进行行政改革的根源与经济危机这一特殊的社会背景密不可分。在这一背景下，西方政府面临着各种各样的挑战。

（1）财政危机。二战后，西方各国普遍实行“福利国家”政策，造成政府每年承担庞大的财政转移支付，拖垮了政府的预算和经济。如何节省政府行政成本，稳定物价，促进国内经济发展是各国决策者不得不认真考虑的重大问题。

（2）信任危机。西方国家长期以来奉行的“福利国家”和“凯恩斯主义”使政府职能得到了空前的膨胀，大规模的政府干预、冗员增长致使公众对政府的不满情绪与日俱增。另外，政府权力的扩大也对公民权利和社会自由构成挤压，使政府的信任危机变得更加严重。

（3）官僚制困境。以韦伯官僚制思想为基础的科层体制难以适应信息社会政治、经济、社会发展的要求。以信息为基础的时代，强调创新，追求多元，崇尚个性发展，而专业分工原则导致政府功能退化，呆板僵化的官僚制已难以应对社会的发展，改革迫在眉睫。

二、西方国家行政改革的理论依据

自 20 世纪 80 年代开始，一些西方学者开始尝试对发端于英国并很快风靡各发达国家的政府改革进行理论阐释，这些理论提出后反过来又指导了各国的政府改革。这就是后来被统称为“新公共管理理论”的一系列理论和观点。从理论上讲，新公共管理理论是对传统公共行政模式的再考量、再审视。从实践上讲，它是政府为应对现实问题考量而提出的新理念、新方法、新模式。新公共管理理论以经济学和管理学作为理论基础。

（一）新公共管理理论的经济学基础

（1）公共选择理论。公共选择理论以“经济人”的假定为分析工具，探讨在政治领域中“经济人”行为怎样决定和支配集体行动。所谓“经济人”即一个人无论处于什么地位，其本性都是一样的，都以追求个人利益最大化为目标。公共选择理论认为人类社会由两个市场组成：一个是经济市场，另一个是政治市场。但是在这两个市场中活动的是同一个人，其都是理性和自利的，以自身利益最大化为目标。这直接表现为官僚预算最大化。公共选择理论认为政府低效和规模不断膨胀的根本原因在于官僚制在公共服务中的垄断性，主要表现为：缺乏竞争，缺乏监督机制，缺乏降低成本的激励机制，政府机构的自我膨胀。

（2）委托代理理论。委托代理理论通常用来分析组织中的科层关系。委托人赋予代理人一定的权利，代理人受契约的制约，以完成委托人交办的任务来换取相应的回报。其核心问题在于委托人和代理人之间的目标冲突和信息的不对称。在有限理性和机会主义“经济人”的假定下，代理人和委托人的利益未必一致，代理人可能为追求自身利益而置委托人的利益于不顾，从而产生逆向选择和道德风险问题。在政府提供公共服务的实际工作中，官僚与政治家和民众所拥有的关于公共物品和公共服务信息的种类和数量不同，官僚处于信息的优势地位，政治家要减少官僚的投机行为，必须获取足够的信息，而这将大幅增加代理成本。

（3）交易成本理论。交易成本理论是新制度经济学的重要内容。在新制度经济学看来，所谓交易费用是指所有与组织或制度的建立、变迁、使用有关的费用。其焦点是如何降低交易费用。它不仅为研究组织制度的功能提供了一种全新的理论和方法，而且还成功地运用到了公共管理研究的许多领域中，如市场机制的作用、公共服务或物品外包、第三方组织活动等方面。

（二）新公共管理理论的管理学基础

管理学是适应现代社会化大生产的需要产生的，管理学是研究在已有条件下，管理者通过计划、组织、领导、控制等职能行使，整合组织的各项资源，实现组织既定目标的科学。由于管理学的适用对象主要是营利组织，所以原本与政府管理没有交集。20 世纪 70 年代末从英国开始的改革，却正是将营利组织的一些管理理念，比如成本、顾客、服务、满意度等引入政府管理，取得了巨大成功，所以更多学者后来开始研究管理学在政府管理中的运用。其中最主要的是用企业家精神来重塑政府。奥斯本将其概括为十项原则：起催化作用的政府、社区自主的政府、竞争型的政府、任务导向的政府、结果导向的政府、顾客导向的政府、企业化的政府、前瞻性的政府、分权化的政府和市场导向的政府①。

三、西方国家行政改革的基本内容

（一）西方国家行政改革的基本概况

自 20 世纪 70 年代末到 80 年代初以来，西方各国先后进行了大规模的行政改革。与传统的以机构改革、人员精简为重心的行政改革不同，这次西方国家的改革是以理念、机制、体制的改革为重心的，而且改革的力度之大前所未有。

最早开始行政改革的西方国家是英国。20 世纪 70 年代保守党领袖撒切尔夫人出任

① 陈恺玲．西方公共行政管理理论要览．长春：吉林人民出版社，2017：347－354.

英国首相，上任伊始，她针对政府存在的规模庞大、冗员充斥、财政负担过重等问题，开启了一场全面而深刻的改革。这场改革的核心思想是市场化取向，减少浪费、官僚主义和过度干预。英国先后实施了雷纳评审、部长信息管理系统、财务管理新方案、公民宪章运动和竞争求质量等一系列改革措施，使英国的公共服务品质得到了极大的提升，也使英国成为当代行政改革的先驱者。英国的行政改革主要涉及四个层面：首先是政府角色定位与职能的优化，通过私有化回归"小政府"模式；其次是公共服务领域的市场化改革，通过合同出租或服务外包对不能推向社会的政府职能实行不同形式的社会化；再次是市场化取向的公共政策领域变革；最后是涉及机构、程序、人事等方面的行政体制的变革。

美国是西方国家中改革力度最大的国家。1980 年里根政府就提出了改革的设想，只是当时还存在的两极格局使里根政府无法真正开始大规模改革。1992 年克林顿当选美国总统，在华约解散、苏联解体的国际背景中，一场后来被学者们称为"政府再造"（re-engineering government）的改革终于开始了。克林顿在 1993 年初成立了由副总统戈尔任主任的国家绩效评估委员会，拉开了美国大规模改革的序幕。此次改革共分为四部分：清除官样文章，顾客至上，给下属充分授权以取得实绩，建立花费少而运作更好的政府。从改革的实施情况来看，到 20 世纪 90 年代中期，已经有 39 个州实施了公共服务质量计划，29 个州开展了部门绩效评估，30 多个州简化了人事制度，28 个州就公共服务向作为顾客的公众征求了反馈意见。改革集中在三个方面：一是市场化取向；二是放松规制取向；三是分权化取向。

除英国、美国外，其他西方国家也进行了大刀阔斧的行政改革，如新西兰和澳大利亚。其中新西兰因改革力度大、系统性强而受到世人瞩目，甚至被学术界称为新西兰模式。澳大利亚和新西兰同处大洋洲地区，具有相同的政治、文化和行政传统。两国都面临相同的经济压力，采取了具有某些相似性的改革模式。两国政府改革有四个共同特征：一是财政困难是改革的重要动因；二是改革迅速、系统和全面，改革涉及所有公共领域；三是改革持续时间长；四是抛弃了传统行政做法，用以治理为基础的改革措施取而代之。相比之下，欧洲大陆各国如德国、法国、荷兰和瑞典的行政改革，就表现出非连续性、渐进性和碎片化的特点。

（二）西方国家行政改革的共同特点

各国行政改革所采取的措施有以下共性：

（1）为了解决本国的财政困境，各国行政改革的内容大都包括了私有化或带有私有化倾向的改革措施。从实际效果来看，此种做法值得推广。

（2）为改革政府传统的官僚行政理念，政府部门引入了市场理念和私营部门管理技能。

（3）为满足社会的动态需求而对政府的行政架构做出调整，主要做法是界定决策机构和执行机构的职能，并加强执行机构的支配权。

（4）实现政府在公共服务方面的角色转变，由公共服务的直接提供者变为公共服务的"监督人"。

(5) 政府改革和取得的显著成果，使各国执政者逐渐产生了这样一个共识，即真正做到精简政府、提高效率，政府就应将自己定位于“掌舵”而不是“划桨”上。

(三) 西方国家行政改革的主要趋势

对上述西方国家行政改革的共同特点进行归纳，可以看出其改革的趋势主要体现在以下几个方面①：

(1) 强调政府的合法性、透明性和责任性。合法性指政府权威与社会秩序被公众自觉认可和服从的性质和状态。各国公共行政改革都在最大限度地协调政府与民众之间的利益矛盾，使民众恢复对政府的信任成为一个趋势。透明性指政府信息的公开性，每一个公民都有权利获得与自身利益相关的政策信息。责任性指政府作为公共权力的行使者应对公共权力的授予者即公民负责。

(2) 努力推行竞争性的公共服务机制。引入竞争机制，打破公共服务供给的垄断，即采取合同出租、竞争性招标等手段，取消公共服务的垄断行为，提高服务效率和服务质量。根据公共服务内容和性质的不同，采取相应的供给方式如政府参股、政府经济资助、授权经营、出让经营权等。

(3) 管理重心下移。这是指充分调动和运用地方和社会的积极性来实现社会管理的趋势。关于集权和分权的争论由来已久，实际上，集权和分权是一个相对的概念，绝对的集权和绝对的分权是不存在的。在现实的政府权力机构中，可能是集权的成分多一点，也可能是分权的成分多一点，它直接取决于行政环境和目标。当前，放权、管理重心下移是一个大趋势。

(4) 试图建立程序化的公共行政管理模式。这主要体现在两个方面：一是公共管理过程的程序化。如果民主只是被置于形而上的层面，人民的权力就会被架空。所以民主不仅要在宏观制度层面上予以确认，更要以看得见的形式在过程层面上予以体现。二是公共管理手段的非强制性，即淡化公共管理的命令色彩，更多地采取行政指导和行政合同的方式。

(5) 运用现代管理技术和手段使政府绩效最大化。这方面既包括运用现代管理技术，如目标管理、战略管理等，也包括运用信息技术，如大数据的应用。

第三节　中国的行政改革

一、行政体制改革的历程

回望改革开放 40 多年，为了适应党和国家工作重点的转移和社会主义市场经济发展的需要，党和国家机构改革与时俱进、不断深化。从 1982 年到 2023 年，国务院机构改革共进行了 9 次。在精简政府机构、降低行政成本、提高政府行政效率、转变政府职能、

① 张秀玉，谷峰，郭远远．行政管理学．北京：群众出版社，2010.

适应社会主义市场经济建设等方面都取得了非凡的成就，为今后党和国家机构改革继续深化提供了宝贵经验。以历次党的全国代表大会报告和机构改革方案为参考依据，行政体制改革走过的历程大体上可以划分为以下五个阶段：

1. 1982—1987 年：精兵简政、放权让利

这一阶段的改革是立足于对外开放的大背景，为配合经济体制改革顺利进行而陆续展开的。这个阶段改革的重点是精兵简政、放权让利，拟解决的问题主要是裁减冗余的机构和人员，调整和优化干部队伍结构。主要围绕这样几个方面进行：一是政府部门及其人事制度改革，二是推行“市管县”体制改革，三是事业单位改革，四是行政法制建设，五是改革政企关系等方面。这一阶段的改革通过精兵简政提高了政府行政效率，使干部队伍结构更加趋于合理；促进了城乡一体化进程；为事业单位松绑使社会事业建设更具活力；确立了法律权威，以法制来保障改革顺利推进；放权让利使得企业生产经营有了一定的自主权。但由于改革是在经济体制改革尚未全面展开的情况下进行的，未能从根本上解决机构林立、职能重叠、人浮于事、效率低下的弊端，改革后政府机构又呈膨胀趋势。

2. 1988—1997 年：转变职能、理顺关系

这一阶段改革的背景是经济体制改革的重点已经由农村开始转向城市，随着经济体制改革的逐步深入需要变革政治上层建筑，这就需要对相应的行政体制做出适当的调整和完善。改革分为前后两个时期。前一时期（1988—1992 年）是与有计划的商品经济体制改革相配套的，强调为发展生产力、提高经济效益、搞活企业等服务，改革的重点是转变政府职能、精干机构、精简人员、政企分开，把生产经营的权利交给企业。经过这一时期的改革，国务院部委由 45 个减为 41 个，直属机构由 22 个调整为 19 个，非常设机构从 75 个减为 44 个，机构人员编制比原来减少了 9 700 多人；后一时期（1993—1997 年）是与建立社会主义市场经济体制相配套的，由于党的十四大明确提出了经济体制改革的任务是建立社会主义市场经济体制，因而这一时期的行政体制改革主要集中在经济管理部门。改革后，国务院组成部门设为 41 个，人员比原来减少了 20%。

3. 1998—2007 年：加强宏观调控，改善社会管理与公共服务

这一阶段改革的背景是国家积极推进经济体制和经济增长方式的根本转变，开始逐步建立完善的社会主义市场经济体制。这一时期的改革可分为两个时期。前一时期（1998—2002 年），改革的重点是尽量一次性撤销工业专业经济部门，政府职能的定位是宏观调控、社会管理、公共服务。通过这一时期的改革，国务院组成部门减至 29 个，行政编制人员精简了 47.5%。后一时期（2003—2007 年），改革的重点是加强市场监管部门，组建了国务院国有资产监督管理委员会，省、市、县普遍建立了国有资产监督管理机构，组建了中国银行业监督管理委员会，组建了商务部，重组了国家食品药品监督管理局，国家安全生产监督管理局由经贸委归口管理改为国务院直属机构，政府职能的基本定位是完善政府的经济调节、市场监管、社会管理和公共服务职能。改革后，国务院组成部门由 29 个调整为 28 个。

4. 2008—2017 年：着力建设服务型政府

这一阶段改革的背景是经过 30 多年的改革开放，我国社会已经由生存型开始向发展型转变。转型时期如何促进经济社会健康发展，科学发展观提出了新的要求。同时，如何解决转型时期凸显的各类社会矛盾和社会问题，也对政府提出了新的考验，改革由此拉开序幕。改革依然分为前后两个时期。前一时期（2008—2012 年），改革的重点是改善民生，加强与整合社会管理与公共服务部门，政府职能定位是通过改革实现政府职能向创造良好发展环境、提供优质公共服务、维护社会公平正义的根本转变。改革后，除国务院办公厅外，国务院组成部门设置 27 个，地方各级政府机构也相应进行了改革。后一时期（2013—2017 年），把政府职能转变放到更加优先的位置。改革的重点主要有两个：一是稳步推进大部门体制；二是深化“放管服”改革。党中央、国务院矢志不渝，不断地推进“放管服”改革，并在党的十九大、十九届三中全会进一步予以强调。这一时期的机构改革，进一步理顺了政府与市场之间的角色关系，有效推动了“管理型政府”向“服务型政府”的转变，为贯彻落实各领域的深化改革奠定了组织基础。

5. 2018—2023 年：推进党和国家机构职能优化协调高效

这一次改革的背景是，新时代中国特色社会主义事业建设要实现新发展，必须贯彻落实新的要求、实现新的目标。2018 年通过并实施的《深化党和国家机构改革方案》，以加强党的全面领导为统领，以国家治理体系和治理能力现代化为导向，以推进党和国家机构职能优化协同高效为着力点，改革机构设置，优化职能配置，深化转职能、转方式、转作风，提高效率效能，积极构建系统完备、科学规范、运行高效的党和国家机构职能体系。2023 年通过的《党和国家机构改革方案》，以习近平新时代中国特色社会主义思想为指导，以加强党中央集中统一领导为统领，以推进国家治理体系和治理能力现代化为导向，坚持稳中求进工作总基调，适应统筹推进“五位一体”总体布局、协调推进“四个全面”战略布局的要求，适应构建新发展格局、推动高质量发展的需要，加强科学技术、金融监管、数据管理、乡村振兴、知识产权、老龄工作等重点领域的机构职责优化和调整，转变政府职能，加快建设法治政府，为全面建设社会主义现代化国家、全面推进中华民族伟大复兴提供有力保障。这个阶段的改革紧紧围绕使市场在资源配置中起决定性作用，让发展成果更多更公平惠及全体人民，更加注重改革的系统性、整体性、协同性。

二、行政体制改革取得的成就

40 多年来行政体制改革取得的成就是全面的、全社会有目共睹的，主要集中在以下几个方面：

1. 政府职能发生重大转变

为适应社会主义市场经济体制的建立和完善，政府的职能已经发生了重大的转变。继 1987 年党的十三大报告第一次提出“机构改革必须抓住转变职能这个关键”的要求以后，“转变政府职能”就成为行政体制改革的核心命题。1993 年党的十四届二中全会通过《关于党政机构改革的方案》，并指出“机构改革应以适应社会主义市场经济发展的要求为目标，转变职能，理顺关系，精兵简政，提高效率”。进入 21 世纪，国务院机构改革完全走出了“减胀怪圈”，明确了政府的职能定位。2002 年党的十六大报告第一次将政府职能完整地定义为“经济调节、市场监管、社会管理和公共服务”，还提出行政管理体制改革的目标是“形成行为规范、运转协调、公正透明、廉洁高效的行政管理体制”。2012 年，党的十八大报告对政府职能转变做了更为全面和权威的诠释，这就是，政府职能要“向创造良好发展环境、提供优质公共服务、维护社会公平正义转变”。正是在这样的观念和理论的指导下，政府职能转变取得了重大成就。

2. 政府机构不断精简和优化

1982 年邓小平在中共中央政治局讨论中央机构精简问题会议上做了题为《精简机构是一场革命》的讲话，拉开了以机构改革为标志的行政体制改革的序幕。1992 年以前的两轮机构改革主要是克服官僚主义、提高行政效率。1993 年至党的十八大召开期间的几轮机构改革，围绕建立与社会主义市场经济体制相适应的政府机构展开，有力地推动了政府职能的转变。党的十八大以后的机构改革重心在调整优化政府机构职能，全面提高政府效能。党的十九大以后进行的党和国家机构改革，其涉及面之广、力度之大、成效之显著都史无前例。现在行政体制改革已经融入国家权力机构的改革，一个决策权、执行权、监督权相互制约、相互协调的新的行政管理体制已经出现。

3. 中国特色的公务员制度不断完善

历经数十年探索实践，我们已经基本实现了从传统的干部人事制度向现代公务员制度的转变。《公务员法》对于建设高素质专业化公务员队伍发挥了重要作用。一是公务员管理基本实现了有法可依、有章可循。二是极大地促进了公务员队伍结构优化。三是极大地促进了公务员素质能力提升。四是持续推进公务员交流工作，积极选派公务员到基层一线培养锻炼，加大对口援派干部工作力度，公务员队伍的政治素质和专业能力不断提高。

4. 依法行政全面推进

依法行政是国家治理体系和治理能力现代化的重要体现。截至 2014 年 9 月底，我国已经制定行政法律法规 737 件、国务院部门规章 2 856 件、地方政府规章 8 909 件，这些法律法规涉及经济、政治、文化、社会生活、生态环境，以及政府自身活动等各个方面①，为法治政府的建设奠定了基础。特别是党的十八大以来，各级政府在坚持职权法定、权责统一、全面履职方面加大了改革力度。各级政府全面建立政务公开、司法公开、执法公开的“三个公开”制度，建立权力清单、监管清单、负面清单的“三个清单”制度，在保证社会、市场主体和人民群众知情权的同时，主动接受社会和服务对象的监督。党的二十大报告明确提出，法治政府建设是全面依法治国的重点任务和主体工程。要求深化行政执法体制改革，全面推进严格规范公正文明执法，加大关系群众切身利益的重点领域执法力度，完善行政执法程序，健全行政裁量基准；强化行政执法监督机制和能力建设，严格落实行政执法责任制和责任追究制度；完善基层综合执法体制机制。

5. 政府治理方式持续创新

随着政府职能的转变，尤其是进入 21 世纪“服务型政府”建设任务提出以后，各级政府综合运用行政、经济、法治、信息技术等多种手段，不断创新政府治理方式。尤其

① 马怀德．法治政府建设：挑战与任务．国家行政学院学报，2014（5）．

是随着信息技术的发展，人类社会步入数字时代，以数据驱动和数字治理为核心特征的数字化转型成为政府治理改革的核心议题。2022 年政府工作报告提出，加强数字中国建设整体布局；建设数字信息基础设施，逐步构建全国一体化大数据中心体系，推进 5G 规模化应用，促进产业数字化转型，发展智慧城市、数字乡村；加快发展工业互联网，培育壮大集成电路、人工智能等数字产业，提升关键软硬件技术创新和供给能力；完善数字经济治理，培育数据要素市场，释放数据要素潜力，提高应用能力，更好赋能经济发展、丰富人民生活。数字治理顺应新公共管理的逻辑，通过信息技术的变革将公民纳入治国理政之中，形成多元主体参与、政务工作透明、政社关系改善的治理形态，并成为和网络化治理等具有互补关系的社会治理模式，从而更好地实现善治目标。现代科学技术的公共服务管理能力还在被不断开发出来。

三、行政体制改革的经验

中国行政改革是复杂巨大的系统工程，涉及社会生活的方方面面。我国在取得上述行政体制改革成就的过程中，积累了宝贵的经验，这些经验是我们继续深化行政体制改革时需要借鉴的。

1. 坚持党的领导，立足基本国情

改革开放 40 多年取得的所有成果，都是在党的领导下取得的。从党的十一届三中全会做出把党和国家的工作重点转移到经济建设上来的重大决定，到党的十四大确定社会主义市场经济体制改革的目标，到党的十九大提出我国社会主要矛盾转化和中国特色社会主义进入新时代的论断，再到党的二十大提出以中国式现代化全面推进中华民族伟大复兴的使命任务，这些都是行政体制改革最基本的依据。可以说，正是坚持了党的领导，坚持了党提出的实事求是的思想路线，行政改革才可能解放思想，既立足国情，又善于借鉴，取得重要成果。

2. 坚持以发展为中心，与经济体制改革相配套

行政体制改革作为社会上层建筑，既反作用于经济体制，又受社会经济发展水平和经济体制的制约，它一定要服从和服务于社会经济的发展和经济体制改革的需要。因此，中国行政改革始终坚持以经济建设为中心，围绕经济建设事业进行，无论是机构精简，还是人员调整，都服从发展经济运行的需要。中国经济发展的实践也证明，这是我国行政改革取得成功的重要经验。

3. 坚持新发展理念，正确处理改革、发展和稳定的辩证关系

发展是解决我国一切问题的基础和关键，发展必须是科学发展，必须坚定不移贯彻创新、协调、绿色、开放、共享的发展理念。新发展理念揭示了发展的本质和内涵。中国正处于向市场经济转型的关键时期，没有社会稳定不可能发展经济和促进改革。而经济持续和快速发展是社会稳定的基础，改革又是经济发展的基本动力。因此，发展是目的，改革是动力，稳定则是推进改革和发展的基本前提。

4. 坚持分步实施、逐步到位的渐进改革方式

改革是对各种利益和权力的重大调整，必然会引起权益格局和社会关系的重大变化，甚至可以说是牵一发而动全身，也必然会遇到许多矛盾和问题。这就决定了中国行政改革有相当的复杂性、艰巨性和长期性，不可能一步到位，需要采取循序渐进方式。因此，我国在行政改革过程中，采取从点到面、从局部到整体、从表层到深层分步实施的做法，自上而下、上下结合地逐步推行，这是我国行政改革顺利推进的原因。

四、深化行政改革的主要任务

（一）深化行政改革的指导思想、原则和目标

2023 年党的二十届二中全会根据党的二十大关于深化党和国家机构改革的重要部署，审议通过了《党和国家机构改革方案》，明确了深化党和国家机构改革的指导思想、原则和目标。指导思想是必须以习近平新时代中国特色社会主义思想为指导，指导原则是坚持党的全面领导、坚持以人民为中心、坚持优化协同高效、坚持全面依法治国，指导目标是构建系统完备、科学规范、运行高效的党和国家机构职能体系。

（二）行政改革要解决的问题

（1）聚焦党的二十大确定的重大战略贯彻落实，着力解决党和国家机构职能体系同全面建设社会主义现代化国家、全面推进中华民族伟大复兴的要求还不完全适应的问题。科教兴国和创新驱动发展战略是推动我国成为高收入国家并进而成为中等发达国家的重要战略。但是，目前我国科学技术方面还存在着高端芯片及光刻机制造、高端发动机制造、数控机床、高端材料、生物医药和医疗设备等“卡脖子”问题，严重制约了高质量发展，迫切要求我国加快实现高水平科技自立自强。2023 年党和国家机构改革针对这一突出问题，采取了设立中央科技委员会、重组科学技术部等针对性的措施，进一步理顺了科技工作领导管理体制。

（2）聚焦国家治理方面的强本固基与补短板强弱项，着力解决党和国家机构职能体系同实现国家治理体系和治理能力现代化的要求还不完全适应的问题。作为中国特色社会主义制度的重要组成部分，党和国家机构职能体系是国家治理体系和治理能力的重要载体与支撑。2023 年党和国家机构改革，是针对当前国家治理体系和治理能力现代化进程中存在的突出问题，集中进行的一次机构重组、职能转变、体制机制再造和运行管理重塑的改革行动。

（3）聚焦健全宏观经济治理体系与完善市场经济基础制度，着力解决党和国家机构职能体系同构建高水平社会主义市场经济体制的要求还不完全适应的问题。2023 年党和国家机构改革通过组建中央金融委员会、组建中央金融工作委员会、组建国家金融监督管理总局、中国人民银行分支机构改革以及其他方面的金融机构改革，建立了根治金融乱象、强化金融监管能力、有效防范金融风险的金融机构职能体系。通过完善知识产权管理体制，构建了更好保护知识产权并充分发挥知识产权价值的机构职能体系，对于进一步完善社会主义市场经济体制具有重要意义。

（三）深化行政改革对国家治理现代化的新探索

（1）以金融治理体系和治理能力现代化为核心，推进宏观经济治理体系和治理能力现代化。深化党和国家机构改革对金融治理体系进行了系统性重塑，在深化党中央机构改革方面，组建了中央金融委员会和中央金融工作委员会；在深化国务院机构改革方面，组建了国家金融监督管理总局、深化了地方金融监管体制改革、将中国证券监督管理委员会调整为国务院直属机构、统筹推进了中国人民银行分支机构改革、完善了国有金融资本管理体制、加强金融管理部门工作人员统一规范管理。这些改革措施有力推动了金融治理体系和治理能力现代化。

（2）以完善人民当家作主的制度体系为重点，推进全过程人民民主。党的十九届四中全会指出："坚持人民当家作主，发展人民民主，密切联系群众，紧紧依靠人民推动国家发展的显著优势"。2023 年党和国家机构改革深化全国人大机构改革，组建了全国人大常委会代表工作委员会，可以全方位为代表履职提供服务和保障。同时，深化全国政协机构改革，优化了全国政协界别设置，全国政协界别增设了"环境资源界"，优化了"特别邀请人士"界别委员构成。这将更加充分发挥人民政协在国家治理体系中的作用，更好健全委员联系界别群众制度机制，更好发挥凝聚共识、民主监督、反映民意等协商民主功能。

（3）以完善社会治理体系为重点，推进国家安全体系和能力现代化。党的二十大提出要"推进国家安全体系和能力现代化，坚决维护国家安全和社会稳定"。2023 年党和国家机构改革组建中央社会工作部，统筹推进党建引领基层治理和基层政权建设，是对整个社会进行一体化治理的有效制度安排；也是针对当前社会治理中存在的党组织下沉而群团组织还没有下沉、广大个体工商户与小企业还不是工商联联系对象、一些两新组织还没有完善党的基层组织、大量新就业群体无组织等问题的有针对性的制度解决方案，必将从根本上推进整体社会治理现代化，进一步提升社会组织力与政党领导力。

（4）以政府职能转变为抓手，推进政府治理体系和治理能力现代化。深化国务院机构改革，核心是要转变政府职能，使市场在资源配置中起决定性作用，更好发挥政府作用，构建起职责明确、依法行政的政府治理体系。2023 年党和国家机构改革加强科学技术、金融监管、数据管理、乡村振兴、知识产权、老龄工作等重点领域的机构职责优化和调整，转变政府职能，加快建设法治政府，将进一步提升政府治理效能，推进政府治理现代化。

（5）统筹数字中国、数字政府、数字经济与数字社会建设，推进数字治理体系和治理能力现代化。党的二十大提出，要"建设现代化产业体系""加快发展数字经济，促进数字经济和实体经济深度融合，打造具有国际竞争力的数字产业集群"。2023 年党和国家机构改革成立国家数据局，意味着我国数据治理进入实质性阶段，意味着国家治理现代化又迈上了一个新台阶，开始着力推进数字基础之上的社会治理和国家治理的现代化。依靠大数据进行科学决策，将使政府管理水平更加科学化、精细化，更好推进智慧城市、智慧乡村、智慧交通等建设，更好满足人民群众美好生活需要与打造高品质生活的需要。

（6）统筹基层社会治理各项工作，推进基层治理体系和治理能力现代化。基层治理体系和治理能力是国家治理现代化的基础。2023 年党和国家机构改革中，由中央社会工作部指导城乡社区治理体系和治理能力建设、拟订社会工作政策、推进党建引领基层治理和基层政权建设，提高了基层治理工作的统筹层级，强化了基层治理工作的协调权威。中央社会工作部负责全国性行业协会商会党的建设职责，将进一步推动行业协会商会培育。中央社会工作部指导社会工作队伍建设、统筹志愿服务工作，将增强社会工作的专业性和大众性，让更多从业者和志愿者广泛参与社会工作与社会治理，从而打牢国家治理现代化的根基。

五、中国行政改革展望

党的二十大报告对中国行政改革的目标要求是：转变政府职能，优化政府职责体系和组织结构，推进机构、职能、权限、程序、责任法定化，提高行政效率和公信力。2023 年，《党和国家机构改革方案》提出深化党和国家机构改革，目标是构建系统完备、科学规范、运行高效的党和国家机构职能体系。按照这一目标要求，中国行政改革的主要任务是：

1. 继续简政放权，加快政府职能转变

简政放权，转变政府职能是行政改革的核心。为此，一要深化行政审批制度改革，加快推进政企分开、政资分开，切实减少对微观经济活动的干预，更大程度和更广范围发挥市场在资源配置中的决定性作用，创造良好的市场环境，维护公平竞争的市场秩序；二要更加注重社会管理和公共服务，深入推进政社分开、政事分开，从体制、法制、政策、人才和信息化方面全面加强社会建设，创新社会管理，紧紧围绕建设人民满意的服务型政府加快转变政府职能。

2. 统筹考虑机构设置，科学配置行政部门内设机构权力，明确职责

改革开放以来，我国进行了多轮行政改革，但对部门内设机构设置的调整较少。以大部制改革为例，多个职能相近的部门合并后，内设机构整合往往局限于办公室、财务、人事、法制等综合部门，具体业务职能部门较少得到调整，个别地方出现了从过去“局与局之间推诿”，转变为同一部门内“处与处之间扯皮”的现象。今后的行政改革将向精细化、纵深化的方向发展，不停留于简单地做加减法，而着重于做乘除法，深化政府内部部门整合，优化内设机构设置，真正理顺职能交叉、重叠乃至矛盾之处，切实推进政府职能转变。

3. 健全重大政策事前评估和事后评价制度，提高决策科学化水平

转变政府职能，必须着眼于不断提升行政决策质量。要完善重大行政决策程序制度，健全重大政策事前评估和事后评价制度，充分听取各方意见，防控决策风险，不断提高科学决策水平，健全科学决策、民主决策、依法决策机制，合理界定决策权限，规范决策行为。切实保障市场主体和群众在政策制定中的知情权、参与权、表达权和监督权，提升政策的针对性和有效性。

4. 创新行政管理方式，提高政府行政效率和公信力

我国创新行政管理方式，提高政府行政效率和公信力具体可以从以下几方面来推进：

一是创新服务和管理方式，优化流程管理。二是着力建设法治政府。进一步加强行政立法、执法和监督工作，加强行政程序和行政监督制度建设，规范政府行为，推进政府建设和行政工作法制化、制度化。三是推进政务公开。完善政务公开制度，扩大政务公开范围，保障公众对公共事务的知情权、参与权、表达权和监督权。四是加快运用数字治理方式，推进公共管理和服务的信息化、现代化。

本章学习要点

行政改革是国家行政机关为了适应内外部环境的变化，有意识地对行政管理的诸要素进行调整、变革的活动。行政改革具有目的明确、顶层设计、分步实施、整体推进的特点。行政改革的目标主要是提高行政效率、减轻财政负担、优化行政系统等。一般而言，行政改革的具体内容包括职能调整、机构重组和行为改变三个方面，行政改革的三个方面密切相连。行政改革一般有自上而下、自下而上、上下结合三种推进方式。

20 世纪 70 年代末，迫于国内财政危机、信任危机、官僚制困境等压力，以及新技术革命和全球化浪潮的冲击，英国开始了以雷纳评审、部长信息管理系统、财务管理新方案、公民宪章运动等为主要内容的，大规模的、持续的、卓有成效的政府改革。在英国的示范作用下，美国、澳大利亚、新西兰等其他西方国家也先后开展政府改革，这场几乎遍及全部西方国家的政府改革，被称为新公共管理运动。

在中国自 1978 年底开始的改革事业中，行政体制改革是政治改革的重要组成部分。40 多年来，行政改革的成就主要包括：政府职能发生重大转变，政府机构不断精简和优化，中国特色的公务员制度不断完善，依法行政全面推进，政府治理方式持续创新。40 多年来，行政体制改革的经验主要包括：坚持党的领导，立足基本国情；坚持以发展为中心，与经济体制改革相配套；坚持新发展理念，正确处理改革、发展和稳定的辩证关系；坚持分步实施、逐步到位的渐进改革方式。当前我们要向着实现国家治理体系和治理能力现代化的方向深化改革。

本章思考题

1. 什么是行政改革？
2. 行政改革的主要内容有哪些？
3. 西方国家行政改革的理论依据有哪些？
4. 西方国家行政改革的主要内容和成就是什么？
5. 我国行政体制改革经过了怎样的历程？
6. 当前我国深化行政改革对国家治理现代化的新探索有哪些？
7. 中国行政体制改革的主要经验是什么？

图书在版编目（CIP）数据

行政管理学/徐双敏，李明强主编. --2 版. --北京：中国人民大学出版社，2024.6
新编 21 世纪思想政治教育专业系列教材/张耀灿总主编
ISBN 978-7-300-32895-9

Ⅰ.①行… Ⅱ.①徐… ②李… Ⅲ.①行政管理-管理学-高等学校-教材 Ⅳ.①D035

中国国家版本馆 CIP 数据核字（2024）第 109533 号

新编 21 世纪思想政治教育专业系列教材
总主编　张耀灿
行政管理学（第二版）
主　编　徐双敏　李明强
Xingzheng Guanlixue

出版发行	中国人民大学出版社		
社　　址	北京中关村大街 31 号	**邮政编码**	100080
电　　话	010－62511242（总编室）		010－62511770（质管部）
	010－82501766（邮购部）		010－62514148（门市部）
	010－62515195（发行公司）		010－62515275（盗版举报）
网　　址	http://www.crup.com.cn		
经　　销	新华书店		
印　　刷	北京七色印务有限公司	**版　　次**	2020 年 9 月第 1 版
开　　本	787 mm×1092 mm　1/16		2024 年 6 月第 2 版
印　　张	15.75 插页 1	**印　　次**	2024 年 6 月第 1 次印刷
字　　数	357 000	**定　　价**	48.00 元